뉴스가 되는,
진짜
스토리텔링 보도자료

지은이 김태욱

전) 서강대 홍보대사

전) MBN 언론사 기자

현) 대한민국시장군수구청장협의회 홍보팀장

현) 브런치, 유튜브 : 지식in문학

현) 트위터x : 대미안

2023년 공직문학상 수필부문 동상 [버섯꽃]

2023년 문화체육관광부 DMZ공모전 우수상

[당신만 몰랐던 장승배기 ○○수목원]

뉴스가 되는,
진짜
스토리텔링 보도자료

ⓒ 김태욱, 2023

초판 1쇄 발행 2023년 9월 25일

2쇄 발행 2024년 2월 23일

지은이   김태욱

펴낸이   이기봉

편집   좋은땅 편집팀

펴낸곳   도서출판 좋은땅

주소   서울특별시 마포구 양화로12길 26 지월드빌딩 (서교동 395-7)

전화   02)374-8616~7

팩스   02)374-8614

이메일   gworldbook@naver.com

홈페이지   www.g-world.co.kr

ISBN   979-11-388-2323-4 (13070)

뉴스가 되는, 진짜 스토리텔링 보도자료

김태욱 지음

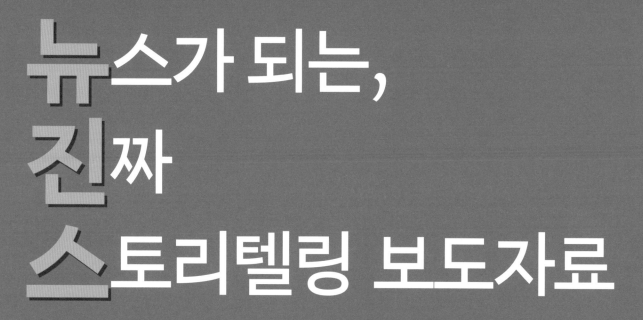

홍보와 공보에
관심 있는
취준생

보도자료는 쓰지만
뉴스가 되지 않는
홍보직원

<메시지 기획>을
잘하고 싶은
실무 기획자

좋은땅

[서평문] 뉴스가 되는, 진짜, 스토리텔링 보도자료
- 스토리는 어떻게 스타 그리고 기사가 되었나

광야의 세계관도 가상의 캐릭터도 없습니다. 특정 아이돌 멤버를 띄우기 위한 작업도 없었죠. 해린이나 혜인 등 비슷한 이름을 그대로 썼고, 멤버들 모두 어느 사춘기 아이들처럼 자연스러운 머리로 춤을 췄습니다. 회사에 맞게 외모를 바꾸지 않으면서, 대형 기획사 이미지보다 그녀들의 부모님이 먼저 떠올랐습니다. 어머님이 누구실까요. 그들만의 개성으로 써 내려간 스토리에 전 세계는 폭발적으로 열광했습니다. SM엔터테인먼트 출신 민희진 대표가 지난 2022년 메가폰을 잡은 뉴진스는 데뷔와 동시에 미국 차트쇼에서 1위를 기록했습니다. 노래 제목만큼 'Attention'을 외치며 전 세계 사람들에게 눈도장을 찍었죠. 데뷔 사흘 만에 선주문 44만 장을 돌파해 걸그룹 역대 최고 신기록도 갈아엎었습니다.

뉴진스가 기존 아이돌들의 성공방정식을 뒤집은 이유는 무엇일까요. 해답은 스토리에 있습니다. 민희진 대표는 뉴진스에게 가상의 캐릭터가 아닌 아이돌도 똑같은 아이들이라는 이야기에 집중했습니다. 완벽함과 신비주의보다는 'OMG'를 외치는 모습이 방송에 담겼고, 멤버들 사이의 '꽁냥꽁냥'한 티키타카가 쇼츠를 타고 전 세계로 퍼졌습니다. 특히 해린이 민지를 짝사랑하듯 쳐다보는 영상은 유명하죠. 시대를 불문해 남녀노소 모두에게 사랑을 받아 온 청바지(Jesns)처럼 찢어진 대로 구겨진 대로 그들만의 이야기를 풀어낸 뉴진스. '쿠키'를 먹는 모습마저도 사랑스러운 다섯 소녀의 스토리는 그렇게 새 시대의 얼굴이자 아이콘으로 한류의 새로운 유전자(genes)가 되었습니다.

뉴스도 결국 같은 맥락입니다. 왜 이 시점에 보도자료가 나오게 됐는지. 어떤 내용으로 씨줄과 날줄이 엮이면서 스토리라인이 이루어졌는지 펼쳐야 합니다. 그래야 팔리는 기사, 이야기되는 기사, 독자들이 읽는 기사가 될 수 있습니다. 기자 한 명이 받아보는 보도자료만 하루에 수백 건에 달합니다. 제목을 읽는 데에만 30분이 넘는다고 하죠. 천편일률적인 행사와 육하원칙에 지극히 충실한 보도자료로는 기자들에게도 그리고 독자들에게도 읽히기 쉽지 않습니다. 지금 이 시점에 왜 이 기사를 읽어야 하는지 스토리라인을 짜야 합니다. 스타뿐만 아니라 보도자료에도 스토리텔링이 중요한 이유입니다. 팔

리는 보도자료, 소구력 있는 보도자료가 되기 위한 필요충분조건입니다.

제가 이 책을 쓰게 된 이유도 마찬가지입니다. 누구나 쉽고 편하게 2,500자 상당의 기획기사를 쓸 수 있는 매뉴얼을 만들었습니다. 이른바 '기획기사 레시피'입니다. 언론사 기자가 아닌 공무원도 쉽게 따라할 수 있는 백종원 셰프 방식의 '기획기사 레시피'죠. 참 쉽죠잉. 저는 인구 51만 명의 경기도 ○○○에서 매주 1편씩 2,500자 상당의 기획기사를 1년 동안 작성했습니다. 여성정책부터 복지정책과 지역경제 활성화, 예산편성과 문화클러스터까지 지자체에서 펼쳐지는 정책들을 한 땀 한 땀 문장과 문단으로 녹여냈고, 지자체의 일정에 맞게 〈정기 기획보도 추진계획서〉와 매달 표로 정리한 〈기획보도 추진현황〉을 덧붙였습니다. 시의성과 지자체 시정철학에 맞게 정리했고, 기획기사의 작성 매뉴얼을 돕는 이론도 이해하기 쉽게 두 쪽 모아찍기로 요약했습니다.

출판사에서 지원하지 않는 두 쪽 모아찍기를 고집한 이유도, 옆으로 넘기는 일반적인 책이 아닌 스케치북 형식의 필기노트를 밀어붙인 이유도, 흑백이 아닌 컬러인쇄를 주장한 이유도 결론은 하나였습니다. 오직 실무자에, 실무자에 의한, 실무자를 위한 기획기사 작성 매뉴얼입니다. 지금 이 순간에도 사수 없이 일하는 공무원들, 일하지 않는 사수 밑에서 하루하루 고군분투하는 직장인들을 위한 책입니다. 저 역시 저보다 월급 2~3배 많이 받아가는 손 하나 까딱하지 않는 전문위원 밑에서 많은 것들을 감내했습니다. 그래서 이 책이 남다릅니다. 뉴스가 되는 진짜 스토리텔링 보도자료(제목 : 뉴진's). 홍보와 공보에 관심 있는 대학생부터, 보도자료는 작성하지만 기사가 되지 않았던 실무자들, 〈메시지 기획〉에 관심 있는 기획자들을 위해 책을 만들게 됐습니다.

수험생 시절 신문 칼럼 필사부터 이후 방송기자 경력과 공무원 기획보도 작성까지 저는 이연복 셰프처럼 글쓰기를 연마했지만, 백종원 셰프의 스타일로 쉽고 대중적인 방법으로 비법을 전수하겠습니다. 어느 광고처럼 야 너두, 야 나두, 야 모두 한 달 만에 기획기사를 쓸 수 있습니다. 학창시절 때는 서강대학교 홍보대사를 하며 홍보의 기본기를 다졌고, MBN 언론사 시절에는 18대 대선과 19대 총선 막내기자로 현장을 누볐습니다. 이후 대통령직 인수위원회도 취재하며 시대정신이 정책으로 반영되는 과정과 〈메시지 기획〉을 밑거름으로 국민들을 설득하는 방법을 피부로 느꼈습니다. 이후 공직사회에

뿌리를 내리면서 지자체 기획보도 작성과 경기도 인재개발원 강사 경력, 2023년 공직문학 공모전에는 수필부문에서 동상을 받으며 홍보와 공보, PR과 공감하는 글쓰기를 하고 있습니다. 뿐만 아니라 반년 만에 카카오 브런치 구독자 1000명 돌파했고 헤드라잇 작가(필명 : 대미안)와 유튜브에도 거침없이 뛰어들고 있습니다. 레거시 미디어부터 뉴미디어까지 두루두루 섭렵하며 지자체 홍보생태계 조성에 앞장서고 있습니다.

마지막으로 전국의 지자체 미디어 생태계부터 지역 언론의 현실을 적나라하게 보여주는 〈홍보야 울지 마라〉, 보도자료 작성의 ABC를 이해하는 데 도움을 주는 〈정책홍보 보도자료 작성 실무〉, 현실에 안주하지 않고 치열하게 구독자들을 설득하는 미국 언론을 배우는 〈탁월한 스토리텔러들〉, 소구력이 있는 글쓰기부터 독자들에게 팔리는 글쓰기까지 녹여낸 〈글쓰기 바이블〉 작가님들에게 감사의 인사를 보냅니다. 이분들의 피와 땀과 눈물이 담긴 책들이 있었기에 기획기사 작성 레시피가 이론적으로도 실무적으로도 단단해졌습니다. 이를 밑거름으로 저만의 경험과 경력, 스펙을 한 권의 책으로 풀어냈습니다. 첫 술에 배부를 수는 없지만, 여러분들의 기획기사가 지자체를 알리는 첨병으로 거듭나기 바랍니다. 감사합니다.

목차

보고서를 작성 할때는 메모장을

1장

〈보도자료 수정 전 구성〉

㈜금정종합건설, ○○○ 금촌3동 행정복지센터에 초복맞이 삼계탕 후원

○○○는 ㈜ 금정종합건설(대표 ○○○)이 지난 15일 ○○○ 금촌 3동 행정복지센터에 삼계탕 등 400만 원 상당을 후원해주어 미담이 되고 있다고 밝혔다.

이번 후원은 ○○○ 금촌3동 행정복지센터에 300여 명, ○○○ 장애인회관에 70여 명 분으로 초복을 맞이하여 복지관을 찾으시는 어르신들과, 무료급식소를 운영하는 장애인회관에 삼계탕과 밑반찬 등으로 전달했다.

○○○ 과장은 "코로나 19로 모두 어려운 시기에 지역사회에 관심을 갖고 후원해준 ㈜금정종합건설에 진심으로 감사드린다"며 "코로나 19와 경기침체로 어려움을 겪는 지금 이 시기에 삼계탕과 맛있는 한 끼 식사로 더운 여름 힘내어 보시길 바란다"고 응원의 메시지를 전했다.

1. 주제목 : 눈에 띄게 간결하고 함축적

2. 부제목 : 주제목을 보완해주는 메시지

3. 본문

- 리드문 : 육하원칙(5W1H)에 따라 누가 언제, 어디서, 무엇을, 어떻게, 왜 했는지 서술
  (리드문만 읽어도 기사를 이해 ○)
  (역삼각형으로 중요한 것부터 작성 ○)

- 실제본문 : 보도자료의 상세 내용 추가
  (혜택의 범위와 행사 등 수치로 표현)

- 인용문
  (행사에 시장님 참석이면 시장님 인용)
  (긍정적인 기사이므로 실명 언급)

4. 첨부 : 추가로 기관을 소개하는 자료
   (사진을 무조건 첨부한다)

〈보도자료 수정 후 구성〉

무더위 초복에 '이열치열' 삼계탕 후원 온기

-㈜금정종합건설, ○○○ 금촌3동 행정복지센터에 삼계탕 후원

○○○는 ㈜금정종합건설(대표 ○○○)이 지난 15일 ○○○ 금촌3동 행정복지센터에 삼계탕 등 400만 원 상당을 후원해주었다고 밝혔다.

이번 후원으로 ○○○ 금촌3동 행정복지센터 300여 명의 어르신들과 ○○○ 장애인회관 70여 명의 장애인들이 혜택을 받은 것으로 예상된다.

삼계탕을 전달받은 김만복 어르신은 "가마솥 찜통 무더위에 끼니를 거르는 경우도 많은데 든든한 한 끼를 먹게 돼 감사하다"고 말했다.

○○○ 과장은 "코로나 19로 모두 어려운 시기에 지역사회에 관심을 갖고 후원해준 ㈜금정종합건설에 진심으로 감사드린다"며 "코로나 19와 경기침체로 어려움을 겪는 이 시기에 맛있는 한 끼 식사로 힘내라"고 응원이 메시지를 전했다.

㈜금정종합건설은 지난 2020년부터 어르신 원예 체험 프로그램을 비롯해 지역맞춤형 환원 사업을 진행하며 귀감 사례를 보여왔다.

1. 주제목 : 눈에 띄게 간결하고 함축적으로

2. 부제목 : 주제목을 보완해주는 메시지

3. 본문

- 리드문 : 육하원칙(5W1H)에 따라 누가 언제, 어디서, 무엇을, 어떻게, 왜 했는지 서술
  (리드문만 읽어도 기사를 이해 ○)
  (역삼각형으로 중요한 것부터 작성 ○)

- 실제본문 : 보도자료의 상세 내용 추가
  (혜택의 범위와 행사 등 수치로 표현)

- 인용문
  (행사에 시장님 참석이면 시장님 인용)
  (긍정적인 기사이므로 실명 언급)

4. 첨부 : 추가로 기관을 소개하는 자료
   (사진을 무조건 첨부한다)
   (담당 주무관이 휴대전화로 사진 찍는다)

※ 보도자료는 '팩트' 중심으로 1장을 다 채우는 것을 목표로 쓴다. (6~7문장에 줄 간격 160%)

※ 읍면동 보도자료 제목에 ○○시를 꼭 붙여야 한다.

Ⅰ 보도자료 주제목 작성법

○ **비유법 활용 (다른 대상에 빗대어 표현)**
- 부천 시장 '소통문' 열겠다...읍면동 방문으로 소통 첫 단추
- '화목한 이동시장실 시즌2'...수원 시장만의 '소통방정식' 확대
- '○○인삼이 개성인삼입니다' 축제 개막...고려인삼 명맥 잇는다
- 경기도의 '비장의 머니 경기지역화폐'...골목상권 살린다

○ **숫자나 기호 활용 (강한 전달력과 궁금증 유도)**
- 청년들의 희망 놀이터, 'GP1934'(Global Pioneer. 19세~34세)
- 지역경제·취약계층·교통...용인시, 내년 예산안 3대 키워드
- ○○○ 시장 "지역화폐 2.0시대"...예산 챙기고 10% 혜택 유지
- 경기도민 10명 가운데 8명 "지역화폐가 골목 경제 살린다"
- 시민 중심 스마트 교통으로 100만 김포 청사진 펼친다

○ **의성어, 의태어 활용 (살아 움직이는 느낌)**
- '임진강 명물 황복'...25년간 치어 방류 효과 '톡톡' 〈KBS 뉴스〉
- 화성시 예산 2조 원 시대 '활짝'...본예산 1천 689억 증가
- 2018 기아, 용병 열전 향기 '폴폴'
- 11월의 에버랜드 촌티 '좔좔'

○ **구체적인 스토리텔링 활용 (인물이나 사건을 구체적으로 표현)**
- 청년이 묻고 ○○시장이 답한다...시흥 시장실 '핫라인' 구축
- 신입사원이 던지고 회장님이 받고, KT 특별한 시구
- 자율차 아이오닉, 광화문 질주...체험 초등생 '아빠보다 운전 잘해'

○ **언어유희 (라임 혹은 AZ개그)**
- 안산시 ○○○ 표 친수하천, 치수 넘어 문화로 간다
- 스타필드의 '지금 뭐 하남? 스타필드 하남!'
- 노랑풍선의 '너랑 나랑 놀앙, 노랑풍선'

○ **사자성어 활용**
- 성과 위해서 뒤 안 돌아보고 뛰겠다...2023년 '마부정제'
- 성남시, 무더위 초복에 '이열치열' 삼계탕 후원 온기
- 버려지는 감귤껍질 포장 원료로...환경 지키고 수요창출 '일석이조'
- "만시지탄, 잘못 바로잡는다"...제주4·3 수형인 64명 '무죄'

"보도자료는 단순한 글쓰기가 아니다. 보도자료는 메시지 기획이다. 따라서 전체적인 언론홍보 전략과 메시지 전략이 핵심이다. 홍보 목적과 목표, 수요자를 선정하고 메시지를 개발하고 기술하는 커뮤니케이션 전략이다. 즉 보도자료는 홍보 전략 중 메시지 전략의 연장선이다"

— 〈정책 홍보 보도자료 작성 실무〉 中 – 커뮤니케이션북스

보 도 자 료

보도일시	2023.2.20.(월) 배포 즉시		과장	000(031-820-7600)
사진	○ 자료 × 매수	1	팀장	000(031-820-7629)
담당부서	교하동(마을공동체팀)		담당자	000(031-820-7627)

○○○ 교하동 행정복지센터는 지난 16일 시내 이발소 및 미용실과 접근성이 좋지 않은 자연부락 어르신들을 위해 연다산2리 경로당에서 이·미용 서비스를 실시했다.

'파 뿌리 검은 머리 될 때까지' 사랑 나눔 서비스는 교하동 행복마을 관리소 지킴이들의 재능 기부로 진행됐으며 이발과 염색 등으로 어르신들의 머리를 손질했다.

경로당 어르신들은 "거동이 편치 않은데 이렇게 마을로 직접 찾아와서 미용을 해주니 버스를 이용하여 시내로 나갈 필요 없이 너무 편하고 이쁘게 잘되었다"라며 만족스러운 마음을 전했다.

○○○ 교하동장은 "만족해 주신 어르신들께 감사를 표하며, 앞으로도 지역사회의 활력을 불어넣을 수 있는 다양한 서비스를 고민하고 적극적으로 지원하겠다"라고 말했다.

해당 프로그램은 교하동 지역 특색사업 일환으로 관내 경로당을 순회 방문하여 어르신들께 월 1회 이·미용 서비스를 지속적으로 제공할 예정이다.

보 도 자 료

보도일시	2023.4.5.(수) 배포 즉시		동장	000(031-820-7740)
사진	○ 자료 × 매수	1	팀장	000(031-820-7739)
담당부서	운정2동(마을공동체팀)		담당자	000(031-820-7738)

○○○ 운정2동은 4일 도래공원 진입로 주변 부지에 꽃밭을 조성해 지역 환경을 정화하기 위한 '도래공원 진입로 꽃밭가꾸기 행사'를 실시했다.

이날 행사에는 운정2동 통장협의회, 청소년지도위원회, 파평윤씨 교하 종중, 지역 주민 등이 참여해 약 300㎡ 부지에 철쭉 3,450주와 회양목 200주를 심었다.

도래공원 진입로 부지는 고인돌 산책로와 연계된 주민의 휴식 공간이자 교육의 장으로 활용되고 있는 공간임에도 상습적인 쓰레기 투기 및 불법 주차, 무단 경작 등 불법행위가 끊이지 않아 민원이 잦았던 곳이다.

이번 꽃밭가꾸기 행사를 통해 주민들에게 보다 쾌적한 정주 환경이 제공되고, 소중한 도심 속 산책로가 만들어질 것으로 기대된다.

윤상수 파평윤씨 종중 회장은 "정기적으로 쓰레기를 치우고 있지만 역부족이던 나대지를 민·관이 힘을 합쳐 꽃밭으로 변신시키니 기쁘다"고 전했다.

○○○ 운정2동장은 "주민들의 관심과 도움 없이 불법행위 없는 쾌적한 도시 환경 만들기는 불가능하다"며 "사회단체 및 지역주민과의 꾸준한 협업을 통해 살기 좋은 운정2동을 만들어나가겠다"고 말했다.

보 도 자 료

보도일시	2023.4.5.(수) 배포 즉시		과장	000(031-940-4360)
사진	○	자료 ✕	매수	1	팀장	000(031-940-5197)
담당부서	관광과(관광개발2팀)		담당자	000(031-940-5196)

○○○와 ○○디엠지곤돌라(주)는 4일, 관광 취약계층을 위한 관광복지 사업인 '○○ 새봄 벚꽃 나들이' 행사를 개최했다고 밝혔다.

'○○ 새봄 벚꽃 나들이'는 임진각 평화곤돌라 개통 3주년을 기념해 사회공헌 사업의 일환으로 기획했다. 국립통일교육원과 한국관광공사도 협력해 관광 취약계층에게 관광지 무료 체험 기회를 제공하며 그 의미를 더했다.

경기도의료원 ○○병원에서 치료 중인 고령의 취약계층 만성질환자와 보호자 등 40명이 평화곤돌라를 비롯한 임진각 일대와 벚꽃 명소인 오두산 통일전망대 등을 관광했다.

○○보육원 아동과 청소년 35명은 학교 일정을 감안, 오는 9일 곤돌라 탑승과 DMZ 생생누리(VR) 체험, 평화랜드 놀이기구 체험을 실시한다.

시는 이번 체험을 통해 답답한 병원에서 벗어나 몸과 마음을 치유하고 봄 향기를 느낄 수 있는 시간이 되길 기대한다.

행사에 참여한 ○○○ ○○○ 부시장은 "관광은 누구나 누려야 할 보편적 복지의 영역으로서 접근이 필요하다"며, "앞으로 관광 취약계층을 위한 관광복지 사업을 지속적으로 확대해 나가겠다"고 말했다.

〈첫 번째 보도자료 제목〉

재능기부로 사랑나눔…○○○ 교하동, 이·미용 서비스
- '파뿌리 검은 머리 될 때까지' 사업 실시

〈두 번째 보도자료 제목〉

○○○ 운정2동, 도래공원 진입로 꽃밭 가꾸기
– 주민과 함께 '도심 속 산책로' 가꿔…쓰레기 · 불법주차 해결

〈세 번째 보도자료 제목〉

관광복지 실현…'○○ 새봄 벚꽃 나들이' 개최
– 평화곤돌라 · 오두산통일전망대 · DMZ생생누리 체험 실시

[우수] 보 도 자 료

보도일시	2023.4.10.(월) 배포 즉시		읍장	000(031-940-8120)
사진	○ 자료 × 매수	1	팀장	000(031-940-8121)
담당부서	조리읍(총무팀)		담당자	000(031-940-8122)

○○○ 조리읍, 제1회 요리조리 플로킹&버스킹 개최
- 문화 · 예술 · 탄소중립 1석 3조…문화도시 ○○로 도약

○○○ 조리읍은 8일 조리읍 행정복지센터 문화광장에서 진행된 '제1회 요리조리 플로킹&버스킹' 행사가 조리읍 주민 500여 명이 참여한 가운데 성황리에 마무리됐다고 밝혔다. ⇒ 육하원칙에 따른 리드문

'제1회 요리조리 플로킹&버스킹'은 ▲거리공연 ▲벼룩시장 ▲환경정화 활동 등 문화와 예술, 탄소중립 실천을 결합해 건강과 환경을 지키고 문화예술도 즐길 수 있는 일석삼조의 활동이다. ⇒ 행사의 내용과 목적 반영

이번 행사는 문화예술 활성화를 위한 장으로서, 체험, 전시, 공연뿐 아니라 지역주민의 수공예품과 중고물품 판매 부스 운영 등 다양한 볼거리를 제공해 많은 참여와 호평을 받았다. ⇒ 부수적인 행사 설명

행사에 참여한 한 시민은 "여러 장르의 공연을 펼쳐 남녀노소 모두 함께 즐길 수 있는 시간이었고, 다음엔 아이와 함께 나눔장터에 꼭 참여하고 싶다"고 전했다.

○○○ 조리읍장은 "문화광장이 지역주민의 복합문화공간으로 자리매김할 수 있도록 다양한 문화 프로그램을 운영할 계획"이라며 "앞으로 개최되는 요리조리 플로킹&버스킹에도 주민 여러분의 많은 관심과 참여 부탁드린다"고 말했다. ⇒ 인용

지역 예술인의 재능기부로 ○○○에서 처음으로 진행된 '제1회 요리조리 플로킹&버스킹' 행사에 대한 궁금한 사항은 조리읍(031-940-8122)으로 문의 가능하다. ⇒ 추가 문의 사항 (생략 가능)

스토리텔링 보도자료 글쓰기

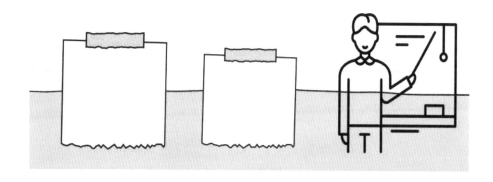

[수정전] 보 도 자 료

보도일시	2022.8.5.(금) 배포 즉시		과장	000(031-940-4360)
사진	○ 자료 × 매수	1	팀장	000(031-940-5197)
담당부서	문산읍(산업팀)		담당자	000(031-940-5196)

자유로, 코스모스 따라 임진각 가는 길
- 문산읍 자유로변 코스모스 파종

임진각 방면으로 가는 자유로에 가을이면 아름답게 물드는 코스모스 물결이 올해도 어김없이 찾아올 전망이다. 5일 당동IC 인근 자유로에는 문산읍 직원과 문산읍 농업경영인회 회원 등 30여 명이 모여 가을을 준비하는 코스모스를 파종했다.

문산읍에서는 해마다 바쁜 농사철을 피해 당동IC 인근에서 자유로 방면으로 3.2km 구간에 보리, 코스모스를 심고 가꿔왔다. 덕분에 임진각으로 향하는 아스팔트 도로 옆으로 봄에는 푸른 보리가 시원하게 펼쳐지고, 가을에는 싱그러운 코스모스가 활짝 피어 많은 이들을 즐겁게 했다.

○○○ 문산읍장은 "전국적으로 코로나19 확진자가 좀처럼 쉽게 줄지 않는 상황이지만, 실내보다는 야외 활동이 잦은 요즘, 코로나19를 피해 ○○ 임진각을 찾는 시민들과 관광객들을 위해 코스모스를 파종했다. 답답한 일상을 벗어나 탁 트인 임진각을 찾아오시는 많은 분들께 자유로 따라 피어날 코스모스가 소소한 즐거움이 되길 바란다."고 말했다.

자유로 코스모스, 문산천에 조성한 문산노을길 계절꽃밭 등은 붉은 노을과 함께하는 지역의 명소로 자리 잡고 있다. 무더위가 한풀 꺾이면 자유로 끝 임진각으로 시원하게 뻗어갈 코스모스 물결이 더욱 기대된다.

[수정후] 보 도 자 료

보도일시	2022.8.5.(금) 배포 즉시		과장	000(031-940-4360)
사진	○ 자료 × 매수	1	팀장	000(031-940-5197)
담당부서	문산읍(산업팀)		담당자	000(031-940-5196)

○○○, 자유로에 '꽃길' 심으며 속속 새단장
- 자유로 3.2km 구간에 코스모스 심으며 구슬땀

○○○는 지난 5일 자유로 인근에서 문산읍 직원들과 농업경영인협회 회원 등 30여 명이 모여 코스모스 꽃길을 심으며 새단장에 나서고 있다.

코로나19로 답답한 현실과 마주한 사람들에게 일상의 소소한 즐거움을 선사하기 위해 자유로 3.2km 구간에 코스모스를 심는 행사가 마련됐다.

문산읍에서는 해마다 바쁜 농사철을 피해 당동IC 인근에서 자유로 방면으로 보리와 코스모스를 심고 가꿔왔는데, 임진각으로 향하는 관광객들의 눈과 귀를 사로잡고 있다.

임진각을 찾은 어느 관광객은 "코로나 19로 집에만 있던 경우가 많았다"라며 "○○○에서 관광객들을 위해 새단장을 꾸린 꽃길을 걸으며 마음도 한결 가벼워졌다"며 ○○○ 공무원에게 감사함을 전했다.

○○○ 문산읍장은 "전국적으로 코로나19 확진자가 쉽게 줄지 않는 상황이다"라며 "실내보다는 야외 활동이 잦은 요즘, 코로나19를 피해 ○○ 임진각을 찾는 시민들과 관광객들을 위해 코스모스를 파종했다"고 전했다.

이런 가운데, 자유로 코스모스, 문산천에 조성한 문산노을길 계절꽃밭 등은 붉은 노을과 함께하는 지역의 명소로 자리 잡고 있다.

서울매일

2023년 02월 24일 금요일 019면 사람

파주시, 저소득층 아동·청소년에 체험활동

월롱면, '민·관 합동'…월롱, 봄방학을 부탁해 실시

파주시 월롱면은 22일, 지역 내 저소득층 아동·청소년 대상으로 체험활동을 지원하는 '월롱, 봄방학을 부탁해'를 실시했다.

'월롱, 봄방학을 부탁해' 사업은 봄방학을 맞아 평소 지역아동센터에서 접하기 힘든 체험 활동을 제공하기 위해 민·관이 뜻을 모은 사업으로, 월롱면 행정복지센터와 관내 소재한 지역아동센터(사회협동조합 새로움)가 함께 연계해 진행한다.

체험 활동은 저소득층 아동·청소년 14명을 대상으로 월롱면 행정복지센터와 지역 내 소재한 제빵체험장에서 실시됐으며, 감성 오르골 만들기와 제빵체험이 진행됐다.

서행신 새로움 지역아동센터장은 "아이들이 색다른 체험활동으로 즐거운 하루를 보낼 수 있었다"며 "체험활동을 제공해주신 월롱면에 감사드린다"고 소감을 전했다.

김은숙 월롱면장은 "이번 체험활동이 학업에 지친 아이들에게 충전의 기회가 됐으면 좋겠다"며 "앞으로도 관내 기관 및 기업들과 연계해 아동·청소년들이 보다 멋진 미래를 그려 나갈 수 있도록 지원하겠다"고 말했다.

앞으로도 월롱면은 아동·청소년뿐만 아니라 지역 내 취약계층을 대상으로 맞춤형 복지 서비스를 지원할 계획이다.

/홍성봉 기자

아시아타임즈

2023년 02월 24일 금요일 013면 전국네트워크

파주시 교하동 치매 예방프로그램 '행복기억관리소' 사업

매월 경로당 순회…인지훈련 등 제공

파주시 교하동은 지난 21일 연다산2리 경로당에서 운정보건소 치매관리팀과 연계해 치매 예방 사업인 '행복기억관리소'를 실시했다고 23일 밝혔다.

'행복기억관리소'는 행정구역 개편으로 교하동의 만 65세 이상 고령인구가 25%에 달하는 초고령 지역사회가 됨에 따라 마련된 사업으로, 치매 고위험군을 대상으로 매월 경로당을 순회하며 실시한다.

첫 예방프로그램은 지난 21일 연다산2리 경로당에서 실시했다.

치매는 정상적으로 생활하던 사람이 여러 가능 손상에 따른 기억력, 언어능력, 판단력 등 인지 기능 저하로 일상생활에 지장을 초래하는 병으로 하나의 질환으로 치매에 대한 원인질환 중 알츠하이머병, 혈관성치매가 가장 높다.

운정보건소 치매관리팀의 예방프로그램은 치매에 대한 올바른 인식유도, 잘못된 생활습관 개선저지, 치매 발생 요인, 치매 예방 콘텐츠 등 예방실천에 필요한 정보 제공을 통해 건강한 생활 실천의 인지훈련을 제공한다.

이창두 교하동장은 "프로그램을 통해 우울함 감소 및 인지기능 향상 등 건강증진에 조금이나마 도움이 되기를 기원한다"고 말했다.

질 향상을 위함이다. 치매관리팀은 치매 조기 테스트, 인지훈련 학습지, 생활습관개선 교육, 심층 상담 등 치매에 대한 올바른 정보 제공과 뇌 신경 건강체조 등 노화에 따른 인지기능 향상을 위한 다양한 프로그램을 선보였다.

치매 예방프로그램을 접한 어르신들은 "두 기간 했던 치매에 대해 쉽게 알려주고, 예방할 수 있는 생활 습관과 건강 운동을 알게 돼 유익한 시간이었다"고 전했다.

이번 치매 예방프로그램은 본인의 치매 유병률 감소 및 중증 치매 예방을 통해 본인, 가족의 사회적 부담경감은 물론 삶의

- 민관이 힘을 합치거나, 업무협약 체결, 사업소 연계 보도자료가 기사↑

- 제목이 간결하고 명료함 ▲봄 방학을 부탁해 ▲행복기억관리소

- 저소득층 지역 아동과 청소년에게 제빵체험장 실습과 감성 오르골 만들기 체험이 신선한 내용임. (단순히 실버경찰대 청소, 새해 떡국맞이 행사는 기사 ×)

중앙신문

2023년 03월 27일 월요일 006면 메트로

폐교 활용 우수청소년 시설 '벤치마킹'

포천, 경기학생스포츠센터 방문

포천시는 지난 24일 경기도 용인시 기흥구 소재 경기학생스포츠센터를 방문해 폐교 활용 우수청소년시설 벤치마킹을 실시했다.

백영현 포천시장을 비롯해 관련 부서 공무원, 포천시의회 조진숙, 손세하 의원, 포천교육지원청 관계자, 학교장, 학생 등 30여명이 참여했다.

이번 벤치마킹은 관내 폐교 활용방안 모색과 청소년시설 이용 활성화의 일환으로 추진됐다.

용인시 경기학생스포츠센터는 경기도교육청과 용인시에서 학령인구 감소 등으로 폐교된 (구)기흥중학교를 리모델링해 전국 최초로 스포츠센터로 개소한 곳이다.

4층 규모의 폐교를 다양한 스포츠 체험 프로그램과 방송시스템 운영, 강연, 회의 등을 할 수 있는 공간으로 재구성한 시설이며, 경기도 관내 초·

중·고등학생, 교사, 학생을 동반한 학부모들이 이용할 수 있다.

또한, 용인시에서는 같은 부지 내 2024년 준공을 목표로 수영장, 지하주차장을 포함한 다목적체육관 건립을 추진하고 있다.

백영현 포천시장은 "이번 벤치마킹이 폐교를 활용해 어떤 방식으로 시민이 함께 사용할 수 있는 공간을 만들 것인지에 대해 생각할 수 있는 좋은 기회가 됐다"며, "앞으로도 다양한 분야의 선진사례 벤치마킹을 추진하겠다"고 말했다.

김성운기자

- 폐교를 리모델링해 스포츠 센터로 개소한 전국 첫 사례.

- 읍면동에 인구가 줄어드는 폐교를 활용한 기획 아이템으로 고려 가능. 폐교를 활용한 노인방문시설과 주민편의시설, 청년 활동 등으로 확장할 수 있음.

2023년 03월 10일 금요일 007면 지역

— 용인지역 이마트 7개점과 함께하는 —
『2023년 희망나눔 프로젝트』 협약식

용인특례시 '10년 천사' 이마트 7곳 올해도 나누러갑니다

관내 소외계층에 2억7000여만원 지원 '희망나눔' 업무협약

용인특례시(시장 이상일)가 올해도 관내 이마트 7개 점과 '2023년 희망나눔 프로젝트'를 이어간다.

시는 지난 8일 시장 접견실에서 관내

이마트 7개점(용인·동백·흥덕·죽전·수지·TR구성)과 관내 저소득층을 지원하는 '2023 희망나눔 프로젝트' 업무협약을 체결했다고 9일 밝혔다.

협약식에는 이상일 용인특례시장, 유근종 이마트 판매본부3담당, 관내 이마트 7개점 점장 등 9명이 참석했다.

시와 관내 이마트 7개 점은 지난 2014년부터 이 협약을 맺어 지역의 소외계층을 돕고 지역 주민들의 복지 향상을 위해 다양한 사업을 이어왔다.

지금까지 이마트 7개점은 긴급구호비, 희망환경그림대회, 사랑의 이동 밥차, 어버이날 보양식 키트 지원, 난방용품 지원 등 관내 취약계층 지원을 위해 14억 1591만원 상당의 후원금과 물품을 지원했다.

올해도 가정의달 맞이 선물세트 전달, 냉·난방 용품 지원, 김장김치 나눔, 저소득층 지원을 위한 바자회 등 5개 사업으로 총 2억2700만원 상당의 후원금과 물품을 지원한다.

유근종 용인특례시장은 "10년 동안 용인시와 함께 이런 뜻깊은 일을 이어올 수 있어 기쁘다"며 "이마트를 찾아주신 시민들의 사랑을 이렇게나마 돌려드릴 수 있도록 꾸준히 나눔을 이어가겠다"고 말했다.

이상일 용인특례시장은 "10년이라는 긴 시간 동안 용인이라는 생활공동체를 위해 따뜻한 나눔을 이어와 주셔서 진심으로 감사하다"며 "상생의 뜻을 잘 살려 어려운 이웃들을 위해 귀하게 쓰겠다"고 말했다.

황선인 기자 hsin7777@dtoday.co.kr

- 읍면동에서 기탁 관련 보도자료 역시 고민 필요.

- 단순한 기탁 보도자료보다 민관합동 업무협약(MOU)과 수치로 구체화.

(참고)　〈언론홍보에 성공한 지자체들〉

■ 겨울철 세계 7대 불가사의, 화천

강원도 화천은 주민 인구가 2만 5천 명이 안 된다. 도시지역 한 개 동 인구도 안 되는 적은 주민이 거주하지만 산천어와 얼음이라는 독특한 아이템으로 일약 전국 최고의 지역 브랜드를 갖게 되었다. 종전의 화천 이미지는 '멀다'와 '춥다'가 절대적이었다. 남한의 동북쪽 끝에 있는 화천은 전국 어디서든 접근성이 최악이지만 프레임을 깼다. 홍보의 힘이었다.

화천군은 단점이라고만 생각했던 이 두 가지를 장점으로 살려내 오지에서 즐기는 겨울 축제로 입소문을 이끌었다. 가족 단위 관광객이 찾아오기 편하게 관광열차를 운행하거나 여행사가 상품으로 개발해 관광버스를 운행하도록 유도했다. 전국에서 열리는 지역 축제 대부분이 봄과 가을에 집중된 가운데 화천은 겨울을 택한 것이다. 축제 홍보가 겨울에는 많지 않았기 때문에 집중 조명을 받았다. 추위와 얼음이 사라진 겨울이지만 화천에 가면 추억을 곁들여 추위와 얼음을 만날 수 있다고 대대적으로 홍보했다. 2만 5천 명이 거주하는 화천에, 한 해 겨울이면 100만~150만 명의 관광객이 다녀간다. 미국 CNN이 '겨울철 세계 7대 불가사의'라고 비중 있게 보도하기도 했다.

■ 머드축제를 태양만큼 뜨겁게, 보령

충남 보령의 머드축제도 화천의 산천어축제와 비슷한 면이 있다. 일단 봄과 가을이 아닌 한여름을 축제의 시즌으로 잡았다. 진흙이라는 보잘것없는 소재를 획기적 축제 아이템으로 삼아 국내를 뛰어넘어 세계적 축제로 발전시킨 것은 모두 홍보의 힘이다. 보기만 하는 축제에서 벗어나 즐기는 축제로 콘셉트를 맞췄다는 점도 주목받았다. 화천 산천어축제나 보령 머드축제의 공통점은 사진 촬영을 했을 때 앵글에 잡히는 풍경이 역동성이 넘친다는 점이다. 여름이나 겨울은 움츠러들기 쉬워 생동감을 찾기 어려운 계절이다. 하지만 항공사진도 그러하고 근접 사진도 그러하고 생동감을 표출하기에 더없이 좋은 장면이 연출된다.

10일간 진행되는 머드축제에는 150만~200만 명의 관광객이 다녀간다. 외국인도 대략 30~40만 명이 다녀간다. 보령은 단순히 축제에 그치지 않고 마스크팩, 비누, 샴푸, 선크림, 로션 등 머드를 이용한 각종 제품을 특산물로 개발해 연중 높은 판매액을 올리고 있다. 축제를 홍보해 지역 브랜드 가치를 파격적 끌어올리고 경제적 실익까지 챙긴 것이다. 각 언론매체를 통해 매년 대대적인 홍보가 이루어지며 보령은 대표적인 해양관광지가 됐다. 전국에 해양도시는 많지만, 언론을 통해 확실한 관광 이미지를 구축한 곳은 보령이 거의 유일하다.

■ 느끼하지 않은 치즈의 고장, 임실

전북의 산골 마을 임실은 치즈의 고장이다. 1980년대 들어서 한국 땅에 서양식 레스토랑이 우후죽순 들어서면서부터 피자가 알려지기 시작했다. 그보다 앞서 1967년 임실군 임실읍 갈마리에서 치즈가 생산됐다. 벨기에 출신으로 한국 이름 '지정환'이라는 신부가 농민의 소득 증대를 위해 치즈를 생산하기 시작한 것이다. 지정환 신부는 산양유를 이용해 영국식 체다, 프랑스식 포르살뤼, 이탈리아식 모차렐라 등의 치즈를 생산해 서울 소재 특급 호텔에 납품하기 시작했다. 처음부터 시장이 확보되지는 않았다. 1981년 치즈를 생산하는 농민들이 협동조합을 결성하였고, 산양유 대신 우유를 이용해 치즈 생산에 나섰다. 때마침 1980년대부터 모차렐라 치즈의 붐이 일기 시작하면서 임실은 치즈의 고장이 됐다.

체험형 관광지인 임실치즈테마파크가 13만㎡ 규모로 조성되었고, 언론의 집중 조명을 받았다. 유치원생이 체험을 즐기며 치즈를 만드는 영상이 TV를 통해 수시로 전국의 가정에 소개됐다. 가족 단위로 찾아가면 치즈를 이용해 다양한 체험을 할 수 있는 것은 물론이고 다양한 치즈 상품을 구매할 수 있다는 사실이 알려졌다. 치즈를 집중적으로 홍보해 지역과 연관시키는 브랜드화에 성공하며 임실은 누구나 인정하는 치즈의 고장이 되었다. 더불어 소중한 관광자원을 주민의 힘으로 만들었다. 위대한 홍보의 힘을 주민 모두가 실감하고 있다. 임실 뒤에 치즈란 단어가 자연스럽게 붙으면서 임실치즈의 유명세는 더해가고 있다.

Ⅳ 보도자료 작성 Tip + 실습

○ 보도자료 글쓰기 원칙

① 간결체로 쓴다 : 주어와 서술어가 1개씩인 단문으로 쓴다

  예) 고구려가 백제를 기습공격하고 나서 삼국의 긴장이 고조되는 결과를 낳았다. (×)

    ⇒ 주어 고구려와 서술어 낳았다가 호응이 맞지 않는다.

  예) 고구려가 백제를 기습공격했다. (그 후) 삼국의 긴장이 고조됐다. (○)

② 건조체로 쓴다 : 주관적인 꾸밈이 없는 문장으로 쓴다

  예) 〈재벌집 막내아들〉은 굵직굵직한 사회적 이슈를 내세운 근래 보기 드문 드라마다. (×)

  예) 〈재벌집 막내아들〉은 굵직한 사회적 이슈를 내세운 드라마다. (○)

③ 단언체로 쓴다 : 애매한 추측표현보다 숫자를 쓴다

  예) ~로 생각된다. ~고 한다 (×) / ~한다. ~했다 (○)

  예) 몇 년 전에. 언젠가 (×) / 2023년 가을. 12년 전에 (○)

④ 표현의 반복을 피한다 : 반복되는 단어, 문장, 조사는 피한다

  예) 말했다 ⇒ 밝혔다. 전했다. 강조했다. 주장했다. 더했다. 부연했다. 곁들였다. 덧붙였다. 설명했다.

⑤ 생뚱한 단어를 피한다 : 피하거나 설명한다

  예) 상상플러스 김철수 대표는 "홍보는 기업의 철학이다"라고 말했다. (×)
  예) 홍보 컨설팅사 상상플러스 김철수 대표는 "홍보는 기업의 철학이다"라고 말했다. (○)

  예) 브랜드스토리 마케팅에서 인물은 스토리 3요소 중 하나로 중요하다. (×)
  예) 브랜드스토리 마케팅에서 인물은 스토리 3요소 중 하나로 중요하다.
    스토리 3요소는 인물, 배경, 사건을 말한다. (○)

⑥ 외래어 표현은 피한다 : 한자어, 일본어, 외래어 표현 (×)

  예) 피해액이 5억 원으로 집계됐다. (×)
  예) 경기도는 피해액을 5억 원으로 집계했다. (○)

○ 메시지를 키워드로 배열하라

- 보도자료는 작성이 아니고 기획이다. 즉 메시지 전략이다.

- 메시지 키워드를 우선순위에 따라 순서대로 배열한다.

○ 키워드 중심의 점(點)-선(線)-면(面) 전략

- 점은 키워드다. 필요한 키워드를 먼저 배치한다.

- 선은 문장이다. 키워드를 중심으로 내용에 살을 붙이는 과정이다.

- 면은 문단이다. 문장이 2~3개 정도로 구성된 문단이다. 문단마다 하나의 메시지를 좀 더 설명하면 된다.

○ 인용문을 활용하는 전략

- 보도자료에서 큰따옴표("")인 인용부호를 넣어 시장님, 과장님 인용글을 넣으면, 독자는 기사 내용에 신뢰를 갖게 된다.

- 시장님이 참석하신 행사에는 시장님 인용글을 넣고 그렇지 않은 경우, 담당 국장님이나 과장님의 인용문을 넣는다.

- 보도자료는 기본적으로 홍보의 성격이기 때문에 이름을 넣어준다.

○ 사진 자료 첨부하는 방법

- 사진 한 장으로 기사는 설명이 끝난다. 때문에 사진 자료가 없으면 기사가 나가지 않는다고 생각해도 된다.

- 소통홍보관의 사진 담당 주무관이 모든 행사를 챙기지 않으므로 보도자료 작성 주무관은 스마트폰으로 2~3장의 사진을 찍고 현장에서 보도자료 작성 주무관의 메일로 사진을 보내면 서로 깔끔하다.

[연습] 보 도 자 료

보도일시	2022.8.5.(금) 배포 즉시		과장	000(031-940-4360)
사진	○ 자료 ×	매수 1	팀장	000(031-940-5197)
담당부서	문산읍(산업팀)		담당자	000(031-940-5196)

○○○, 자유로에 '꽃길' 심으며 속속 새단장
- 자유로 3.2km 구간에 코스모스 심으며 구슬땀

[지난 5일] [자유로 인근] [문산읍 직원들] [농업경영인협회 회원 등 30여 명] [코스모스 꽃길]

[일상의 소소한 즐거움] [자유로 3.2km] [코스모스]

[임진각으로 향하는 관광객들]

[관광객] 인터뷰

[문산읍장] 인터뷰

[문산노을길 계절꽃밭] [지역명소]

[완성] 보 도 자 료

보도일시	2022.8.5.(금) 배포 즉시		과장	000(031-940-4360)
사진	○ 자료 ×	매수 1	팀장	000(031-940-5197)
담당부서	문산읍(산업팀)		담당자	000(031-940-5196)

○○○, 자유로에 '꽃길' 심으며 속속 새단장
- 자유로 3.2km 구간에 코스모스 심으며 구슬땀

○○○는 지난 5일 자유로 인근에서 문산읍 직원들과 농업경영인협회 회원 등 30여 명이 모여 코스모스 꽃길을 심으며 새단장에 나서고 있다.

코로나19로 답답한 현실과 마주한 사람들에게 일상의 소소한 즐거움을 선사하기 위해 자유로 3.2km 구간에 코스모스를 심는 행사가 마련됐다.

문산읍에서는 해마다 바쁜 농사철을 피해 당동IC 인근에서 자유로 방면으로 보리와 코스모스를 심고 가꿔왔는데, 임진각으로 향하는 관광객들의 눈과 귀를 사로잡고 있다.

임진각을 찾은 어느 관광객은 "코로나 19로 집에만 있던 경우가 많았다"라며 "○○○에서 관광객들을 위해 새단장을 꾸린 꽃길을 걸으며 마음도 한결 가벼워졌다"며 ○○○ 공무원에게 감사함을 전했다.

○○○ 문산읍장은 "전국적으로 코로나19 확진자가 쉽게 줄지 않는 상황이다"라며 "실내보다는 야외 활동이 잦은 요즘, 코로나19를 피해 ○○ 임진각을 찾는 시민들과 관광객들을 위해 코스모스를 파종했다"고 전했다.

이런 가운데, 자유로 코스모스, 문산천에 조성한 문산노을길 계절꽃밭 등은 붉은 노을과 함께하는 지역의 명소로 자리 잡고 있다.

[연습] 보 도 자 료

보도일시	2023.4.10.(월) 배포 즉시	읍장	000(031-940-8120)
사진 ○ 자료 × 매수 1		팀장	000(031-940-8121)
담당부서	조리읍(총무팀)	담당자	000(031-940-8122)

○○○ 조리읍, 제1회 요리조리 플로킹&버스킹 개최
– 문화 · 예술 · 탄소중립 실천 1석3조…문화도시 ○○로 도약

[8일] [조리읍 행정복지센터 문화광장] ['제1회 요리조리 플로킹&버스킹']
[조리읍 주민 500여 명]

[거리공연] [벼룩시장] [환경정화 활동] [문화와 예술, 탄소중립 실천]
[일석삼조]

[문화예술 활성화] [지역주민의 수공예품과 중고물품 판매]

[시민] 인터뷰

[조리읍장] 인터뷰

[완성] 보 도 자 료

보도일시	2023.4.10.(월) 배포 즉시	읍장	000(031-940-8120)
사진 ○ 자료 × 매수 1		팀장	000(031-940-8121)
담당부서	조리읍(총무팀)	담당자	000(031-940-8122)

○○○ 조리읍, 제1회 요리조리 플로킹&버스킹 개최
– 문화 · 예술 · 탄소중립 실천 1석3조…문화도시 ○○로 도약

○○○ 조리읍은 8일 조리읍 행정복지센터 문화광장에서 진행된 '제1회 요리조리 플로킹&버스킹' 행사가 조리읍 주민 500여 명이 참여한 가운데 성황리에 마무리됐다.

'제1회 요리조리 플로킹&버스킹'은 ▲거리공연 ▲벼룩시장 ▲환경정화 활동 등 문화와 예술, 탄소중립 실천을 결합해 건강과 환경을 지키고 문화예술도 즐길 수 있는 일석삼조의 활동이다.

이번 행사는 문화예술 활성화를 위한 장으로서, 체험, 전시, 공연뿐 아니라 지역주민의 수공예품과 중고물품 판매 부스 운영 등 다양한 볼거리를 제공해 많은 참여와 호평을 받았다.

행사에 참여한 한 시민은 "여러 장르의 공연을 펼쳐 남녀노소 모두 함께 즐길 수 있는 시간이었고, 다음엔 아이와 함께 나눔장터에 꼭 참여하고 싶다"고 전했다.

○○○ 조리읍장은 "행사를 통해 시민들에게 문화예술 향유 기회를 제공하고 문화도시 ○○로 도약하는 데 한 발 더 가까워지는 기회가 됐다"며, "문화광장이 지역주민의 복합문화공간으로 자리매김할 수 있도록 다양한 문화 프로그램을 운영할 계획"이라고 밝혔다.

2강

기획부터 작성 매뉴얼

(참고) 정기 기획보도 추진 계획서

✓ 핵심사업 및 주요 시정에 대한 전략적 사전 보도기획으로 보도율 제고
✓ 매체별 관심사업 및 월별, 시기별 보도수요를 고려한 맞춤형 자료 제공

1 추진배경

○ 기획보도가 특정 사업이나 이벤트 발생 시 배포되어 특정 시기에 편중
○ 효과 있는 시정홍보 제고를 위해 적극적 언론 소통 및 국별 협력체계 구축 필요

2 추진계획

○ 매월 주요시정 및 핵심사업을 테마로 기획보도자료 배포(월 2회/ 6월, 12월 제외)
○ 월별 선정된 테마에 대한 집중취재를 통해 기획보도 작성

❖ 업무 흐름도 ❖

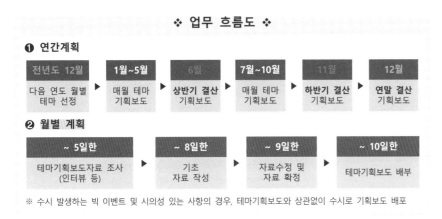

❶ 연간계획

전년도 12월	1월~5월	6월	7월~10월	11월	12월
다음 연도 월별 테마 선정	매월 테마 기획보도	상반기 결산 기획보도	매월 테마 기획보도	하반기 결산 기획보도	연말 결산 기획보도

❷ 월별 계획

~ 5일한	~ 8일한	~ 9일한	~ 10일한
테마기획보도자료 조사 (인터뷰 등)	기초 자료 작성	자료수정 및 자료 확정	테마기획보도 배부

※ 수시 발생하는 빅 이벤트 및 시의성 있는 사항의 경우, 테마기획보도와 상관없이 수시로 기획보도 배포

3 기대효과

○ 기획보도 배포 시기 정례화로 체계적인 정책 홍보 계획 수립
○ 매월 기획보도자료 배포계획 공유를 통한 언론과의 긴밀한 협업 체계 구축

(참고) 기획보도 추진현황 (월별 〈표〉 정리)

❖ 2023년 ○○○ 기획보도 ❖

구분	월별 기획기사 주요 내용	
1월	· 2023년 지자체 변하는 정책 · '스마트' 교통으로 100만 청사진	· 시정철학 + 달라지는 정책 참고 · 지자체 핵심 사업 (교통·문화·일자리 등)
2월	· 청년이 묻고, 시장이 답한다 · 복지정책 나침반…'복지 통계자료' 발간	· 청년, 노인, 여성 등 신년 정책
3월	· 여성친화도시, 사회 안전망으로 거듭나다 · "성매매집결지 폐쇄는 시대적 소명이다"	· 3월 8일 세계 여성의날 · 성매매집결지 폐쇄 〈기획 시리즈〉
4월	· '구절초 치유의 숲' 품은 율곡수목원	· 봄·가을맞이 나들이 명소 소개
5월	· 문화·역사 클러스터, ○○○ 미래다 · '연다라 풍년'부터 'DMZ관광센터'까지	· 문화와 역사, 관광명소 소개
6월	· "지역화폐2.0시대"…예산 챙기고 10% 혜택 · '교통약자 교차로'부터 '부르미 버스'까지	· 상반기 주요 성과 정리 · 행정사무 감사(기초의회)
7월	· 널브러진 간판들…찾아가는 안전 점검	· 장마철 안전 점검
8월	· 읍면동 방문으로 첫 단추…'소통문' 열겠다 · 이동시장실 시즌2…'소통방정식' 확대	· 자치단체장 소통 행보 · 전국동시지방선거(2022.06.01.)
9월	· 청년 놀이터 GP1934 · ○○인삼이 개성인삼입니다	· 9월 셋째주 토요일 〈청년의 날〉 · 청년축제와 지역축제
10월	· 시민과 함께하는 '북(book)소리'축제	· 지역축제 + 지식문화산업
11월	· 국내 최대 콩 축제…장단콩 성인병 예방 · 지역경제·취약계층·교통…예산 3대 키워드	· 지역축제 기간 · 예산·결산 심의(기초의회)
12월	· '100만' 마중물…메디컬클러스터 '급물살' · 10대 뉴스 정리	· 하반기 주요 성과 정리
과정	자료 수집 ⇒ 기획안 작성 ⇒ 기획기사 작성 ⇒ 언론인터뷰, 행정사무 감사 활용	

Ⅰ. 부서참고용 기획안 (1월)

[기획] 2023년 ○○○ 변하는 정책...'시민만' 집중

- "오직 시민만 바라보며 시민 중심 적극행정 펼친다"

■ 운정부터 광탄까지 '부르미 버스' 확대...교통복지 앞장선다

■ 인센티브 10% 확정...○○페이로 '민생경제 한파' 녹인다

- 매년 1월은 자치단체장의 신년사와 함께 새롭게 바뀌는 신년 정책집이 발간된다. 새롭게 새해가 시작하는 만큼 시민들에게 정책을 소개하고 '시민 중심 더 큰 ○○' 슬로건을 신년사에 맞게 녹여내는 것이 중요하다.
- 인구 50만을 달성한 ○○○는 '100만 특례시'를 꿈꾸는 만큼 신년 정책 중에 중요한 정책들로 시민의 발을 자처한 '부르미 버스' 확대, 지역경제 구원투수인 ○○페이 할인율 10% 확정, 민생보안관 '이동시장실' 다변화가 대표적이다.
- 거미줄 교통 : 부르면 온다. 언제 어디든지 이동하는 '부르미 버스' 모토. ○○시민만의 맞춤형 교통복지 수요응답 버스가 새해부터 확대된다. 신도시에는 기존 10대에서 15대로, 그 외 지역에는 각각 3대씩 신규로 편성한다.
- 민생경제 구원투수 지역화폐 : ○○페이를 쓴 소비자들은 30% 소득공제를 누리고, 소상공인들은 매출이 늘어나는 효과가 있기 때문이다. ○○○가 지원한 금액보다 더 많은 수요 창출이 가능하다. 이를 뒷받침하는 경기도청 통계자료도 참고한다.
- 민생보안관 이동시장실 : 시청 문턱을 낮추고 민생 목소리에 귀 기울인다. '찾아가는 이동시장실' 추진 배경으로 사람과 사람을 잇는 문화공동체다.

■ 기획안 작성 Tip

⇒ 기존 보도자료와 신문기사를 참고해 뼈대를 잡고 간다.

시정철학 + 슬로건 + 관련 정책의 연관성을 찾아 기획안을 작성한다.

3가지 핵심정책만 이야기한다. 너무 많은 정보는 오히려 독이 된다.

시민 편의를 위한 대중교통 혁신	교통혁신·안전환경 조성
부르미버스 증차 및 확대	추진 중

부르미버스를 증차하여 대기시간을 줄이고, 농촌지역까지 확대하여 시민들의 발이 되어주는 대중교통의 편의성을 증진합니다.

이렇게 추진하고 있어요.

☑ 사업취지 : 시민들의 교통수요에 대응하고 대중교통 편의 증진

☑ 핵심내용 : 운정신도시 내 운영 중인 부르미버스 증차 및 농촌형 부르미버스 확대

자세히 알아보아요

☑ 부르미버스[수요응답버스(DRT:Demand Responsive Transport)]란 무엇인가요?
- 스마트폰 앱으로 정해진 출발지와 도착지를 예약하면 AI(인공지능)를 이용해 실시간으로 최적 노선을 만들어 운행하는 버스입니다.

☑ 부르미버스 이용 방법은 어떻게 되나요?
- 스마트폰에 앱(셔클)을 설치하여 출발지와 도착지를 지정하면 인근 정류장으로 차량이 실시간 배차되어 편리하게 이용할 수 있습니다.
- 시내버스 요금과 동일하며, 교통카드 사용 시 수도권통합환승할인적용도 가능합니다.

DRT 요금 　성인 1,450원 ▎청소년 1,010원 ▎어린이 730원

☑ 2023년에는 무엇이 달라지나요?
- 운정신도시 교통수요에 대응하기 위하여, 운정교하 지역의 부르미버스를 기존 10대에서 15대로 증차하고, 탄현, 월롱, 광탄 지역에 각 3대씩 농촌형 부르미버스를 신규 확대 운영 예정입니다.

▸ 문의처 : 대중교통과 ☎ 940-0000

소상공인 및 골목경제 활성화를 위한 ○○페이 할인인센티브 지급 변경	활력있는 지역경제 시행 : '23. 1월

지역 자금의 지역 내 사용으로 소상공인 및 전통시장의 경쟁력 강화와 지역경제 활성화를 위해 '○○페이' 구입(충전) 시 지급하는 인센티브 할인율을 확대합니다.

무엇이 달라지나요

☑ 사업취지 : 대형마트 및 온라인에서의 소비를 지역 골목상권으로 유도하여 지역경제 활성화와 시민 가계부담 경감의 일석이조 효과

☑ 변경내용 : ○○페이 구입(충전) 할인율 변경
(기존) 상시 6%, 특별 10% → 상시 10%

자세히 알아보아요

☑ '○○페이'란 무엇인가요?
- ○○○ 소상공인·전통시장 등 가맹점에서만 사용할 수 있는 카드형 지역화폐입니다. 만 14세 이상 누구나 '경기지역화폐 앱'에서 카드 신청 및 충전 후 사용이 가능하고, 스마트폰 사용이 어려우신 분은 오프라인판매소(농·축협)에서 구매하실 수 있으며, 사용 유효기간은 5년입니다.
- 단, 대규모점포, 기업형 슈퍼마켓, 유흥 및 사행성 업소, 매출액 10억 초과 업소에서는 사용이 제한됩니다.

☑ 2023년에는 무엇이 달라지나요?
- ○○페이 구입(충전) 시 상시 6%, 특별기간에만 10% 지급되던 할인율을 상시 10%로 변경하여 소비자 혜택이 증가됩니다.

☑ '○○페이'는 왜 필요한가요?
- 지역의 자금을 지역 내 소상공인·전통시장에 사용토록 함으로써 소상공인의 자생력 및 경쟁력을 강화시키고 지역경제를 활성화하기 위함입니다.

☑ '○○페이'를 쓰면 어떤 혜택이 있나요?
- 소비자는 항시 10% 할인된 금액(월 한도액은 변동 가능)으로 구매할 수 있어 가계 부담을 경감하고 30%의 소득공제 혜택을 누릴 수 있으며, 소상공인·전통시장 상점의 경우, 소비자 방문이 증가하여 매출 증대 효과를 누릴 수 있습니다.

‣ 문의처 : 일자리경제과 ☎ 940-0000

시민 곁으로 찾아갑니다 찾아가는 이동시장실	시민 삶의 질 향상 시행 : '23. 3월

'시민 중심 더 큰 ○○' 실현을 위해, 시장실을 벗어나 다양한 분야의 시민들과 직접 만나 소통하는 '찾아가는 이동시장실'을 운영합니다.

무엇이 달라지나요

☑ 사업취지 : 시민들과의 주기적 만남을 통해 자유로운 대화의 장을 마련하여 시민 중심의 소통행정 실현

☑ 변경내용 : (기존) 저녁시간(18~19시)에 읍·면·동 회의실에서 운영
(변경) 운영시간 및 장소 다변화

자세히 알아보아요

☑ '찾아가는 이동시장실'은 어떻게 운영되나요?
- 2022년에는 17개 읍면동을 순회하여 주민들의 건의 사항 및 마을 발전에 대한 제안을 청취하였으며, 일과시간에 시간을 내기 어려운 주민들을 고려해 각 읍면동 회의실에서 저녁 시간에 진행하였습니다.
- 2023년에는 더 다양한 분야의 목소리를 듣기 위해 운영시간과 장소를 다변화할 계획입니다. (세부 내용 미정)

☑ '찾아가는 이동시장실' 참가 대상은 누구인가요?
- ○○시정에 관심 있는 시민 누구나 참여할 수 있습니다.

☑ 참가 신청은 어떻게 하나요?
- ○○○ 홈페이지 및 ○○○ SNS, 관련 단체 등을 통해 참가 대상자를 모집할 예정입니다.

‣ 문의처 : 자치행정과 ☎ 940-0000

Ⅱ. 기획 보도자료

보도일시	2023.1. 배포 즉시				
사진	○	자료	×	매수	2	전문위원	○○○(031-940-0000)
담당부서	소통홍보관(언론팀)			담당자	김태욱(031-940-0000)

[기획] 2023년 ○○○ 변하는 정책…'시민만' 집중
- "오직 시민만 바라보며 시민 중심 적극행정 펼친다"

시민 중심. 민생경제. 소통의 장.

2023년 ○○○ 정책 뼈대다. 달리는 말은 말굽을 멈추지 않는다(馬不停蹄)는 신년사 다짐처럼 ○○○ 시장은 시작부터 고삐를 바짝 조이고 있다. 활력 있는 지역경제부터 시민 삶의 질 향상까지 정책 방향은 시민을 향했다. 시민의 발을 자처한 '부르미 버스' 확대, 지역경제 구원투수인 ○○페이 할인율 10% 확정, 민생보안관 '이동시장실' 다변화가 대표적이다. 시청 문턱을 낮추고 열린 행정에 앞장섰다는 평가를 받고 있다. 달리는 말에 채찍질하듯, 정책을 펼칠 시청 안살림도 시민 중심으로 뜯어고쳤다. 부시장 직속 홍보담당관을 시장 직속 소통홍보실로 격상하고, 시민안전과 교통을 한곳에 담으며 컨트롤 타워도 세웠다. 시민안전교통국 개편이다. 시정과 시민을 잇고 민생과 소통을 한곳에 녹여내며, 조직개편을 단행했다는 점에서 의미가 남다르다. 첫째도 둘째도 셋째도 시민에 방점을 찍었다.

■ 운정부터 광탄까지 '부르미 버스' 확대…교통복지 앞장선다

부르면 온다. 언제 어디든지 이동하는 '부르미 버스' 모토다. ○○시민만의 맞춤형 교통복지 수요응답 버스가 새해부터 확대된다. 운정과 교하 신도시에만 운영하던 지역을 탄현과 월롱, 광탄까지 늘리고 버스도 많아졌다. 신도시에는 기존 10대에서 15대로, 그 외 지역에는 각각 3대씩 신규로 편성한다. ○○○ 곳곳을 거미줄로 이으며 시민 발을 넓혔다는 평가다. 교통복지는 ○○○ 오랜 숙원사업이었다는 점에서 칭찬도 쏟아지고 있다. 지난해 5월 실시한 설문조사에서 열 명 가운데 아홉 명이 다른 사람에게 '부르미 버스'를 추천하고 싶다고 응답했다. 입소문을 타면서 이용자도 꾸준히 늘고 있는데, 지난해 10월까지 누적 사용자가 20만 명을 돌파했다. ○○ '부르미 버스'는 앞서 경기도가 처음 공모한 시범사업에 선정되며, 다른 지자체 모범사례로 꼽혔다. 이 밖에도 ▲금촌 주민들의 주차환경 개선을 위한 공영주차장 확충 ▲심학산로를 비롯해 고질적인 교통 체증지역 개선 ▲공공와이파이 구축 등 정책도 준비하고 있다.

Ⅲ 기획보도 작성 Tip

① 핵심 정책 3개를 추려낸다 (너무 많은 정보는 오히려 독이 된다)

⇒ 시민의 발을 자처한 '부르미 버스' 확대

⇒ 지역경제 구원투수인 ○○페이 할인율 10% 확정

⇒ 민생보안관 '이동시장실' 다변화

매년 1월은 자치단체장의 신년사와 함께 새롭게 바뀌는 신년 정책집이 발간된다. 새롭게 새해가 시작하는 만큼 시민들에게 정책을 소개하는 〈메시지를 기획〉한다.

② 슬로건 + 신년사 다짐 + 신년정책을 '스토리텔링' 한다

⇒ 달리는 말은 말굽을 멈추지 않는다(馬不停蹄 : 마부정제)

⇒ 고삐를 바짝 조이고 있다, 달리는 말에 채찍질하듯

'시민 중심 더 큰 ○○' 슬로건을 중심으로 바뀌는 정책(교통, 지역경제, 소통)을 마부정제의 다짐으로 풀어냈다. 흔히 신년사 사자성어로 달리는 말이나 우직한 소를 중심으로 풀어쓴 경우가 있는데, 관련 묘사는 글을 맛깔나게 한다.

③ 어려운 정보일수록 이야기하듯 '내러티브' 기법을 사용한다

⇒ ○○시민만의 맞춤형 교통복지 수요응답 버스가 새해부터 확대된다.

⇒ ○○○ 곳곳을 거미줄로 이으며 시민 발을 넓혔다는 평가다.

⇒ 교통복지는 ○○○ 오랜 숙원사업이었다는 점에서 칭찬도 쏟아지고 있다.

뉴스는 종종 '약'에 비유된다. 몸에 좋은 약이 입에는 쓴 것처럼 중요한 정보도 날것 그대로 소비하기는 쉽지 않다. 많이 먹으면 좋지도 않다. 때문에 진지한 주제나 어려운 정보일수록 이야기하듯 쉽게 풀어 쓴 '내러티브'가 필수적이다.

"어떤 소재에 있어서 내러티브를 택하지 않는다는 것은 전혀 읽히지 않는다는 것을 의미한다."
– 〈워싱턴 포스트〉 기자로 퓰리처상을 받은 '캐서린 부'

■ 인센티브 10% 확정...○○페이로 '민생경제 한파' 녹인다

새해부터 민생경제 한파가 매섭지만 ○○○는 얼어붙은 서민 지갑에 온기를 불어넣고 있다. ○○○ 시장은 지역경제 활성화로 ○○페이를 꺼내 들며 상시 10% 인센티브를 확정했다. 특별 기간에만 지급하던 10%를 제도적으로 정착시켰다. 물가 인상과 코로나로 경제 한파가 계속되는 상황에서 서민경제를 배려했다는 평가다. ○○페이는 소비자들이 골목시장을 방문하도록 장려해 소비 선순환 구조를 만든다. ○○페이를 쓴 소비자들은 30% 소득공제를 누리고, 소상공인들은 매출이 늘어나는 효과가 있기 때문이다. ○○○가 지원한 금액보다 더 많은 수요 창출이 가능하다. 이를 뒷받침하는 구체적인 자료도 발표됐다. 경기도는 지난해 9월 경기도민 2천 명을 대상으로 여론조사를 실시했는데, 10명 가운데 8명이 지역화폐가 민생경제에 도움 된다고 응답했다. 이를 근거로 ○○○는 47억 4천만 원의 ○○○ 재원을 추가 투입해 지역화폐 운영에 104억 원을 편성했다. 최근에는 '신나는 파랑이' 카드도 출시하며 '지역화폐 2.0시대'를 열었다.

■ '이동시장실' 다변화...버스킹 공연과 캠핑장에서 소통

시청 문턱을 낮추고 민생 목소리에 귀 기울인다. '찾아가는 이동시장실' 추진 배경이다. 민선 8기 시작부터 시민들과 소통을 이어온 ○○○ 시장은 앞으로 이동시장실 다변화를 구상하고 있다. 사무적인 간담회 형식을 벗어나 문화와 예술을 접목하는 방안을 계획 중이다. 버스킹 공연과 캠핑 등을 활용하며 '이동시장실'을 문화와 축제의 장으로 만들겠다는 의도다. 사람과 사람을 이은 덧셈과 상생의 문화공동체. ○○○ 시장은 "자유로운 환경에서 벽이 없는 소통이 나온다"며 "이동시장실이 공직사회와 시민을 잇는 다리 역할에 앞장서겠다"고 강조했다. 앞으로는 기업인과 소상공인뿐만 아니라 어린이와 예술인까지 접촉 범위도 늘어날 것으로 보인다. 이 밖에도 ▲청년과 여성의 일일 명예시장 ▲시민 문화와 건강을 책임지는 갈곡천 체육공원 ▲정전 70주년을 맞은 평화전시회 등 새해를 맞아 시민 삶의 질을 높이는 정책들을 준비하고 있다.

오직 시민만 바라보고 시민 중심 적극 행정을 펼치겠다는 ○○○ 시장은 인수위 시절부터 준비한 계획들을 새해 정책으로 담아냈다. 씨실과 날실로 촘촘히 짜인 ○○○ 정책들이 100만 대도시로 도약하는 마중물이 되길 기대해 본다.

Ⅲ 기획보도 작성 Tip

④ 정책의 의미를 '스토리텔링' 한다

⇒ ○○페이로 '민생경제 한파' 녹인다

⇒ 민생경제 한파가 매섭지만, 얼어붙은 서민 지갑에 온기를 불어넣고 있다

⇒ 소비자들이 골목시장을 방문하도록 장려해 소비 선순환 구조를 만든다

스토리는 단순한 이야기가 아니다. 말하고자 하는 주제와 맥락을 보여주는 장치인데, 딱딱한 정책을 설명하는 과정도 같은 맥락이다. 부서에서 받는 자료 역시 천차만별이지만, 일 잘하는 부서일수록 스토리텔링이 담겨 있다.

"미국에서 '스토리텔링'은 '정보의 전달'과 함께 취재보도의 양대 산맥으로 꼽힌다. 좋은 주제가 있더라도 스토리를 찾아야 하고, 중요한 정보가 있더라도 이야깃거리가 있어야 한다. 독자들이 기사를 '읽도록' 하고 주제를 효과적으로 전할 수 있기 때문이다."
        - 〈탁월한 스토리텔러들〉 이샘물, 박재영 지음 이담북스

⑤ 통계자료는 기사의 설득력을 높인다

⇒ 경기도는 지난해 9월 경기도민 2천 명을 대상으로 여론조사를 실시했다

⇒ 10명 가운데 8명이 지역화폐가 민생경제에 도움 된다고 응답했다

경기도와 통계청을 비롯해 상위기관들의 보도자료도 꼼꼼하게 찾아볼 필요가 있다. 종종 기획기사와 관련된 보도자료가 나올 때가 있다. 요긴하게 사용된다.

⑥ 기획기사를 맛깔나게 하는 관용문구들은 외워둔다 (소통정책)

⇒ 시청 문턱을 낮추고 민생 목소리에 귀 기울인다, 공통분모를 늘린다

⇒ 사람과 사람을 이은 덧셈과 상생의 ○○ 공동체, 접촉 범위가 늘어날 것으로 보인다

⇒ 씨실과 날실로 촘촘히 짜인 정책들, 마중물이 되길 기대한다

○○○ 시장 "오늘보다 기대되는 내일 위해 멈추지 않겠다"

'교통과 평화' '문화와 여성' 위한 최선의 행정 약속

9조 생산유발효과와 기저율 평화경제특구 조성
박물관 클러스터 완성해 문화유산 확보 계획
여성경제 자문그룹 운영으로 성평등 현안 챙겨

'평화경제특구' 조성 … 당위성 설득

1 김경일 파주시의 2023년 제5회 신년 교례회 및 업무보고 참석하는 모습.
2 김경일 시장 국립민속박물관 파주관 관련 협의 모습.
3 김경일 시장 MBN과의 인터뷰 모습.
4 파주시 DMZ 평화관광 전시관 모습.
5 5호 국립민속박물관 내부 모습.

파주시 제공

(본문 기사 - 파주시 김경일 시장의 신년 행정 계획, 평화경제특구 조성, 국립민속박물관 파주관 유치, 문화유산 확보, 여성·인권중심 도시 조성 등에 관한 내용)

박상우 기자

지역경제서 삶의 질 향상까지…
○○ 시 '시민 중심' 적극행정 추진

**'부르미 버스' 탄현·월롱·광탄 확대
공영주차장 확충 등 불편 해소 나서**

**국내 최대 박물관 클러스터 조성
일자리 창출·인구유입·문화유산 확보**

**파주페이 상시 10% 인센티브 확정
민생경제 한파 속 지역상권 활성화 기대**

**1호 결재 '성매매 집결지 정비계획'
'여성·인권중심 도시' 발돋움 … 이미지 변신**

**'이동 시장실' 문화·축제의 장 마련
김경일 시장 '공직사회-시민 잇는 다리 역할'**

◇ 문화와 광안까지 부르미 버스 확대 = 교통복지 향상

◇ 국내 최대 박물관 클러스터 조성 - 문화도시 비상

◇ 울주로 월롱 - 부정적 이미지 탈출

◇ '이동 시장실' 대변화 - 버스 통한 공연과 행정문에서 소통

부르미 버스 확대

경일 앞두고 전통시장 찾은 김경일 시장.

(본문 기사 - 파주시의 시민 중심 적극행정, 지역경제 활성화, 부르미 버스 확대, 박물관 클러스터 조성, 파주페이 인센티브, 성매매 집결지 정비, 이동 시장실 운영 등에 관한 내용)

Ⅰ. 부서참고용 기획안 (1월)

[기획] 시민 중심 '스마트' 교통으로 100만 ○○ 청사진
"부르미 버스·미래 모빌리티로 편한 교통 앞장선다"

■ 칭찬 쏟아지는 부르미 버스...시민의 발 넓어진다
■ 버스노선 늘리고 준공영제 실시...천원택시 확대

- 매년 1월은 자치단체장의 신년사와 함께 새롭게 바뀌는 신년 정책집이 발간된다. 각 지자체마다 교통, 문화, 복지, 일자리 등 신년 주요정책들이 쏟아진다. 특히 ○○○는 교통이 가장 중요한 정책으로 손꼽힌다.
- 인구 50만을 달성한 ○○○는 '100만 특례시'를 목표로 시민 중심 '스마트 교통' 정책을 발표했다. 시민 중심, 생활밀착, 미래 모빌리티가 교통정책의 주요 뼈대다. 시민 중심으로 시내버스 준공영제를 실시하는 방안, 버스노선을 늘리며 생활밀착형 교통생태계 조성안, 스마트 교통체계(ITS)로 미래 모빌리티 구축안이 구체적으로 나왔다.
- 칭찬 쏟아지는 부르미 버스 : '셔클' 애플리케이션을 통해 출발지와 도착 장소를 예약하면, 인공지능(AI)을 통해 가장 빠른 노선이 정해진다. 부르미 버스는 버스와 택시 장점만 결합한 맞춤형 대중교통으로 손꼽힌다.
- 버스노선 늘리고 준공영제 실시 : ○○○ 곳곳을 사통팔달로 잇는다. 새해에는 81개 노선을 준공영으로 전환하고 17대 버스노선을 늘리며, 변화를 이끌고 있다.
- 시민 중심 스마트 교통(ITS) 추진 : 구체적인 방안으로 ▲교통약자 보행신호 자동 연장시스템 ▲우회전 차량진입 사전 경고시스템 ▲도로위 위험 돌발사항 감지 시스템 등이 제시됐다.

▇ 기획안 작성 Tip

⇒ 교통은 모든 지자체의 핵심 정책 중 하나인데, 정책에 비전을 담는다. 이를 위해 정책과에서는 네이버 블로그나 카페에서 민원을 듣기도 한다.

스마트빌리지 보급 및 확산 사업 계획 보고

> ○ 농촌지역대중교통 수요공급 불균형을 해소하기 위해 ICT기술이 접목된 DRT를 도입함으로써 농촌이동 활성화를 통한 도농 간 균형발전 도모
> ○ 다양한 목적지로 이동하고자 하는 대중교통 이용자의 욕구를 스마트한 버스 운행공급을 통한 대중교통 제공
> ○ 학생, 산단 출·퇴근, 여성안심귀가 등 ○○형 부르미버스(농촌형)로 확대 운영
> ※ 부르미버스 이용자 설문조사 결과 이용자의 80%가 만족하며, 서비스 확대 필요성도 검증됨

□ 사업개요

○ 사 업 명 : 농촌이동 활성화를 위한 AI기반 수요응답버스 확산
○ 사 업 량 : 수요응답버스 9대(월롱 3, 탄현 3, 광탄 3)
○ 사업기간 : 2023. 1. ~ 2027. 12.
○ 사 업 비 : 0,000백만 원【국(80%) 0,000 / 시(20%) 0,000】
○ 연차별 예산내역

(단위 : 천 원)

구분	계	2023년	2024년	2025년	2026년	2027년	비고
계							
국비(균특)							
시비							

※ 2023년 본예산(가내시) 확보

○ 사업내역 : 0,000,000천 원
 • 플랫폼 운영비 : 000,000천 원
 • 운송사업비 : 0,000,000천 원

□ 운영계획

○ 운정신도시에 운영 중인 플랫폼 사용
 · 사업지역과 같이 사용할 수 있도록 플랫폼사 협력 구축
○ 경기도 시내버스 요금체계를 적용하여 대중교통 환승할인 혜택 반영
 · 교통카드 단말기 차량 내 장착
○ 스마트폰 미숙련자를 위한 콜센터운영

※ 콜센터 상담원 및 시스템 운영에 필요한 비용은 경기도와 ○○○가 공동으로 부담
하여 경기교통공사 내 콜센터 활용 계획(경기도 광역교통정책과 협의 중)

○ DRT버스 확대 추진에 따른 택시업계 사업 참여 권고

□ 연차별 추진 계획

○ 1단계(2022년) : 사업구상 및 관계기관 협의, 플랫폼 기능 구현
 – 경기도 DRT 사업과 콜센터 연계 추진

○ 2단계(2023년) : 플랫폼 실증 및 시험운영, 주민홍보
 – 콜센터 운영 협약, 플랫폼 실증 및 서비스 개시
 – 사업대상지 주민설명회

○ 3단계(2024년 이후) : 경기도 DRT 사업과 접목 추진
 – 道에서 DRT 전체시군 확산 및 표준화 수립 중으로 추후 시·군
 간 연계 추진 계획

□ 도입효과

구 분	도입 전	도입 후
시 민	• 환승 불편, 이동시간 낭비 • 노선 없어 비싼 택시 이용 • 청소년, 여성 등 귀가 불안	• 환승 없이 빠르게 이동 • 저렴한 요금 이용 • 심야시간 안심귀가
중앙정부 지자체	• 노선버스 재정부담 가중 • 농촌지역 버스·택시에 의존	• 운송업체 재정부담 완화 • 새로운 대중교통 모델 개발 • 다 함께 잘사는 균형발전 도모

스토리텔링 보도자료 글쓰기

Ⅱ. 기획 보도자료

보도일시	2023.1. 배포 즉시			전문위원	○○○(031-940-0000)
사진	○	자료	×	매수	2
담당부서	소통홍보관(언론팀)			담당자	김태욱(031-940-4077)

[기획] 시민 중심 '스마트' 교통으로 100만 ○○ 청사진
"부르미 버스·미래 모빌리티로 편한 교통 앞장선다"

시민 중심. 생활밀착. 미래 모빌리티.
2023년 ○○○의 교통정책 뼈대다. ○○○ 시장은 '시민 중심 더 큰 ○○' 교통 청사진을 제시하며 시민과 시청, 미래를 한곳에 담았다. ○○○ 곳곳을 거미줄로 이으며 공공성과 편의성 두 마리 토끼를 잡았다는 평가다. 시민 중심으로 시내버스 준공영제를 실시하는 방안, 버스노선을 늘리며 생활밀착형 교통생태계 조성안, 스마트 교통체계(ITS)로 미래 모빌리티 구축안이 구체적으로 나왔다. 시민의 발을 자처한 부르미 버스도 앞으로 대폭 확대된다. 교통복지는 ○○시민의 숙원사업이라는 점에서 의미가 남다르다. ○○○ 발전에 줄곧 교통발전이 포함된 이유다. 시민들 바람에 부응하듯, 50만 인구 초석을 다진 ○○○는 100만 특례시로 도약하기 위한 교통 로드맵을 제시했다. 달리는 말은 말굽을 멈추지 않는다는 신년사 다짐처럼 ○○○ 시장은 ○○○ 교통발전에 박차를 가하고 있다.

■ 칭찬 쏟아지는 부르미 버스...시민의 발 넓어진다

누구나 손쉽게 이용한다. 부르면 찾아오는 '부르미 버스' 취지다. '셔클' 애플리케이션을 통해 출발지와 도착 장소를 예약하면, 인공지능(AI)을 통해 가장 빠른 노선이 정해진다. 부르미 버스는 버스와 택시 장점만 결합한 맞춤형 대중교통으로 손꼽힌다. 승차 정류장과 승하차 시간 등이 자동으로 정해진다는 점에서 새로운 운영체계이다. ○○시민들의 요구에 따라 수요응답 버스가 새해부터 확대되는데, 운정과 교하 신도시뿐만 아니라 탄현과 월롱, 광탄까지 늘어난다. 신도시에는 기존 10대에서 15대로, 그 외 지역에는 각각 3대씩 신규로 편성한다. ○○○ 곳곳을 거미줄로 이으며 시민 발을 넓혔다는 평가다. 점차 입소문이 퍼지면서 이용자도 꾸준히 늘고 있다. 지난해 10월까지 누적 사용자가 20만 명을 넘어서며 하루 평균 900명 가까운 수치를 보였다. 교통복지는 ○○○ 오랜 바람이었다는 점에서 칭찬도 쏟아지고 있다. 지난해 5월 실시한 설문조사에서 열 명 가운데 아홉 명이 다른 사람에게 '부르미 버스'를 추천하고 싶다고 응답했다.

Ⅲ 기획보도 작성 Tip

① 〈메시지 기획〉에 정책의 숲과 나무 + 비전을 담는다
⇒ 시민 중심으로 시내버스 준공영제를 실시하는 방안
⇒ 버스노선을 늘리며 생활밀착형 교통생태계 조성안
⇒ 스마트 교통체계(ITS)로 미래 모빌리티 구축안

〈시민 중심 스마트 교통〉이라는 큰 숲에서 시내버스 준공영제와 버스노선 확대, 스마트 교통체계(ITS)라는 줄기로 뻗어나갔다. '100만 도시' 정책 비전도 제시했다.

② 주민의 관점에서 정책을 생각한다 (설문조사를 반영해 기사의 퀄리티를 높인다)
⇒ ○○시민들의 요구에 따라 수요응답 버스가 새해부터 확대되는데,
⇒ 운정과 교하 신도시뿐만 아니라 탄현과 월롱, 광탄까지 늘어난다
⇒ 신도시에는 기존 10대에서 15대로, 그 외 지역에는 각각 3대씩 신규로 편성한다
⇒ 열 명 가운데 아홉 명이 다른 사람에게 '부르미 버스'를 추천하고 싶다 (설문조사)

기업은 이윤 추구가 목적이지만, 지자체와 공공기관은 주민의 '안전'과 '행복'이 목적이다. 주민들의 요구사항을 제대로 알기 위해 지자체에서는 자체적으로 설문조사를 실시하고 이를 정책에 반영함으로써 '정책효능감'을 향상시킨다.

"과거에는 정책을 일방적으로 주민에게 알리고 기관의 이미지를 제고하는 것이 홍보의 주된 업무였다면, 이제는 기관이 추진하고자 하는 정책에 대한 주민 여론을 파악하고 정책의 추진을 위한 주민의 협조를 얻기 위한 설득작업까지 홍보의 개념에 포함한다. 따라서 정책홍보는 정책의 신뢰성과 품질을 향상하고 집행의 효율성을 높이는 과정을 통해 기관의 혁신과 신뢰구축을 이루어 가는 활동이라고 할 수 있다."
— 〈홍보야 울지 마라〉 김도운 지음 리더북스

■ 버스노선 늘리고 준공영제 실시...천원택시 확대

○○○ 곳곳을 사통팔달로 잇는다. 생활과 밀착된 ○○○ 교통철학이다. ○○○ 시장은 시내버스와 마을버스 공공성을 강화하고, 노선을 늘리는 방안을 구체적으로 발표했다. 새해에는 81개 노선을 준공영으로 전환하고 17대 버스노선을 늘리며, 변화를 이끌고 있다. 최근 운정3지구의 본격적인 입주로 초롱꽃마을과 해오름마을 주민들의 교통 민원을 반영했다는 평가다. 마장호수를 경유하는 광탄면 버스도 주민 요구에 따라 노선이 늘어난다. ○○○ 구석구석에 버스노선을 연결하며 부족한 적자도 시에서 보전한다. 준공영제 운수종사자 임금이 최저임금과 생활임금의 평균을 합산해 적용한 점이다. 안정적인 생활을 시청에서 보장함으로써 운수종사자들의 처우가 현재보다 개선된다.

천원택시도 확대된다. 단돈 천 원으로 집까지 갈 수 있는 ○○○만의 맞춤형 교통서비스다. 전국 최초로 ○○○에서 시작했는데, 운행지역도 꾸준히 늘고 있다. 14개 마을에서 시작된 천원택시가 지금은 57개 마을까지 확대됐다. 적성면 무건리부터 진동면 동파리까지 ○○○ 구석구석을 천원택시가 누비며 주민들의 이동권을 보장했다는 평가를 받고 있다. 4년 만에 사업비도 4배 이상 늘며 올해에는 10억 원을 넘어섰다. 시민들의 교통복지를 위해 ○○○는 앞으로 ▲교통 소외지역 천원택시 추가 확대 ▲GTX 환승센터 건립과 시내버스 노선 신설 ▲코로나 이전 수준으로 마을버스 복원 등 추진한다.

■ 시민 중심 스마트 교통(ITS) 추진...미래 모빌리티 만든다

○○○는 미래 모빌리티에 대한 청사진을 펼쳤다. 시민과 스마트 교통, 기술 시스템을 한곳에 담으며 '시민 중심 더 큰 ○○'에 속도를 내고 있다. 구체적인 방안으로 ▲교통약자 보행신호 자동 연장시스템 ▲우회전 차량진입 사전 경고시스템 ▲도로 위 위험 돌발사항 감지 시스템 ▲마장호수나 감악산 등 30개소에 스마트 주차정보 시스템 마련 ▲교통정보센터 시스템 고도화 등이 대표적이다. 시민들의 바람에 걸맞게, 대대적인 투자도 이루어졌다. 안전(Safety), 속도(Speed), 지능(Smart) 등 3S를 주요 뼈대로 스마트 교통시스템에만 300억 원 가까운 사업비가 투입됐다. '교통은 편해야 한다.' ○○○ 시장의 교통복지 모토다. 교통정책으로 ○○○ 곳곳을 이으며 지역 간에 격차 해소, 일자리 창출, 사람과 물류를 분배한다는 점에서 민선 8기 핵심공약이다. 사통팔달 교통정책으로 앞으로 ○○○가 '시민 중심 더 큰 ○○'로 우뚝 서기를 기대해 본다.

Ⅲ 기획보도 작성 Tip

④ 담당 부서는 네이버 카페나 블로그에서 민원을 듣기도 한다

⇒ 초롱꽃마을과 해오름마을 주민들의 교통 민원을 반영했다

⇒ 마장호수를 경유하는 광탄면 버스도 주민 요구에 따라 노선이 늘어난다

⇒ 적성면 무건리부터 진동면 동파리까지 ○○○ 구석구석을 천원택시가 누비며

기획기사를 작성한 뒤 담당부서에 확인을 받고, 언론팀장님과 과장님의 최종 결재를 거쳐 기획기사가 나가게 된다. 해당 내용은 담당부서에서 넣어달라고 요청한 부분으로 지자체들은 시민의 목소리를 정책에 반영하려고 노력한다.

> ☞ 정책홍보를 하는 5가지 이유
> ㉠ 주민 알권리를 위한 쌍방향 소통이다.
> ㉡ 정보를 제공해 실생활에 도움을 준다.
> ㉢ 주민의 관심을 유도해 정책에 동력을 얻는다.
> ㉣ 정책에 대한 이해로 불필요한 오해를 피한다.
> ㉤ 주민들을 설득해 적대감을 해소한다.
>   - 〈홍보야 울지 마라〉 리더북스 저자 김도운

⑤ 마지막 문단은 첫 문단 리드만큼 중요하다

⇒ '교통은 편해야 한다.' ○○○ 시장의 교통복지 모토다

⇒ 지역 간 격차 해소, 일자리 창출, 사람과 물류를 분배한다

교통정책에 대한 메시지 기획과 비전이 첫 문단에 담겼다. 마지막 문단은 〈교통정책이 왜 중요한가〉에 대한 구체적인 의미가 녹아들어야 한다. 미국에서는 기사의 마지막 부분을 '엔딩(Ending)'이나 '키커(Kiker)'라고 부르는데, 리드만큼이나 마지막을 어떻게 쓰는지에 따라 기사의 평가가 달라지기 때문에 그렇다.

○○시 시민 중심 '스마트 교통' 청사진 제시

- 부르미 버스·천원택시 대폭 확대
- 시내버스 81개 노선 준공영 전환
- 스마트 교통시스템 300억원 투입
- 사통팔달 교통… 50만 인구 초석 다져

의 '천원택시'… 시골마을엔 '효자택시'

(사진 완료 위에서부터 시계방향으로) 마을버스 준공영제 시행 좌측 천원택시 스마트 교통체계

힘찬 쏟아지는 부르미 버스… 시민의 발 넓어진다

버스노선 늘리고 준공영제 실시… 천원택시 확대

시민중심 스마트 교통(ITS) 추진… 미래 모빌리티로 만든다

Special News
'스마트 교통' 경기 ○○

부르미 버스·미래 모빌리티로… '시민 중심 ○○ 교통' 앞장선다

○○○○○ '시민 중심 더 큰 ○○' 교통 청사진 제시

초병안 기자 bycho58@dtoday.co.kr

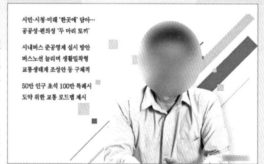

시민·시청·미래 '한곳에' 담아…
공공성·편의성 '두 마리 토끼'

시내버스 준공영제 실시 방안
버스노선 늘리며 생활밀착형
교통생태계 조성안 등 구체적

50만 인구 초석 100만 특례시
도약 위한 교통 로드맵 제시

시민중심 스마트 교통(ITS) 추진… 미래 모빌리티 만든다

힘찬 쏟아지는 부르미 버스… 시민의 발 넓어진다

버스노선 늘리고 준공영제 실시… 천원택시 확대

- 스마트 교통
- 스마트 교통체계
- 부르미버스 확대 기념촬영 모습
- 운영 교차로 부르미버스 모습
- 천원택시 확대하는 단문 천원의 김종진
- 마을버스 준공영제 시행식 모습

Ⅰ. 부서참고용 기획안 (2월)

[기획] 청년이 묻고, ○○시장이 답한다...시장실 '핫라인' 구축
- "소통 늘리며 청년에 적극적으로 투자한다"

■ 정책 '멘토'부터 시장실 '핫라인'까지...청년 목소리 반영
■ 여론조사 결과, 청년정책에 반영...정책효능감 높인다

- 전국의 지자체마다 중요한 정책의 정도(청년, 일자리, 홍보 등)는 차이가 있다. 지자체 직제표를 보면 잘 알 수 있다. 뿐만 아니라 같은 지자체의 자치단체장마다 다른데, 청년정책을 중요하게 생각한 이전 시장님의 경우 청년정책관을 부시장실 직속으로 두기도 했다.
- 청년의, 청년을 위한, 청년에 의한 ○○○를 약속한 ○○○ 시장은 그 해법으로 소통 카드를 꺼내 들었다. 청년들이 목소리를 내는 '청년정책협의체'도 확대하며 소통문을 활짝 열었다. 청년정책에 첫째도 둘째도 셋째도 청년으로 채우며, ○○○ 미래 대들보를 두텁게 한 것이다.
- 정책 멘토부터 시장실 핫라인까지 : 소통에 전문성까지 더한다. 올해부터 새롭게 바뀌는 청년정책 모습이다. 청년위원회에 자문 기능을 새롭게 추가하면서 청년정책을 알차게 채운다. 벽이 없는 소통으로 중요한 사항들은 직접 시장실로 전달된다.
- 여론 조사를 청년정책에 반영 : ○○○는 앞서 만 18세 이상 ○○시민 천 명을 대상으로 여론조사를 실시했다. 여기에서 청년정책에 대한 전반적인 평가를 물었는데, 긍정적인 평가는 33%로 부정적인 평가 25%보다 높았다.

■ 기획안 작성 Tip

⇒ 기획팀이나 정책팀에서는 정책효능감을 높이기 위해 통계조사를 실시한다. 주기적으로 올라오는 자료들을 새올이나 내부게시판에서 확인한다.

| 참여 | 청년의 능동적인 사회 참여 |

□ 청년동아리 지원 사업

○ 추진목적 : 공통의 관심사, 지역과 연계한 자율적 동아리 활동 지원으로 청년들의 커뮤니티를 강화하고 사회참여 활성화 도모

○ 사 업 비 : 0,000천 원(시비 100%)

○ 지원대상 : ○○○ 거주 또는 활동 중인 **청년 3인 이상인 동아리 5~7팀**

○ 지원분야

지원분야	목 적	예 시
문화·예술	청년문화·예술 저변 확대	작품전시, 영상 제작, 버스킹, 연극 등
지역사회 연계	사회공헌, 청년 봉사활동 활성화	환경개선활동, 자원봉사, 공익광고 등
취미·여가	청년 취미 활동 모임 활성화	캘리그라피, DIY, 드론, 요리, 운동, 독서활동 전시회 및 토론회 등
창업 준비	창업 준비 활동 촉진	쿠킹클래스 등 창업 아이템 연구개발 등
지역발전연구	지역 현안 등 문제해결	지역경제 활성화, ○○○ 및 지역관광지 홍보 영상 제작 등
기타	청년의 자율과 창의를 기반한 다양한 활동 동아리 지원	

○ 지원내용 : **활동공유회 및 우수동아리 시상**

○ 기대효과 : **코로나19 장기화 및 취업 스트레스로 위축된 청년들** 간 **소통 활성화**로 다양한 사회·문화적 욕구 충족과 소속감을 통한 **건강한 청년문화 조성**

Ⅱ. 기획 보도자료

보도일시	2023.2. 배포 즉시					
사진	○	자료	×	매수	2	전문위원	○○○(031-940-0000)
담당부서	소통홍보관(언론팀)				담당자	김태욱(031-940-4077)

[기획] 청년이 묻고, ○○시장이 답한다…시장실 '핫라인' 구축
– "소통 늘리며 청년에 적극적으로 투자한다"

'청년은 투자다'

○○○ 시장의 청년정책 핵심이다. 청년의, 청년을 위한, 청년에 의한 ○○시를 약속한 ○○○ 시장은 그 해법으로 소통 카드를 꺼내 들었다. 청년정책은 누구보다 청년들이 가장 잘 안다는 의미에서다. ○○○는 선제적으로 여론조사를 실시하며 청년들에게 필요한 부분을 들었고, 이를 정책으로 담아냈다. 수동적인 다른 지자체와 차별화된 행보였다. 청년들이 목소리를 내는 '청년정책협의체'도 확대하며 소통문을 활짝 열었다. 청년정책에 첫째도 둘째도 셋째도 청년으로 채우며, ○○○ 미래 대들보를 두텁게 한 것이다. 여기서 끝이 아니다. ○○○는 청년들이 원하는 정책들을 새롭게 마련하며 청년들의 희망을 구체적으로 실현시켰다. 청년들을 위한 ○○○만의 아낌없는 지원이다. 덧셈과 상생의 청년생태계를 만들겠다는 ○○○ 시장의 의지이기도 했다. 청년과 시청을 잇고 청년을 한곳에 아우르는 투자로 청년정책이 펼쳐지면서 진정성 있다는 평가가 쏟아지고 있다. 청년과 소통을 넘어 ○○○ 시장만의 쌍방향 '직통'이다.

■ 정책 '멘토'부터 시장실 '핫라인'까지…청년 목소리 반영

소통에 전문성까지 더한다. 올해부터 새롭게 바뀌는 청년정책 모습이다. 청년위원회에 자문 기능을 새롭게 추가하면서 청년정책을 알차게 채운다. 전문성을 갖춘 자문그룹이 청년정책에 지원사격을 나서며 일자리와 청년정책, 소통의 선순환 구조를 만들겠다는 목적이다. 전문성을 갖춘 청년멘토 지원사업은 ○○○ 시장의 대표 공약으로 의미가 남다르다. ○○○ 시장은 분기마다 1회씩 진행되던 연석회의에 추가로 온라인 소통생태계를 만들며 청년정책에 속도를 내고 있다. 청년들과 멘토의 SNS 밴드를 개설하며 활발한 소통의 장을 마련했다. 벽이 없는 소통이 온라인과

Ⅲ 기획보도 작성 Tip

① 〈메시지 기획〉은 진부한 이야기에 의미를 부여한다

⇒ 청년이 묻고 ○○시장이 답한다

⇒ 시장실 '핫라인' 구축

처음 기획기사 요청을 받았을 때 쉽지 않았다. ○○○의 청년정책이 다른 지자체보다 눈에 띄는 정책이 있었던 것도 아니었고, 언론이 좋아하는 '최대·최고·최다'가 있는 것도 아니었다. 소통을 중심으로 메시지를 기획하고 스토리텔링에 집중했다.

② 소구력 있는 기획기사의 〈30-3-30 법칙〉

⇒ 청년의, 청년을 위한, 청년에 의한 ○○○를 약속한 ○○○ 시장은 그 해법으로 소통 카드를 꺼내 들었다 〈에이브러햄 링컨의 게티즈버그 연설 변형〉

⇒ 청년정책에 첫째도 둘째도 셋째도 청년으로 채우며, ○○○ 미래 대들보를 두텁게 한 것이다

⇒ 덧셈과 상생의 청년생태계를 만들겠다는 ○○○ 시장의 의지이기도 했다

⇒ 청년과 소통을 넘어 ○○○ 시장만의 쌍방향 '직통'이다

글을 읽을 때 사람들은 30초 안에 매력과 임팩트를 느껴야 3분간 집중할 수 있고, 그래야만 30분간 관심을 둔다. 때문에 기획기사의 서론을 잘 써야한다. 단순히 정보만 많이 넣는다고 좋은 기사가 아니다. 물 흐르듯 자연스럽고 유연하게 쓰자.

〈좋은 글은 암기와 필사에서 나온다〉

톨스토이와 함께 러시아 문학의 양대 산맥 중 하나인 도스토예프스키는 젊은 날부터 문학작품에 있는 좋은 문장을 다 수집한 것으로 유명하다. 결국 그것이 《죄와 벌》, 《카라마조프가의 형제들》 등 소설을 쓸 때 반영됐다. 좋은 문장을 20~30개 외우면 그것을 담은 뇌가 알아서 좋은 문장을 흉내 내고 재현해 낸다. 많이 읽는 것도 좋지만, 좋은 문장을 많이 외우는 것도 중요한 이유다.

오프라인에서 이어지며, 내실 있는 청년정책이 추진되는 큰 그림을 구상했다. 이곳에서 논의된 중요한 사항들은 직접 시장실로 전달된다. 청년과 청년멘토, 시장을 잇는 '핫라인'이 구축됐다는 점에서 상징성이 크다. 앞으로도 ○○○는 뉴미디어와 SNS를 다채롭게 활용하며 청년들의 참여를 늘려나가겠다는 복안이다.

청년들의 참여가 실제 정책으로도 이어졌는데, 청년일자리를 위해 청년 행정체험제도가 신설됐다. 코로나 고용한파에 청년 일자리가 직격탄을 맞으면서 청년들만의 일자리를 만들어 달라는 요구가 ○○○에 꾸준히 제기됐다. 청년 행정체험제도가 실시되면 ○○○는 미취업 청년들을 대상으로 공공기관 업무 경험을 제공하게 된다. 상반기와 하반기에 나누어 각각 4주 동안 시청, 읍·면·동 등에서 민원인들을 직접 만나며 행정업무를 체험하는데, 공공일자리 경험을 통해 청년들의 사회진출을 돕고 시정에 대한 관심이 높아질 것으로 ○○○는 기대하고 있다. 청년 일자리를 늘리기 위해 ▲창업자들의 온라인 매출을 늘리는 '청년 온라인 스토어 창업 지원' ▲청년 창업 투자 생태계를 조성하는 '청년 창업 성장 플러스' ▲미취업 청년 자격증 응시료 지원사업 등도 새롭게 준비하고 있다. 기록적인 물가 인상과 공공요금이 줄줄이 오르는 상황에서 청년들만의 피부에 와닿는 정책이라는 평가가 지배적이다.

■ 여론조사 결과, 청년정책에 반영...정책효능감 높인다

○○○는 지난해 9월 만 18세 이상 ○○시민 천 명을 대상으로 여론조사를 실시했다. 여기에서 청년정책에 대한 전반적인 평가를 물었는데, 긍정적인 평가는 33%로 부정적인 평가 25%보다 앞섰다. '청년희망축제'(9월 셋째 주 토요일)를 성공적으로 마친 이후에 여론조사가 실시됐다는 점에서 긍정 평가가 높았던 것으로 풀이된다. 다만 부정적인 대답 중에서 청년 일자리 부족과 다른 지역보다 미흡한 청년정책에 대한 응답이 있었다. ○○○에서는 여론조사 결과를 청년정책에 즉각 반영했다. 청년과 청년정책, 양방향 소통을 한곳에 담아 청년들의 참여를 이끌고 정책효능감을 높였다. ○○○ 시장은 "앞으로 청년들을 위한 아낌없는 투자로 ○○○ 청년들의 사회활동을 원활하게 돕고 창업생태계를 조성해 청년들만의 일자리를 늘려 나가겠다"고 강조했다.

글로벌 개척자. 청년들의 희망이 현실이 되는 'GP1934(Global Pioneer. 19~34세)' 뜻으로 청년들이 당찬 포부를 갖고 전 세계로 뻗어가도록 ○○○에서 지원했다. 청년들에게 취약한 재테크 교육부터 학업과 취업, 창업 상담까지 청년들만의 다채로운 프로그램들이 진행 중이다. '청년은 투자다'라는 ○○○ 시장의 핵심 가치를 밑거름으로 청년들 꿈이 꽃피고 희망이 움트는 ○○○가 되길 기대해 본다.

Ⅲ 기획보도 작성 Tip

③ 진부한 기사를 피하기 위해 통계자료를 넣기도 한다

⇒ 여론조사 결과, 청년정책에 반영...정책효능감 높인다

⇒ 긍정적인 평가는 33%로 부정적인 평가 25%보다 앞섰다

⇒ 부정적인 대답 중에서 청년 일자리 부족과

⇒ 다른 지역보다 미흡한 청년정책에 대한 응답이 있었다

일반적으로 다른 지자체의 기획기사를 살펴보면 정보전달에만 초점을 맞춘 경우가 종종 있다. 보고서인지 기획기사인지 헷갈릴 정도다. 이런 진부한 기획기사를 피하기 위해 형식적인 측면에서 통계자료를 넣기도 한다. 천편일률적인 사진에서 표와 그래프를 넣어 환기시키는 역할도 하고 동시에 시민들이 바라는 부분을 정책으로 보완했다는 방식으로 기사의 스토리라인을 쓸 수도 있다. 더 좋은 방향을 위한 고민이다.

〈기관이 말하는 기획기사〉

정부와 지자체 그리고 공공기관들은 역점 사업을 추진해 국민들에게 알릴 목적으로 기획기사를 활용한다. 단편적인 스트레이트를 통해 자세한 내용을 전달하기 힘들 경우, 신문 1면을 채우는 방식으로 자료를 작성한다. 주요매체에 기획기사를 1편 써주고 광고를 하는 방식이다. 대체로 기관이나 정부가 국민의 적극적인 지지와 동의를 얻으면서 대형 사업이나 숙원사업을 밀도 있게 홍보하기 위해 구상한다. 하지만 분량이 많고 기관 홍보가 주요 목적이기 때문에 일반 독자들은 재미없어하므로 이를 극복하기 위해 글을 쉽고 맛깔나게 쓰는 방식이 필요하다.

〈기자가 말하는 기획기사〉

흔히 취재기자는 단독기사를 잘 쓰는 기자와 기획기사를 잘 쓰는 기자로 나뉜다. 기획기사는 기획해서 심도 있게 쓰는 기사를 의미한다. 이태원 참사가 발생했다면, 왜 이러한 인재가 발생하게 됐는지 ▲불법건축물이 지어진 이유와 실태 ▲좁은 공간에 왜 사람이 많이 들어가게 됐고 몇 ㎡까지 사람이 들어갔을 때 위험을 느끼는지 ▲보고라인 시스템과 골든타임 분석 등을 심층적으로 쓰는 기사를 뜻한다. 기획기사는 매체의 간판이기도하다. 언론사 기획기사는 지자체를 비롯한 정부기관에서도 중요한데, 이를 토대로 문제점을 정비하며 앞으로의 사고를 예방하는 데 쓰인다.

Special News

경기도 ■■■ ■■■

"청년의, 청년을 위한, 청년에 의한 ■■■■■"

시민중심 자족도시

김경일 경기 파주시장
선제적 여론조사 실시
청년들 필요한 부분
듣고 정책으로 담아내
미래 대표로 육성해…

온라인부터 청년축제 '청년데이'
온라인 스토리 창업 지원
향대원 조성 청년 협업공간 소통
미래 있는 정책 추진 구상

김경일 경기 파주시장

좋아지고 있다.

청년 행복 도시, 파주

청년이 묻고 ■■■■■이 답한 시장실 '핫라인' 구축

GP1934에서 청년들과 소통한 김경일 시장

'청년 부자도'

▶ 청년정책 전반적 평가

청년정책 전반적평가
- 잘모름 41.5
- 긍정적 33.4
- 부정적 평가

─부정적 평가 이유─

1. 청년일자리가 부족해서   27.3%
2. 타지역대비 부족한 청년정책   18.3%

글로벌 개척자.

I. 부서참고용 기획안 (2월)

[기획] ○○○, 보편적 복지 늘리며 난방비 사각지대 없앤다
- 복지정책 나침반 역할...'복지 통계자료' 발간

■ 기초생활보장 객관적 자료 마련...복지정책 큰 그림 그린다
■ TV 분석으로 고독사 예방...빅데이터 기반한 노인복지

- 보도자료는 뉴스 수요자를 중심으로 생각해야한다. 가장 핵심적인 내용을 제목과 리드문장으로 추려내는 것이 중요한 이유다. 앞서 ○○○ 복지지원과에서 '○○○, 사회복지 통계 현황 자료집 발간'했다는 보도자료를 올렸는데, 수정이 필요했다.
- 사회보장급여 신청 대상자의 복지조사를 담당하고 있는 복지조사팀 공무원들이 중심이 되어 국민기초생활보장, 사회보장급여, 복지조사통계 등 총 3개 영역 21개 항목에 대한 자료를 수집·분석한 내용으로 구성되어 있다는 내용인데, 기자들과 시민들은 관심 없는 내용이다.
- 당시 ○○○에서 전국 지자체에서 최초로 난방비 20만 원을 전 가구에 지급하는 정책이 이슈를 받았다. 관련 내용을 엮어서 보도자료를 작성했는데, 발군의 기획력으로 기획기사가 만들어진 좋은 사례라고 생각한다.
- '보편적 복지 나침반'이라는 큰 주제로 ▲난방비 20만 원 지급 ▲재난극복 빅데이터 구축 ▲TV 분석으로 고독사 예방 등 구체적인 자료들을 스토리텔링하는 방식으로 기획기사를 작성했다.
- 추가적으로 ○○○ 복지통계자료에만 있는 복지생태계를 위한 깊이 있는 분석도 덧붙였다. 생계와 의료, 주거와 교육을 기준으로 기초생활보장 수급자의 지역별, 연령별 분석이 대표적이다.

■ 기획안 작성 Tip

⇒ 복지 정책을 비롯한 어려운 자료에서는 '이슈파이팅'이 중요하다.
　 전국적인 사례를 추가하고, 방송캡처 사진도 덧붙여 정책을 환기시킨다.

○○○, 사회복지 통계 현황 자료집 발간

○○○에서는 사회보장급여 및 조사대상자를 중심으로 2022년 ○○○ 사회복지 통계 현황 자료집을 발간했다. 이 자료집은 사회보장급여 신청 대상자의 복지조사를 담당하고 있는 복지조사팀 공무원들이 중심이 되어 국민기초생활보장, 사회보장급여, 복지조사통계 등 총 3개 영역 21개 항목에 대한 자료를 수집·분석한 내용으로 구성되어 있다.

◇ 기초생활보장 수급자 분석결과
○○○ 기초생활보장 수급자는 2022년 10월 기준 20,657명으로 인구대비 4.06%로 경기도수급자 평균인 3.1%보다 약 1%가량 높게 나타나며 지역별로는 금촌1동이 인구대비 8.18%, ○○읍 6.32% 등 8개 읍면동이 ○○○ 평균보다 높음을 알 수 있다.

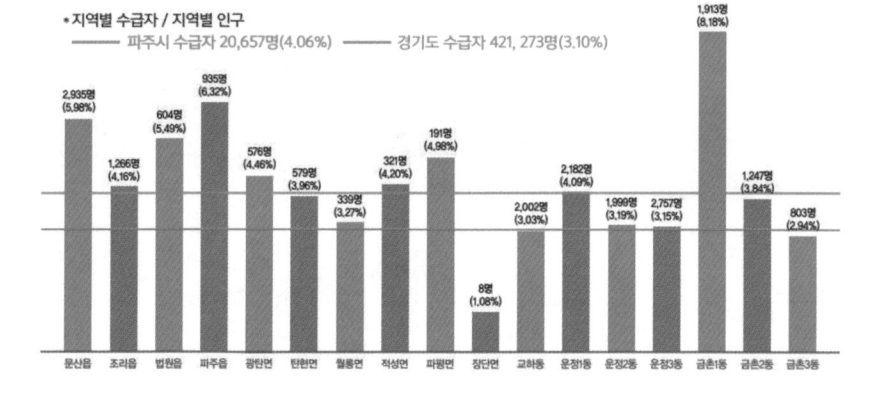

신도시 개발 등 도시화로 인한 인구유입이 많은 지역(문산, 운정지역, 파평)에서 대상자 비중이 높게 나타났으며, 인구 변동이 작은 농촌지역(법원, ○○, 광탄, 탄현, 적성 파평)에서는 비교적 대상자 비중이 낮게 나타나고 있다.

기초생활보장(생계/의료/주거/교육) 수급자 지역별 분포 현황

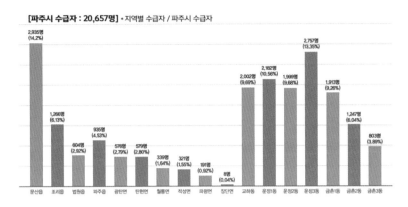

기초생활보장 수급자 가구별 현황으로 1인 가구 65.6%, 2인 가구가 19%로 전체 가구의 84.6%를 차지하고 있으며 또한 수급자 연령별 현황은 65세 이상이 39.3%로 가장 높으며 중장년 인구(50세~64세 이하) 비중도 21.6%로 향후 중장년의 고령화 진입과 1인 가구에 대비한 정책마련이 시급한 것으로 보여진다.

기초생활보장 수급자 연령별 현황

기초생활보장 수급자 가구별 현황

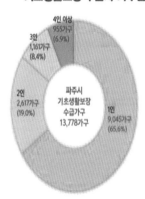

◇ 지역별 고령지수 분석결과

○○○ 노인인구 비율은 14.3%로 고령사회에 진입하였으며 초고령(20% 이상) 지역은 법원, ○○, 광탄, 적성, 파평 등 8개 지역이며 이 중 파평면이 33.8%로 노인인구 비율이 가장 높으며 운정2동이 9.7%로 가장 낮게 나타나고 있다.

지역별 고령지수 현황

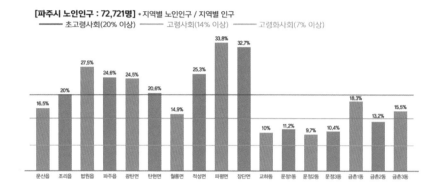

◇ 수급자 증가 현황

2010년 기초생활보장 수급자는 6,647명에서 2022년 20,366명으로 증가하였으며 기초연금 수급자도 2014년 30,026명에서 현재 49,766명으로 ○○○ 노인의 68.4%가 수급을 받고 있다.

기초생활보장 수급자 증가 현황

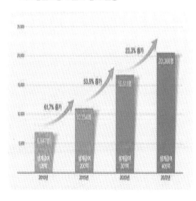

기초연금 수급자 변동 현황

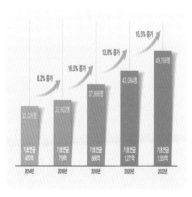

Ⅱ. 기획 보도자료

보도일시	2023.2. 배포 즉시				
사진	○	자료	×	매수	2	전문위원	○○○(031-940-0000)
담당부서	소통홍보관(언론팀)			담당자	김태욱(031-940-4077)

[기획] ○○○, 보편적 복지 늘리며 난방비 사각지대 없앤다
- 복지정책 나침반 역할… '복지 통계자료' 발간

재난극복 및 민생경제 활성화.
○○○에서 지원하는 긴급 생활안정 지원금 정책 근거다. ○○○ 시장은 전국 지자체 최초로 이른바 '난방비 지원금' 20만 원을 모든 가구에 지급하는 통 큰 결정을 내렸다. 긴급 생활안정 지원금이 지급되면, 코로나 고용 한파와 끝없이 치솟는 물가로 얼어붙은 서민경제에 온기를 불어넣을 것으로 ○○○는 기대하고 있다. 민생의 버팀목이자 지역경제를 보듬는 자구책이기도 하다. '시민 중심 더 큰 ○○'를 향한 ○○○ 시장의 적극행정은 우수사례로 손꼽히며 전국 지자체에서 관련 문의가 쇄도하고 있다. ○○○ 시장은 '난방비 폭탄' 상황을 사회적 재난으로 규정하고 발 빠르게 대처했다는 점에서 높이 평가받고 있다.

■ 기초생활보장 객관적 자료 마련…복지정책 큰 그림 그린다

○○○만의 복지 로드맵은 이뿐만이 아니다. 보편적 복지를 위해 ○○○는 객관적 자료를 마련했다. 국민기초생활보장부터 사회보장급여, 복지조사통계까지 ○○○ 전체를 지역별로 분석했다. 3개 영역 21개 항목을 세밀하게 조사하며, 재난극복을 위한 빅데이터 구축에 나섰다. 지난해 4월 서울시 창신동에서 안타까운 소식이 전해졌다. 지병을 앓던 80대 노모와 50대 아들이 숨진 지 한 달 만에 발견된 사연이다. 이들은 실질소득은 없었지만, 주택을 소유하고 있었기 때문에 기초생활보장 수급자에서 탈락한 복지 사각지대 사례였다. 주거용 자산이 급격하게 오르고 기본재산 공제 기준도 변경되면서 복지 사각지대가 늘어났다는 평가가 지배적이다. 이에 대한 대비책으로 ○○○도 민첩하게 대응하고 있다. 올해부터 완화되는 기초생활보장 제도에 따라 ○○○도 관련 자료를 최신화하는 데 앞장섰다. 구체적이고 촘촘한 보편적 복지를 위한 밑거름이다. 지난해 ○○○ 기초생활수급자가 20,366명을 기록하며 최근 10년 동안 3배 가까이 늘어난 상황에서 ○○○는 '핀셋 조사'를 실시했다. 기초생활보장 수급자의 ▲지역별 분포 ▲연령별 현황

Ⅲ 기획보도 작성 Tip

① 기획기사는 〈메시지 기획〉과 〈선택과 집중〉이 중요하다

⇒ 보편적 복지 늘리며, 난방비 사각지대 없앤다

⇒ 복지정책 나침반 역할…'복지 통계자료' 발간

처음에 올라온 보도자료는 부서에서 올린 기획기사였다. 만약 그대로 배포했다면, 신문지면에 실리지 못했을 것이다. '복지 통계자료'를 발간했다는 사실(fact)이 어떤 중요한 의미가 있는지 리드해야 한다. 당시 경기도 ○○○에서는 전국 지자체에서 처음으로 전 가구당 20만 원의 난방비를 지급했다. 이러한 사실과 함께 보편적 복지를 늘리고, 복지정책의 나침반 역할에 앞장선다는 내용으로 메시지를 기획했다.

② 지자체와 지방의회의 유기적인 관계를 쓰면 깊이가 생긴다

⇒ 재난극복 및 민생경제 활성화 〈조례 이름 : 법제처에서 검색하면 내용이 나온다〉

⇒ ○○○에서 지원하는 긴급 생활안정 지원금 정책 근거다

⇒ 민생의 버팀목이자 지역경제를 보듬는 자구책이기도 하다

전국 지자체의 기획팀에서 시정철학이 만들어지고 비서실에서 현장일정을 챙기고 지방의회에서 관련조례가 만들어지면서 시정정책이 완성된다. 일련의 과정들을 담아내는 것이 기획기사 담당자의 역할이다. 이번 기획기사도 마찬가지다. 전 가구에 20만 원의 난방비를 지급하기 위해서는 사업을 집행하는 근거인 조례가 만들어져야 하고 추가경정예산이 지방의회를 통과해야 한다. 때문에 자치단체장이 여당인지 야당인지뿐만 아니라 지방의회 의원의 구성비율 역시 중요하다.

〈자치분권 2.0 시대가 열린다〉
주민참여 확대, 지방의회 역량 강화와 책임성 확보, 지방자치 행정효율성 강화 등 획기적인 자치분권 확대를 내용으로 하는 「지방자치법 전부개정법률안」이 2022년 1월 13일부로 시행됐다. 지난 1995년부터 국민이 직접 자치단체장을 선출하는 지방자치가 시작된 이후 자치분권 2.0 시대가 열린 것이다. 지방의회의 독립성과 전문성 강화를 위해 지방의회의 인사권이 독립됐고, 지방의회의 의정활동을 지원하기 위해 시의원의 1/2에서 정책지원관을 둘 수 있게 됐다.

▲가구별 상황에 이어 지역별 고령화 지수도 함께 분석했다. 객관적으로 수집된 자료들은 매년 수립되는 ○○○ 읍면동 마을복지계획에 나침반 역할을 할 것으로 기대된다.

○○○ 복지생태계를 위한 깊이 있는 분석도 나왔다. 생계와 의료, 주거와 교육을 기준으로 기초생활보장 수급자의 지역별, 연령별 분석이 대표적이다. ○○○ 읍면 중에서 문산읍이, 동에서는 운정3동이 높은 수급자 비중을 보이며, 인력안배의 필요성을 시사했다. ○○○ 기초생활보장 수급자 가운데 65세 이상 고령자 비율이 가장 높은 점도 특징이다. 고령화 시대에 촘촘한 보편적 복지를 위해 필요한 객관적 자료였다. 기초생활보장 자료와 기초연금(65세 이상 지급) 수급자들의 교집합을 분석해 복지정책을 새롭게 설계하는 데 밑거름이 될 것으로 평가받는다. ○○○가 경기도 전체에서 보편적 복지에 앞장섰다는 분석자료도 의미가 크다. ○○○는 경기도보다 인구 대비 기초생활보장 수급자 평균이 높은 것으로 조사됐는데, ○○○ 수급자 평균(지역별 수급자/지역별 인구)은 경기도 지자체 평균보다 1% 포인트 높은 수치를 보였다. ○○○의 복지통계자료는 복지정책을 위한 기초자료로 다방면에 걸쳐 쓰일 것으로 평가된다.

■ TV 분석으로 고독사 예방...빅데이터 기반한 노인복지

빅데이터 우수 활용사례는 이전에도 있었다. ○○○는 전국에서 처음으로 노인들의 치매와 고독사 문제에 대응하기 위해 TV 시청률 장비를 활용했다. 빅데이터에 기반한 노인복지로 주요 언론사들의 집중 조명을 받았다. 노인들 TV가 아침에 꺼져 있거나 2시간 이상 채널이 바뀌지 않으면 ○○○ 공무원이 하나하나 확인하는 방식으로 진행한 '고독사 제로 프로젝트'였다. TV 시청 패턴도 추가로 분석하며, 재방송을 보는 비율이 높아지면 치매 조기 진단자료 데이터로 활용됐다. ○○○만의 노인복지는 적극 행정 우수사례로 대통령상을 받으며, 이후 다른 지자체들의 벤치마킹으로 이어졌다. ○○○ 시장은 "○○○ 기초연금 수급자 가운데 노인 단독가구가 절반에 달한다"라며 "앞으로도 ○○○는 노인복지와 노인 빈곤, 노인 고독사 문제를 해결하는 데 객관적인 데이터를 적극적으로 활용하겠다"고 강조했다. 이번에 발간된 ○○○ 복지통계 자료들이 선별적 복지에서 보편적 복지로 확장하는데 중요한 이정표가 될 것으로 기대된다.

마부정제(馬不停蹄)
달리는 말은 말굽을 멈추지 않는다. 3년 연속 기초생활보장사업 우수지자체에 선정된 ○○○는 앞으로도 시민들을 위한 보편적 복지에 힘쓰기 위해 고삐를 바짝 조이고 있다. ○○○ 시장의 신년사 다짐이 ○○○만의 보편적 복지로 이어지기를 기대한다.

Ⅲ 기획보도 작성 Tip

③ 언론은 수치와 숫자를 좋아하지만, 친절하게 표현하자

⇒ ○○○는 경기도보다 인구 대비 기초생활보장 수급자 평균이 높은 것으로 조사됐는데

⇒ ○○○ 수급자 평균(지역별 수급자/지역별 인구)은 경기도 지자체 평균보다 1% 포인트 높은 수치를 보였다

통계자료와 예산에는 특히 숫자가 많이 나온다. 언론이 수치와 숫자를 좋아하는 것은 맞지만, 많이 쓰면 오히려 몰입도를 떨어뜨린다. 이해하기 쉽게 핵심만 반영한다.

〈가늠이 가능한 수치 vs 불가능한 수치〉
신문 기사를 읽다 보면 '여의도 면적의 몇 배', '축구장 면적의 몇 배', '서울과 부산을 몇 번 왕복할 수 있는 거리', '건물 몇 층에 해당하는 높이' 등으로 표현한 내용들을 볼 수 있다. 사람이 가늠할 수 있는 단위는 1% 포인트나, 30cm, 100㎡ 등 간단한 수치들이지만, 숫자가 복잡하거나 커지면 오히려 가늠이 불가능한 수치가 된다.

④ 어려운 기획기사를 〈사례 중심〉으로 풀어낸다

⇒ 지난해 4월 서울시 창신동에서 안타까운 소식이 전해졌다. 지병을 앓던 80대 노모와 50대 아들이 숨진 지 한 달 만에 발견된 사연이다. 이들은 실질소득은 없었지만, 주택을 소유하고 있었기 때문에 기초생활보장 수급자에서 탈락한 복지 사각지대 사례였다.

⇒ ○○○는 전국에서 처음으로 노인들의 치매와 고독사 문제에 대응하기 위해 TV 시청률 장비를 활용했다. 빅데이터에 기반한 노인복지로 주요 언론사들의 집중 조명을 받았다. 노인들 TV가 아침에 꺼져 있거나 2시간 이상 채널이 바뀌지 않으면 ○○○ 공무원이 하나하나 확인하는 방식으로 진행한 '고독사 제로 프로젝트'였다.

복지와 예산, 세금과 인허가 관련 부서는 개념뿐만 아니라 용어 자체도 어렵다. 기획기사도 마찬가지다. 처음 부서에서 올라온 보도자료에는 국민기초생활보장, 사회보장급여, 복지조사통계로 첫 문단이 시작한다. 해당 분야의 공무원에게 쉬운 용어라도 일반 독자들에게는 어려운 개념이다. 사실 중심으로 보고서 쓰듯이 기획 기사를 풀어내기보다는 알기 쉬운 사례나 인터뷰로 지면을 채우는 것이 좋다.

████시
보편적 복지 확대로
시민 생활안정 도모 박차

████ 시장 적극행정… 지난해 기초생활수급자 2만366명 기록 10년간 3배 증가

재난극복 및 민생경제 활성화
파주시에서 지원하는 긴급 생활안정 지원금 정책 근거다. 김경일 시장은 전국 지자체 최초로 이른바 '난방비 200만원을 모든 가구에 지급하는 통 큰 결정을 내렸다. 긴급 생활안정 지원금이 지급되면, 코로나19 등 민생의 비탈길에서 지역경제를 보듬는 '시민중심 더 큰 파주'를 향한 김경일 시장의 적극행정이 손꼽히고 있다.

국회의 초청받은 김경일 파주시장(왼쪽). (사진=파주시)

난방비 20만원 전 가구 지원

재난극복 위한 빅데이터 구축

TV 시청 분석… 고독사 예방

노인복지 적극 행정 '대통령상'

◇ TV 분석으로 고독사 예방… 빅데이터 기반한 노인

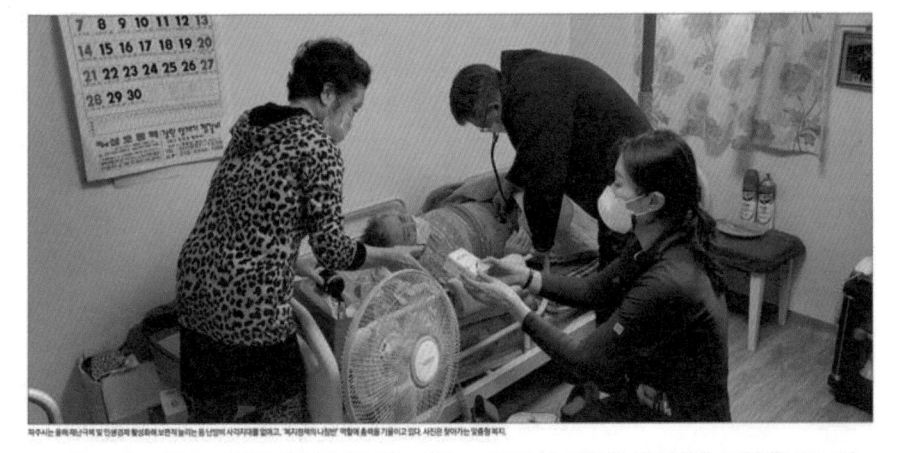

파주시는 올해 재난극복 및 민생경제 활성화와 보편적 복지를 늘리는 등 난방비 사각지대를 없애고, '복지정책 나침반' 역할에 총력을 기울이고 있다. 사진은 찾아가는 맞춤형 복지.

████시, 재난극복 빅데이터 구축… '복지정책 나침반 역할' 총력

[편집자 주]

 # 기초생활보장 제도… 관련 자료 최신화

 # TV 분석으로 고독사 예방… 빅데이터 기반한 노인복지

 # 경기도 전체 보편복지 정책 분석

 # 파주시 노인복지 대통령상… 타 지체 벤치마킹 쇄도

독거노인 위한 '똑똑한 TV'…고독사 막는다

박정태기자

Ⅰ. 부서참고용 기획안 (3월)

[기획] ○○의 여성친화도시, 사회 안전망으로 거듭나다
"성매매 집결지 폐쇄하며 여성친화도시 이끈다"

■ 성매매 피해자 지원부터 서한문 발송까지...풍선효과 막는다
■ 성평등 영화제부터 역사관까지...여성친화도시 3년 '비전'

- ○○○ 시장님은 성매매 집결지 폐쇄를 새해에 처음으로 결재하며 여성친화도시에 대한 포부를 밝혔다. 〈3월 8일은 세계 여성의 날〉이기도 한데, 앞서 ○○○는 성매매 집결지 폐쇄 우수사례인 선미촌 일대도 벤치마킹을 다녀왔다. 성매매 집결지 TF 공무원과 시민단체와 여성단체협의회 등 20여 명이 참석했다.
- 성매매 집결지 장소에 연풍길과 연풍다락 등 EBS연풍길의 주요 거점시설 조성을 완료했는데, 연다라풍년 행사를 매월 셋째 주 토요일에 개최하며 문화와 시민을 연결했다. 뿐만 아니라 풍선효과를 막기 위해 성매매 피해자 지원 조례를 만드는 것부터 서한문 발송까지 다양한 활동이 이어졌다.
- 여성 권익을 늘리고 사회안전망을 확대하기 위한 여성친화도시 3년의 비전이 제시됐다. 구체적인 방안으로 ▲성매매 집결지 환경개선 방안으로 여성 인권 역사관을 조성하고 ▲성매매 근절을 위해 성매매 피해자 지원방안을 마련하고 ▲반성매매 문화를 조성하기 위해 성매매 예방 교육과 주민협의회를 운영하는 방안을 구체적으로 마련한다.
- 추가로 1억 원의 예산을 투입해 젠더폭력 공동 대응팀도 운영한다. 112에 신고된 가정폭력과 성폭력 등 피해자들을 ○○경찰과 협업해 시에서 구조적으로 관리하는데, 전문상담사와 통합사례관리사, 학대예방경찰관도 함께한다.

■ 기획안 작성 Tip

⇒ 성매매 집결지 폐쇄는 전국적인 이슈를 받아 시리즈로 기획됐다.
　다른 지자체 벤치마킹 사례 + 여성친화도시 비전 + 성매매피해자 지원 조례 등
　지자체와 기초의회의 유기적인 관계, 지자체와 시민단체의 관계도 기사가 된다.

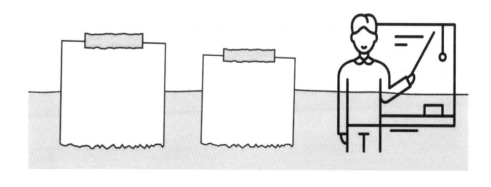

Ⅱ. 기획 보도자료

보도일시	2023.3. 배포 즉시			전문위원	○○○(031-940-0000)
사진	○ 자료 × 매수 2				
담당부서	소통홍보관(언론팀)			담당자	김태욱(031-940-4077)

[기획] ○○의 여성친화도시, 사회 안전망으로 거듭나다
- "성매매 집결지 완전히 폐쇄한다"

일과 돌봄이 공존하는 안전한 ○○.
여성친화도시인 ○○○의 모토다. ○○○ 시장은 여성이 살기 좋은 ○○를 만들기 위해 새해부터 고삐를 바짝 조였다. '여성에, 여성에 의한, 여성을 위한 ○○○'를 약속하며 사회 안전망 구축에 앞장섰다. '여성 중심 더 큰 ○○'를 강조한 ○○○ 시장은 첫 단추로 성매매 집결지 폐쇄 카드를 꺼내 들었다. '성매매 집결지 정비 계획'을 새해 1호 결재로 처리하며, 강한 의지를 시청 안팎에 내비쳤다. 20년 가까이 잠자고 있는 이른바 '성매매 처벌법'을 수면 위로 올려 성매매 행위자 처벌을 강화하고, 불법시설 종합단속에 앞장섰다. 전문가들은 6.25 전쟁 이후 지금까지 유린되어 온 여성 인권이 회복될 수 있기를 기대하고 있다.

■ 성매매 피해자 지원부터 서한문 발송까지...풍선효과 막는다

성매매 문제에 대한 근본적인 해결방안도 고민했다. ○○○는 '성매매 피해자 지원 등 자활지원' 조례안을 마련하며, 진정성 있는 대책을 준비하고 있다. 담당 공무원들이 성매매 피해자들을 직접 만났고, ○○○는 그들에게 실질적으로 필요한 ▲생계비 ▲주거비 ▲직업훈련비 ▲자립지원금 등을 지원방안에 담아냈다. 최근 1년 동안 성매매 피해자로 확인된 사람들이 지원 대상이다. 실제로 성매매 집결지에서 일하던 A 여성은 "사회에 적응하는 데 어느 정도 시간이 필요하다"라며 "먹고살기 위해 피부에 와닿는 대책이 필요하다"고 강조했다. 제2, 제3의 성매매 피해자를 막기 위한 ○○○ 시장의 노력도 엿보였다. ○○○는 성매매 집결지 건물주들에게 직접 서한문을 보냈다. '성매매 처벌법'에 따라 성매매에 제공되는 사실을 알면서도 토지나 건물을 제공하면 해당 행위로 얻은 재산을 몰수한다는 사실을 재산 소유자들에게 직접 알리며, 성매매 피해자와 가해자를 사전에 막는 데 적극적으로 대처하고 있다.

Ⅲ 기획보도 작성 Tip

① 정책을 보는 〈관점〉이 차별화된 기획을 만들어낸다

⇒ ○○의 여성친화도시, 사회 안전망으로 거듭나다

⇒ '여성에, 여성에 의한, 여성을 위한 ○○○'를 약속하며 사회 안전망 구축에 앞장섰다
〈에이브러햄 링컨의 게티즈버그 연설 변형〉

⇒ '여성 중심 더 큰 ○○'를 강조한 ○○○ 시장은 첫 단추로 성매매 집결지 폐쇄 카드를 꺼내 들었다
〈시민 중심 더 큰 ○○〉 시정철학의 변형

기획기사에서 중요한 사실(fact)은 지자체 시장이 새해 1호 결재로 성매매 집결지 폐쇄안을 처리한 점이다. 이 사실을 바탕으로 여성친화도시와 사회안전망의 관점을 접목시켜 차별화된 기획기사를 만들어냈다.

"앵글(관점)은 단순히 기사 방향을 의미하는 게 아니라 어떤 소재에서 '나만의 무언가'가 무엇인지, 다른 사람이 찾지 못한 측면으로 '차별화'할 수 있는 요소가 무엇인지에 대한 것이다. 때문에 기사의 요점을 뜻하는 야마보다 앵글이 있다면 차별화된 기사를 쓸 수 있다."

– 〈탁월한 스토리텔러드〉 이샘물, 박재영 지음 이담북스

〈명왕성을 지배한 여자들〉 feat. 관점이 만들어낸 기획
미국 항공우주국(NASA)의 우주탐사선 '뉴 호라이즌스호'를 다룬 기사를 보자. 뉴 호라이즌스(New Horizons)호는 2015년 7월 14일 명왕성에 가장 가까이 다가가 이미지를 촬영할 것으로 예정돼 있었다. 사안의 핵심정보는 이날 명왕성에 가장 가까이 다가간다는 사실(야마)이었다. 그런데 〈아틀란틱〉 기자는 해당 사실을 전달하는 데 있어서 '가장 많은 여성들이 미션에 참여했다는 사실'을 취재해 주요 관점(앵글)으로 앞세웠고, 그 속에 명왕성 근접 비행이라는 사실을 녹여냈다. 단순히 야마만 제시했을 때보다 독특한 관점을 제시하면서 차별화된 기사가 만들어졌다.

○○○의 이 같은 노력은 풍선효과 때문이다. 성매매 집결지가 사라지더라도 성매매는 없어지지 않는다는 우려에서다. ○○○는 성매매 음성화 문제를 막기 위한 4단계 추진전략을 세우며 종합적인 점검에 나섰다. 오는 2025년까지 성매매 집결지 완전 폐쇄를 목표로 ▲여성과 시민이 행복한 길을 함께 만드는 '여성길' 걷기 행사 ▲성매매 집결지 폐쇄 백서 발간 ▲주거시설과 문화 공간으로 도시재생 ▲CCTV 상시 감시체계 구축 등을 구상하고 있다. ○○○는 경찰서, 소방서와 함께 성매매 집결지정비 태스크포스(TF)를 꾸리고 성매매 피해자 지원과 가해자 처벌에도 머리를 맞댔다. ○○○ 시장은 "기존의 사회복지 정책으로 성매매 피해자를 바라보면 안 된다"라며 "성매매 여성만이 갖고 있는 특수성을 고려한 총체적인 시스템이 필요하다"고 강조했다. 이어 ○○○는 성매매 여성 개인을 넘은 성산업화 구조를 단계별로 혁파하고 성매매 수요 근절과 여성 인권 향상이 함께 추진되어야 한다며, 사회 안전망 구축을 약속했다.

■ 성평등 영화제부터 역사관까지...여성친화도시 3년 '비전'

○○○는 지난해 10월 ○○읍 문화극장에서 성평등 영화제를 진행했다. 이때 상영한 '죽여주는 여자'는 젊은 시절 성매매에 종사하다 노년기에 접어들어 탑골공원 일대에서 노인을 대상으로 성매매를 하는 일명 박카스 할머니의 이야기이다. 영화를 계기로 시민들은 성매매 문제에 대한 경각심을 갖게 됐다. 성매매를 실질적으로 근절하기 위한 캠페인에서 인권단체부터 시민들이 함께 모여 관련 생각들을 공유했다. 여성친화도시로 3년을 맞이한 ○○○는 여기에 새로운 비전도 제시했다. 성매매 집결지를 중심으로 여성 인권 역사관을 조성하는 방안을 고려 중이다. 여성 인권이 유린된 현장을 기억하며 아픔을 치유하고 회복하는 공간으로 탈바꿈하려는 복안이다. 다음 세대에서 반복되지 않도록 하기 위한 목적이다. 성매매 문제를 완전히 뿌리 뽑기 위해 ○○○는 다양한 사례를 검토하고 종합적인 대책을 수립하고 있다. 인권단체와 예술가들도 힘을 합치면서 도시재생과 여성 인권 향상, 문화도시 세 마리 토끼를 잡을 것으로 기대하고 있다.

다시 태어나는 리본(Re-Born) 프로젝트. 한편, 매년 3월 8일은 '세계 여성의 날'로 리본 프로젝트가 진행된다. 명실상부 여성친화도시인 ○○○도 새로운 '리본 프로젝트'를 계획하고 있다. 덧셈과 상생의 여성공동체를 꿈꾸는 ○○○가 성매매 집결지를 완전히 폐쇄해 여성과 문화, 사회 안전망을 잇는 '여성 중심 더 큰 ○○'로 새롭게 태어나기를 기대해 본다. 2023년 새해 ○○○ 표 성과다.

Ⅲ 기획보도 작성 Tip

② 자료조사와 벤치마킹은 〈관점〉의 깊이를 더해준다

⇒ 성평등 영화제부터 역사관까지...여성친화도시 3년 '비전'

⇒ '죽여주는 여자'는 젊은 시절 성매매에 종사하다 노년기에 접어들어 탑골공원 일대에서 노인을 대상으로 성매매를 하는 일명 박카스 할머니의 이야기이다.

⇒ 성매매 집결지를 중심으로 여성 인권 역사관을 조성하는 방안을 고려 중이다. 여성 인권이 유린된 현장을 기억하며 아픔을 치유하고 회복하는 공간으로 탈바꿈하려는 복안이다

⇒ 인권단체와 예술가들도 힘을 합치면서 도시재생과 여성 인권 향상, 문화도시 세 마리 토끼를 잡을 것으로 기대하고 있다.

〈여성친화도시로 사회안전망을 구축한다〉는 내용으로 첫 번째 페이지에서 〈관점〉을 제시했다. 그 관점을 여성친화도시 3년의 '비전'이라는 시정철학으로 확장시켰다. 구체적인 방안으로 성평등 영화제와 인권역사관 조성으로 제시했는데, 다른 지자체의 우수한 사례를 벤치마킹했다. 특히 전주 선미촌의 사례가 그랬다. 민관 협력으로 도시재생과 인권향상, 문화도시라는 세 마리 토끼를 잡아내며 성매매집결지 폐쇄를 이끌었다.

"기사의 차별성은 단순히 기사를 더 돋보이게 한다는 장식품이나 조미료 같은 개념이 아니다. 같은 사안을 두고 이미 수많은 기자들이 기사를 생산하고 있는데 왜 기사를 발행해야 하는 '존재의 이유'에 가깝다. 독자적인 취재와 자료조사를 통해 고유의 관점을 찾고 부가가치를 더하기 위해 애써야 한다."   – 〈탁월한 스토리텔러〉 이샘물, 박재영 지음 이담북스

□□시, 사회 안전망 다각도 구축… 여성친화도시로 거듭난다

'성매매 집결지 폐쇄'… □□□□□표 여성친화도시

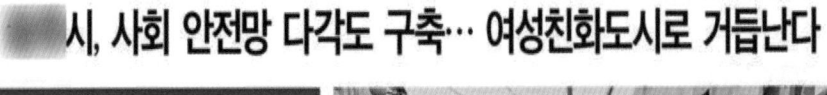

성매매 집결지 완전폐쇄 추진

일과 돌봄이 공존하는 안전한 파주, 여성친화도시인 파주시의 모토이다. 김경일 시장은 여성이 살기 좋은 파주를 만들기 위해 새해부터 고삐를 바짝 조였다.

□□ 시장, 성매매 집결지 정비계획 새해1호 결재 처리

성평등 영화제·여성인권역사관 조성·리본 프로젝트 추진

시민들 수 십년간 유린되어 온 여성 인권 회복 기대감 커

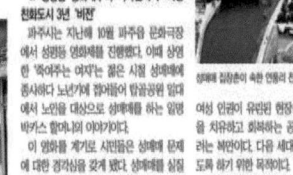

사민과 함께 성매매 집결지 마을길 걷기 행사에 참가한 파주 시장, 경찰서장 소방서장 등이 성매매집결지 폐쇄 결의를 다지고 있다. 　파주시 제공

"여성이 살기 좋은
파주시 멀리 일지 않아요.
더 많은 현신을 모든지금 조성에
입어요. 첫 단추로 성매매집결지
폐쇄 동참해요 시민들을
일어 걸어 봅시다"

성매매 피해자 지원 나서
폐쇄뿐만 아닌 인권 수호
여성친화도시 문화 구축

성기홍 기자

Ⅰ. 부서참고용 기획안 (3월)

[기획] "성매매 집결지 폐쇄는 시대적 소명이다"
- 제동 걸린 폐쇄안...시민과 시의회 소통으로 푼다

■ '성매매 집결지' 시민 중심으로 변화...시의회 소통도 강화
■ 풍선효과 막는다...전국에서 잇따라 ○○○ 벤치마킹

- ○○○ 시장님은 성매매 집결지 폐쇄를 새해에 처음으로 결재하며 여성친화도 시에 대한 포부를 밝혔다. 〈3월 8일은 세계 여성의 날〉이기도 한데, 앞서 ○○ ○는 성매매 집결지 폐쇄 우수사례인 선미촌 일대도 벤치마킹을 다녀왔다. 성매매 집결지 TF 공무원과 시민단체와 여성단체협의회 등 20여 명이 참석했다.
- 성매매 집결지 장소에 연풍길과 연풍다락 등 EBS연풍길의 주요 거점시설 조성을 완료했는데, 연다라풍년 행사를 매월 셋째 주 토요일에 개최하며 문화와 시민을 연결했다. 뿐만 아니라 풍선효과를 막기 위해 성매매 피해자 지원 조례를 만드는 것부터 서한문 발송까지 다양한 활동이 이어졌다.
- 여성 권익을 늘리고 사회안전망을 확대하기 위한 여성친화도시 3년의 비전이 제시됐다. 구체적인 방안으로 ▲성매매 집결지 환경개선 방안으로 여성 인권 역사관을 조성하고 ▲성매매 근절을 위해 성매매 피해자 지원방안을 마련하고 ▲반성매매 문화를 조성하기 위해 성매매 예방 교육과 주민협의회를 운영하는 방안을 구체적으로 마련한다.
- 추가로 1억 원의 예산을 투입해 젠더폭력 공동 대응팀도 운영한다. 112에 신고된 가정폭력과 성폭력 등 피해자들을 ○○경찰과 협업해 시에서 구조적으로 관리하는데, 전문상담사와 통합사례관리사, 학대예방경찰관도 함께한다.

■ 기획안 작성 Tip

⇒ 성매매 집결지 폐쇄는 전국적인 이슈를 받아 시리즈로 기획됐다.
　다른 지자체 벤치마킹 사례 + 여성친화도시 비전 + 성매매피해자 지원 조례 등
　지자체와 기초의회의 유기적인 관계, 지자체와 시민단체의 관계도 기사가 된다.

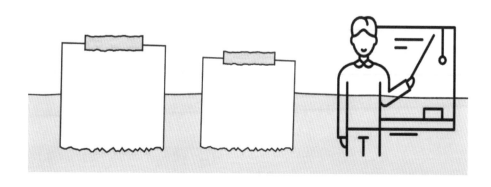

Ⅱ. 기획 보도자료

보도일시	2023.3. 배포 즉시				
사진	○	자료	×	매수	2	전문위원	○○○(031-940-4120)
담당부서	소통홍보관(언론팀)			담당자	김태욱(031-940-4077)

[기획] "성매매 집결지 폐쇄는 시대적 소명이다"
- 제동 걸린 폐쇄안…시민과 시의회 소통으로 푼다

"성매매 집결지 폐쇄는 ○○○ 미래입니다"

○○○ 시장이 ○○시의회 본회의에 참석한 자리에서 강조한 내용이다. 지난 3월 22일 ○○시의회에서 성매매 집결지 정비사업의 중요성을 설명한 ○○○ 시장은 시의원들을 직접 설득했다. 더 큰 책임감으로 시민들이 바라는 변화에 보답하겠다고 선언했지만, 성매매 집결지 정비사업 예산은 끝내 시의회 문턱을 넘지 못했다. 시의회는 성매매 집결지 폐쇄안을 큰 틀에서 동의했지만 개인 재산권 침해, 시의회와 시청 사이의 소통 부재를 반대 근거로 제시했다. 제동 걸린 성매매 집결지 예산안에 ○○○ 시장은 '마부정제(馬不停蹄)'를 다짐하며, 소통으로 풀겠다고 강조했다. 시민과 시의회의 접점을 늘리며 공통분모를 확장해나가겠다는 뜻으로 풀이된다. 성매매 집결지 폐쇄안은 ○○○ 시장의 새해 첫 1호 결재라는 점에서 상징성이 크다. 여성친화도시에 선정된 ○○○만의 여성과 육아, 가족과 미래를 위한 청사진이다. 성매매 집결지 폐쇄안이 새로운 국면을 맞이한 상황에서 ○○○ 시장의 귀추가 주목되고 있다.

■ '성매매 집결지' 시민 중심으로 변화…시의회 소통도 강화

○○○에서 시민 중심으로 변화의 바람이 불고 있다. 3만㎡가 넘는 전국 최대규모의 성매매 집결지가 ○○에 있다는 사실에 관심이 집중되며 한마음 한뜻으로 힘을 모으고 있다. 51만 ○○시민을 넘어 여성단체협의회부터 인권단체, 시민 운동가들까지 성매매 집결지 폐쇄 범시민 서명운동이 시작됐고, 전국적인 응원과 지지는 열린 강연과 토론회까지 이어졌다. '성매매 집결지 폐쇄'를 본격적으로 추진한다는 목적으로 인권과 상식, 여성을 담아낼 것으로 예상된다. 이번 달에만 ▲인권, 상식의 경계선(19일) ▲성매매, 상식의 블랙홀(26일) ▲행동하는 사람들과의 스몰토크(29일) 주제로 류은숙 인권운동가와 신박진영 성매매집결지 폐쇄 활동가 일정이 ○○○ 교하도서관에서 계획돼 있다. 열띤 소통의 장이 펼쳐질 것으로 시민들은 기대하고 있다.

Ⅲ 기획보도 작성 Tip

① 기획기사는 지자체를 대표하므로 표현의 뉘앙스가 중요하다

⇒ 성매매 집결지 폐쇄는 시대적 소명이다

⇒ 성매매 집결지 폐쇄는 ○○○ 미래입니다

⇒ 더 큰 책임감으로 시민들이 바라는 변화에 보답하겠다고 선언했지만, 성매매 집결지 정비사업 예산은 끝내 시의회 문턱을 넘지 못했다

⇒ 여성친화도시에 선정된 ○○시만의 여성과 육아, 가족과 미래를 위한 청사진이다

○○○ 성매매 집결지는 이른바 '용주골'로 불리지만 순화적인 표현을 사용했다. 김성모 작가가 성인 만화를 그리면서 용주골이 유명해졌지만, 이곳에 사는 주민들에게는 아픈 손가락이다. 때문에 용주골→성매매 집결지, 근절과 뿌리 뽑는다→폐쇄, 시대적 소명과 미래 등의 발전적인 표현을 쓰면서 뉘앙스를 고려했다.

" 〈뉴욕타임스〉 에디터는 '불법 이민자'라는 표현을 두고 공개적인 토론을 벌인 적이 있다. 발단은 전직 기자이자 이민 관련 활동가인 호세 안토니오 바르가스가 '불법 이민자'라는 용어는 부정확한 폄하 용어라며 언론사들이 사용 방침을 바꿀 것을 요구했기 때문이다."

〈중략〉

"언론사 차원에서도 이슈가 되는 단어에 대한 사용 정책을 두고 논의와 개정이 활발하게 이루어진다. 미국의 어느 언론에서도 퍼블릭 에디터가 〈낙태 논쟁에서 단어들은 중요하다〉라는 제목으로 글을 실었는데, 어느 일방의 가치 판단이 담긴 용어가 아닌 정확하고 중립적인 용어를 사용하기 위해서다. 이제는 이민, 헬스케어, 낙태 이슈를 토론할 때 '미등록', '오바마케어', '프로-라이프' 같은 단어를 피하고 있다."

- 〈탁월한 스토리텔러들〉 이샘물, 박재영 지음 이담북스

○○시의회 요구사항을 경청한 ○○○는 시의회와의 소통을 강화한다. ○○○ 시장은 서둘러 협치 방안을 마련했다. ○○○는 시의회 의장단과 소통간담회를 정례적으로 늘려가겠다고 강조하며 시의회와의 소통과 협치를 약속했다. ○○○ 시장은 "시청에서 시의회까지 걸어서 1분도 걸리지 않는다"라며 "성매매 집결지 정비사업의 당위성은 누구도 반대하지 않을 것임을 알기에 앞으로 의원들과 적극적으로 협업하겠다"고 밝혔다. 4월 중후반 ○○시의회에서 진행되는 성매매 집결지 정비사업 예산안 심의 의결을 앞두고 초당적인 협력을 거듭 요청한 것이다. 성매매 집결지 폐쇄는 시대적 소명임을 전하며, ○○○는 수면 위뿐만 아니라 물밑에서도 시의회와 핫라인을 구축하겠다는 방침이다. 앞서 더불이민주당 소속 최유각 의원은 "이번 예산 삭감의 가장 큰 이유는 집행부의 소통 부족이라고 생각한다"라며 "예산이 수반되는 사업은 사전에 설명을 충실히 해달라"고 주문했다. 성매매 집결지 예산 27억 2,398만 원이 전액 삭감되면서 성매매 집결지 위반 건축물 정비 등 관련 사업들이 줄줄이 차질을 빚고 있다.

■ 풍선효과 막는다...전국에서 잇따라 ○○○ 벤치마킹

성매매 집결지 폐쇄는 비단 ○○○에만 국한되지 않는다. 전국에서 한마음으로 성매매 집결지 폐쇄 운동이 한창인 가운데, 경기 동두천과 강원 원주시도 ○○○를 방문했다. 여성친화도시로 선정된 ○○○ 여성정책과 성매매 폐쇄 정책을 벤치마킹하기 위해서다. ○○○ 성매매 집결지 폐쇄 이후 다른 지자체로 이동하는 '풍선효과'를 사전에 막고 함께 공동으로 대처하기 위해 머리도 맞댔다. 원주와 동두천에서는 지자체 공무원뿐만 아니라 경찰과 여성 인권단체 등 관련기관도 참여하며, ▲성구매자 접근 차단을 위한 CCTV 설치 ▲가로 조명 확대 설치 ▲경찰 순찰활동 강화 방안 등을 함께 논의했다. 여성친화도시로 3년을 맞이한 ○○○는 성매매 문제를 뿌리 뽑기 위해 종합적인 대책도 다른 지자체와 공유하고 있다. 성평등 영화제를 진행한 ○○○는 앞으로 여성 인권 역사관을 조성하는 방안도 고려하고 있다. 인권단체와 예술가들도 뜻을 모아 도시재생, 여성 인권 향상 그리고 문화도시 세 마리 토끼를 잡을 것으로 기대한다.

일과 돌봄이 공존하는 안전한 ○○. 여성친화도시인 ○○○의 모토다. ○○○ 시장은 여성이 살기 좋은 ○○를 만들기 위해 사회 안전망 구축에 박차를 가하고 있다. 덧셈과 상상의 여성공동체를 꿈꾸는 ○○○가 여성과 문화, 사회안전망을 잇는 '여성 중심 더 큰 ○○'로 꽃피우길 기대한다.

Ⅲ 기획보도 작성 Tip

② 작은 것에서 시작해 큰 그림을 그리듯이 글을 쓴다

⇒ 성매매 집결지 폐쇄는 비단 ○○○에만 국한되지 않는다

⇒ 경기 동두천과 강원 원주시도 ○○○를 방문했다. 여성친화도시로 선정된 ○○○ 여성정책과 성매매 폐쇄 정책을 벤치마킹하기 위해서다

⇒ 다른 지자체로 이동하는 '풍선효과'를 사전에 막고 함께 공동으로 대처하기 위해 머리도 맞댔다

⇒ 지자체 공무원뿐만 아니라 경찰과 여성 인권단체 등 관련기관도 참여하며

⇒ 인권단체와 예술가들도 뜻을 모아 도시재생, 여성 인권 향상 그리고 문화도시 세 마리 토끼를 잡을 것으로 기대한다

일반적인 스트레이트 보도자료와 달리 기획기사는 덩어리가 크다. 2,500자 상당의 글을 집중력 있게 끌고 가기 위해서는 점진적으로 큰 그림을 그리는 것이 중요하다. ○○○ 성매매 집결지 폐쇄 역시 풍선효과라는 주제로 투 트랙으로 큰 그림을 그렸다. 첫 번째 줄기는 경기 동두천과 강원 원주시 등 다른 지자체들의 노력이 더해져 전국적으로 조명을 받고 있다는 측면과 두 번째는 시민들과 여성 인권단체 등 국민의 참여를 늘려 민관이 한마음 한뜻으로 성매매 집결지 폐쇄에 협심하고 있다는 점이다.

"한국에서는 '줌 아웃'에서 거시적으로 시작하는 기사가 많다. 총론적인 이야기나 배경 설명, 통계로 시작하는 경우가 적지 않다는 것이다. 기사를 왜 썼는지 알 수 있지만 그뿐이다. 피부에 와 닿지 않고 대체로 따분하며 잘 읽히지 않아 끝까지 읽을 유인을 얻지 못한다. 미국 기사에도 '줌 아웃' 요소가 들어가지만, 주제를 보여주기 위해 전략적으로 '작은 렌즈'로 포문을 열어 독자를 유인한다. 〈워싱턴포스트〉 기자 엘리 사슬로는 이것을 '작아짐으로 인해 커지는 것'이라고 부르며, 정말로 좁아짐으로 인해 커다란 이슈를 쓰려 하는 것이라고 말한다."
  - 〈탁월한 스토리텔러들〉 이샘물, 박재영 지음 이담북스

▒▒▒▒▒▒ 시장 "성매매 집결지 폐쇄는 시대적 소명"

"성매매 집결지 폐쇄는 파주의 미래를 위한 일이다"

김경일 파주시장이 파주시의회 본회의 자리에서 강조한 내용이다. 3월22일 파주시의회에서 성매매 집결지 정비사업이 얼마나 시급하고 중요한지를 설명하며 김 시장은 시의원들에게 예산 반영을 호소했다. 그러나 성매매 집결지 정비사업 예산은 결국 시의회 문턱을 넘지 못했다. 시의회에서 성매매 집결지 폐쇄에 대해 큰 틀에서는 동의했지만 개인 재산권 침해, 시의회와 시 사이에 충분한 의견 공유가 되지 않은 점을 문제 삼았던 이유다.

정비사업 예산이 전액 삭감된 이후 김 시장은 '마부정제(馬不停蹄)'를 다짐했다. 시민의 뜻을 모으고 폭넓은 소통으로 시의회의 동의를 얻어, 성매매 집결지 폐쇄를 계속 추진하겠다는 뜻으로 풀이된다. 김 시장의 취임 후 1호 결재 사항인 성매매 집결지 정비사업을 두고 김 시장은 물론, 법적·인권적 측면에서도, 여성친화도시로 선정된 파주시 입장에서도, 파주시에 성매매 집결지가 있다는 사실조차 모르던 시민의 입장에서도, 반드시 해결해야 할 문제가 되고 있다.

시의회 본회의서 예산 반영 호소
전국 최대 규모…시민 폐쇄운동 동참
동두천·원주시와 풍선효과 차단 모색

◇ '성매매 집결지 폐쇄' 이제 시민이 나서고 있어

파주 성매매 집결지 폐쇄는 이제 단순히 시와 성매매 집결지 사이와의 갈등 국면을 넘어서고 있다. 시민이 나서고 있기 때문이다. 3만㎡가 넘는 전국 최대 규모의 성매매 집결지가 있다는 사실에 관심이 집중되자 시민들이 한마음 한뜻으로 힘을 모으고 있다.

시민 주도로 매주 화요일 오전마다 성매매 집결지에서 여성과 시민이 행복한 길, '여행길' 걷기가 펼쳐지고 있으며, 여성단체협의회, 인권단체, 시민 등 수많은 시민들까지 성매매 집결지 폐쇄 범시민 서명운동에 동참하고 있다. 또한 전국이 반(反)성매매 활동가들이 파주를 찾아와 성매매의 문제에 대한 각종 강연과 토론회도 펼칠 예정이다.

당장 4월19일에는 교하도서관에서, 1992년부터 인권운동을 해온 '뮤즈아숙' 인권활동가의 '인권, 상식의 경계선'이, 4월26일에는 20여 년 동안 대구에서 활동해온 '신박진영' 성매매집결지 폐쇄 활동가의 '성매매, 상식의 블랙홀' 열린 강연이 열린다. 4월29일에는 파주 성매매 집결지 폐쇄 활동가 등이 참여하는 열린 토론회인 '행동하는 사람들의 스몰토크'도 열린다. 이 자리에서는 성매매에 대한 그간의 오해도 바로잡는 것은 물론 대구 등에서 펼쳐진 성매매 집결지 폐쇄 사례 등이 소개될 예정이다.

◇ 시의회와 활발한 소통으로 성매매 집결지 폐쇄에 힘 싣는다

시민들의 행보에 발맞춰 파주시는 예산안 통과를 위해 파주시의회와의 소통을 강화하고 있다. 김 시장은 시의회 의장단과 소통간담회를 늘려가는 등 시의회와의 소통과 협치를 약속하며 서둘러 협치 방안을 마련했다.

(사진 왼쪽부터) 파주성매매집결지 걷기대회, 파주시의회 본회의에 참석한 김경일 시장 모습. (사진=파주시)

김 시장은 "시청에서 시의회로 걸어서 1분도 걸리지 않는다"라며 "성매매 집결지 정비사업의 당위성은 누구도 반대하지 않을 것임을 알기에 앞으로 의원들과 적극적으로 협업하겠다"고 밝혔다. 실제로 시는 지난 4월5일 시의원들을 대상으로 성매매 집결지 정비사업에 대한 사전설명회를 개최해 시의원들에게 충분한 사업 내용에 대해 설명을 하는 등 4월 중후반 파주시의회에서 진행되는 성매매 집결지 정비사업 예산안 심의 의결에서 성매매 집결지 정비사업 예산이 통과될 수 있도록 노력하고 있다.

◇ 풍선효과 막는다…전국에 잇따라 파주시 벤치마킹

한편 성매매 집결지는 비단 파주시민의 문제가 아니다. 경기도 동두천, 강원도 원주시, 경남 창원시 등도 성매매 집결지 문제를 해결하기 위해 노력하고 있다. 이중 동두천시와 원주시에서 파주시의 성매매 집결지 폐쇄 정책을 벤치마킹하기 위해 잇따라 파주시를 방문했다. 파주시가 전국적으로 성매매 집결지 문제 해결의 중심이 되고 있고, 반(反)성매매 운동의 집결지가 되고 있는 것이다.

시는 동두천·원주시와 파주 성매매 집결지 폐쇄 이후 성매매 여성이 인근의 다른 지자체로 이동하는 '풍선효과'를 사전에 막고 함께 공동으로 대처하기 위해 머리도 맞댔다. 지자체뿐만 아니라 경찰과 여성인권단체 등 관련 기관도 참여해 △성구매자 접근 차단을 위한 CCTV 설치 △가로 조명 확대 설치 △경찰 순찰활동 강화 방안 등을 함께 논의했다. 이제 시는 성매매를 근본적으로 해결하기 위해서는 성매매 여성의 자활을 쉽게 지원하는 것이 무엇보다 중요하다고 보고 관련 조례안을 준비 중이다. 또 성매매 집결지 인근의 도시재생지역과 연계해 이곳에 여성인권역사관을 조성하는 등 인문·문화적인 도시재생 방안을 고려하고 있다.

"미래 세대에 부끄럽지 않게 우리 세대에서 끝내겠다"

김 시장은 최근 이동시장실 등에서 시민들을 만날 때마다 우리 세대에 성매매 집결지 문제를 해결하자고 강조하고 있다. 미래 세대에게 부끄러운 역사를 물려주지 않겠다는 뜻도 여러 차례 밝혔다. 이 말처럼 주한미군 주둔 이후부터 무려 70여 년 동안 존속해온 파주 성매매 집결지를 폐쇄하는 일은 역사의 상흔을 딛고, 인권을 향상시키며, 새로운 미래를 여는 일이 될 것이다.

김영빈 기자 ky2704048@daum.net

▒▒▒▒ 연꽃리 전경.
▒▒▒▒ 주택재개발정비사업 위치도.
성평등영화제 홍보 전단지.

▒▒▒▒ 시 "성매매 집결지 폐쇄는 시대적 소명"…시민도 한마음한뜻

김경일 시장, 시의원에게 예산 반영 호소
집결지 폐쇄반, 개인 재산권 침해된 '문제'
정비사업 예산 삭감된 후 '마부정제' 다짐

사·성매매 집결지, 갈등 넘어 시민들 나서
시민 주도 '여행길 걷기·서명운동 동참'
성매매 문제, 각종 강연·토론회 펼쳐져

파주시 성매매집결지 걷기대회

府, 시민 행보 발맞춰 시의회 '소통·강화' 협치 방안 마련 '적극적 협업하겠다'
시의원 대상 정비사업 사전설명회 가져 4월 중후반 '예산안 심의 통과'에 '노력'

동두천시·원주, 파주시 벤치마킹 방문 문제 해결 중심지·반성매매운동 집결지 '풍선효과' 사전차단…대처에 머리 맞대 근본적 해결, 성매매여성 생계지원 '중요'

'우리 세대' 성매매 집결지문제 해결하자며 부끄러운 역사를 물려주지않겠다는 뜻밝혀 집결지폐쇄, 역사의 상흔 딛고 미래여는 일

파주시의회에 참석한 김경일 시장.

여행길 걷기 참가자 모집
성매매집결지 이제 시민의 품으로

"성매매 집결지 폐쇄는 파주의 미래를 위한 일이다."

김경일 파주시장이 파주시의회 본회의 자리에서 강조한 내용이다. 지난 3월 22일 파주시의회에서 성매매 집결지 정비사업이 얼마나 시급하고 중요한지를 설명하며 김경일 시장은 시의원들에게 예산 반영을 호소했다. 그러나 성매매 집결지 정비사업 예산은 결국 시의회 문턱을 넘지 못했다. 시의회에서 성매매 집결지 폐쇄에 대해 큰 틀에서는 동의했지만 개인 재산권 침해, 시의회와 시 사이에 충분한 의견 공유가 되지 않은 점을 문제 삼았던 이유다.

정비사업 예산이 전액 삭감된 이후 김경일 시장은 '마부정제'를 다짐했다. 시민의 뜻을 모으고 폭넓은 소통으로 시의회의 동의를 얻어, 성매매 집결지 폐쇄를 계속 추진하겠다는 뜻으로 풀이된다.

■ '성매매 집결지 폐쇄' 이제 시민이 나서고 있어

■ 파주시, 시의회와 활발한 소통으로 성매매 집결지 폐쇄에 힘 싣는다

■ 풍선효과 막는다…전국에 잇따라 파주시 벤치마킹

■ "미래 세대에 부끄럽지 않게 우리 세대에서 끝낼 것"

백남주기자

Ⅰ. 부서참고용 기획안 (4월)

[기획] '구절초 치유의 숲' 품은 율곡수목원으로 오세요
- 가족, 친구, 연인과 함께하는 수목원 '힐링캠프'

■ 민관군 한뜻으로 수목원 조성...'구절초 치유의 숲' 마련
■ 아홉 차례 장원급제한 율곡의 '구도장원길'...전국 명소 '눈길'

- 딱딱한 기획기사가 아닌 인문학 기획기사로 시작했다. 김도연 작가 〈구절초〉 시 일부를 인용하며 율곡수목원의 곳곳을 묘사했다. '가을의 여인'이라는 구절초 꽃말처럼 9월과 10월, 가을을 수놓는 대표적인 들국화다. 봄과 가을 나들이 기획기사다.
- 율곡 이이의 역사가 담겨있는 ○○○는 문화와 역사 그리고 관광명소를 소개하며 수목원의 이야기를 풀어냈다. 13세에 진사시에 합격한 이후 아홉 차례 장원급제에 오른 율곡 이이의 기운을 받으려 전국에서 사람들이 몰리고 있다.
- 특히 군부대가 많은 ○○는 민관군 한뜻으로 수목원을 조성했기 때문에 의미가 더 크다. 14년 동안 ○○○와 시민, 군인들이 한뜻으로 가꾸며 지난해 율곡수목원이 정식 개방됐다. 군에서도 수목원 개장에 동의해 토지 사용에 협조해 주면서 율곡수목원이 개장될 수 있었다.
- 율곡수목원만의 프로그램도 다채롭다 ▲대한민국 모든 가족들의 따스한 사랑을 응원하는 '가족숲' ▲숲과 교감하며 활력 걷기를 하는 '치유숲' ▲일터와 쉼터에서 오늘도 일하는 엄마들을 위한 '엄마활력숲' ▲6080세대 어르신들의 실버체조와 나무교감으로 구성된 '실버숲'까지 다양하다.

▌ 기획안 작성 Tip

⇒ 지역의 관광명소에서 문화와 역사, 협동 콘텐츠를 담아내면 좋다.
   구절초 치유의 숲과 율곡 이이의 '구도장원길', 민관군 협동으로 이룬 수목원 등 다채로운 내용과 사진으로 기획기사를 풀어냈다.

율곡수목원 개원식 개최계획 보고

○ 2008년부터 12년 장기간 동안 조성해 온 율곡수목원의 대공사를 완료함에 따라 개원식을 개최하여 코로나19로 지쳐있는 시민에게 대자연의 위로와 희망을 드리고자 함 - 코로나19 방역준수 개최 -

□ 행사개요

○ 일   시 : 2021. 6. 3(목) 14:00
○ 장   소 : 율곡수목원 방문자센터 주차장
○ 주   제 : "시민에게 바칩니다! 코로나시대 대자연의 위로와 희망 이야기"
○ 참 석 자 : 주요인사, 지역주민 등 약 100명
○ 내   용 : 주제영상, 경과보고, 기념사, 축사, 종자전달, 기념식수 등

□ 추진방향

○ 율곡수목원 개원 대주민 사전 홍보 주력
   - 12개 시민단체 초청 산림치유 프로그램 운영 시민 단체의 수목원 개원 입소문 홍보 기대
○ "시민에게 바칩니다! 위로와 희망이야기" 주제영상 제작 상영
   - 율곡수목원 특징 스토리텔링, 시민 치유프로그램 참여 모습 등
○ 주요 인사의 식물, 화훼 종자 전달식 통해 개원식 주제 구현
   - 율곡수목원 번성기원과 바친다는 의미로 종자를 시민대표에게 전달
○ 民·官·軍의 "율곡수목원 아끼기" 협력 협약(MOU) 행사추진 5월초 예정
   - 수목원가꾸기 등 파평면민, 제1사단장, ○○시장 협력 MOU 체결

□ 시간계획

구 분	시 간(90분)		주 요 내 용	비 고
식전행사	13:30 ~14:00	30	식전공연	○○예술단
기 념 식	14:00 ~ 14:03	3	내빈소개	사회자
	14:03 ~ 14:08	5	주제영상 상영	
	14:08 ~ 14:13	5	주제공연	가곡 성악가
	14:13 ~ 14:15	2	개식선언 터치버튼	주요인사
	14:15 ~ 14:20	5	경과보고	공원녹지과장
	14:20 ~ 14:25	5	기념사	○○시장
	14:25 ~ 14:35	10	축사	
	14:35 ~ 14:45	10	종자 전달식	
	14:45 ~ 14:55	10	기념식수	주요인사
수목원탐방	14:55 ~ 15:30	35	수목원 탐방	

※ 코로나19 상황에 따라 목공, 식물 체험부스 운영 예정

□ 이 벤 트

○ VIP 세리머니

- 개막선언 터치버튼 : 주제현수막 및 오색연막

- 종자전달식

- 기념식수 : 주요인사 소나무(반송) 기념식수

- 수목원 탐방 : 수목원 주요코스 탐방

○ 民·官·軍 협력 MOU 체결 및 로드체킹(Road-Checking)

- 5월 초 수목원 가꾸기 협력 협약체결 및 개원 로드체킹

붙임1 　율곡수목원 조성사업

□ 개 　요

○ 위　　치 : ○○○ 파평면 율곡리 산5-1번지 일원

○ 규　　모 : 34.15 ha(시설부지 10.71, 원형보존지 23.44)

○ 사업기간 : 2008~2021(12년간)

○ 사 업 비 : 00,000백만 원(국0,000 / 도000 / 시0,000 / 특교000)

　※ 율곡대대 군부대 지원비 : 000백만 원(군부대 도로포장 등)

○ 추진사항

- 수목원 조성 신규사업 타당성 검토('08.6)

- 기본계획수립 용역착수('09.2)

- 조성공사 착공('12.6) / 준공('20.10) ^{총 10회 공사추진}

- 방문자센터 조성공사 착공('20.8) / 준공('21.5)

□ 특 　징

○ 꽃, 나무, 바위, 바람, 숲이 어우러져 연주하는 '숨겨진 대자연의 교향악'

○ 사계절 내내 자수를 놓은 듯 아름다운 꽃이 있는 '사계정원'과 '자수화단'

○ 뜻이 통하는 친구 만나 자연에서 평온히 쉴 수 있는 '율곡정원'과 '지우정'

○ 허브향과 방향식물로 마음을 치유할 수 있는 '작은 유리온실의 마음 치유소'

○ 소나무 숲길 따라 솔향 맡으며 흐드러지게 핀 구절초 꽃밭에서 삶의 무게를 내려놓는 '구절초 치유의 숲'과 '사임당 숲'

○ 율곡 이이 선현의 발자취를 따라 걷는 '구도장원 길'과 장원급제의 스토리텔링이 있는 '구도장원 종'

○ 고향의 뒷동산 같은 둘레길 따라 도달한 전망대에서 유유히 흐르는 임진강을 조망하고 대자연의 풍광을 한눈에 품는 '율곡전망대'

Ⅱ. 기획 보도자료

보도일시			2023.4. 배포 즉시			
사진	○	자료	×	매수	2	전문위원	○○○(031-940-0000)
담당부서		홍보담당관(언론팀)			담당자	김태욱(031-940-4077)

'구절초 치유의 숲' 품은 율곡수목원으로 오세요
- 가족, 친구, 연인과 함께하는 수목원 '힐링캠프'

'산기슭에 피어도 이리 순결할까요.
그리움이 물들어 저리도 애틋한 향기를 품었을까요'

김도연 작가 〈구절초〉 시 일부다. 애틋한 향기를 품었다는 내용처럼 구절초는 가을의 꽃내음을 간직하고 있다. '가을의 여인'이라는 구절초 꽃말처럼 9월과 10월, 가을을 수놓는 대표적인 들국화다. 구름 위를 걷는 듯 방문객들의 마음을 어지럽힌다. 소나무 숲길 따라 솔향을 맡으며 흐드러지게 핀 구절초 꽃밭에서 삶의 무게를 내려놓는 것은 어떨까. 사계절 내내 자수를 놓은 듯 아름다운 꽃들이 낭자한 '사계정원'부터 허브향과 방향식물로 마음을 치유할 수 있는 '작은 유리온실 마음치유소'까지 율곡수목원 곳곳은 치유의 숲이다.

■ 민관군 한뜻으로 수목원 조성...'구절초 치유의 숲' 프로그램 마련

율곡수목원 입구를 지나 소나무가 우거진 '침엽수림'에 오르면 구절초 '치유의 숲'이 자리 잡고 있다. 고즈넉하게 펼쳐진 구절초 너머로 울창하고 그윽한 산림과 임진강이 보이는 정경이 펼쳐져 있는 것이다. 율곡수목원을 대표하는 꽃답게 곳곳에 피어난 구절초를 보며 몸도 마음도 가벼워지고 이용객들의 편의에 맞게 배치된 평상에서 한가로이 산림욕도 즐길 수 있다. 가을이 되면 그 길을 걷는 것만으로도 은은한 구절초 향기가 마음을 치유해준다. 지난 2008년 율곡수목원 조성 계획 이후 14년 동안 ○○○와 시민, 군인들이 한뜻으로 가꾸며 지난해 율곡수목원이 정식 개방됐다. 군에서도 수목원 개장에 동의해 토지 사용에 협조해 주면서 율곡수목원이 개장될 수 있었다. 현재 수목원 내에만 21개의 주제원에 1천300여 종의 식물들이 뿌리를 내리고 있다. 아울러 시민들이 15종 70그루의 나무를 기증하는 등 시민들의 자발적 참여도 이어지고 있다. 민관군의 구슬땀이 모여 결실을 맺은 것이다.

Ⅲ 기획보도 작성 Tip

① 딱딱한 장소 기사에 주인공을 설정하며 몰입도를 높인다

⇒ '구절초 치유의 숲' 품은 율곡수목원으로 오세요

⇒ '가을의 여인'이라는 구절초 꽃말처럼 9월과 10월, 가을을 수놓는 대표적인 들국화다

⇒ 구름 위를 걷는 듯 방문객들의 마음을 어지럽힌다. 소나무 숲길 따라 솔향을 맡으며 흐드러지게 핀 구절초 꽃밭에서 삶의 무게를 내려놓는 것은 어떨까

⇒ 고즈넉하게 펼쳐진 구절초 너머로 울창하고 그윽한 산림과 임진강이 보이는 정경이 펼쳐져 있는 것이다

⇒ 가을이 되면 그 길을 걷는 것만으로도 은은한 구절초 향기가 마음을 치유해준다

전국의 지자체에는 수목원을 비롯해 지역 명소가 하나씩 자리 잡고 있다. 계절별로 혹은 특색 있는 프로그램들이 마련돼 있는데, 주인공을 설정하고 스토리텔링을 하면 기획기사가 쉽게 풀린다. '구절초'를 주인공으로 기사를 쓰면서 관련 시나 문학작품을 도입부에 소개하고 서정적으로 풀어내면 다채로운 사진과 함께 기획기사의 퀄리티가 높아진다. 뻔한 이야기를 뻔하지 않게 풀어내는 것이 능력이자 홍보인의 역량이다.

"스토리는 공감 가는 주인공이 복잡한 상황을 마주해 맞서고 해결하며 발생하는 행동의 연속으로 구성되어 있다. 기사엔 스토리가 있어야 하고, 스토리엔 주인공이 있어야 한다. 주인공이 유명인일 필요는 없지만, 주인공을 찾지 못했다면 스토리를 찾지 못한 것과 같다."
　　　　　　　　　　　　　- 〈Writing for story〉 퓰리처상 수상자 존 프랭클린

율곡수목원만의 치유 프로그램도 한창이다. 수목원 내에 뿌리내리고 있는 식물과 다양한 산림을 활용해 산림치유지도사가 4가지 맞춤형 프로그램을 운영하고 있다. 구체적으로 ▲대한민국 모든 가족들의 따스한 사랑을 응원하는 '가족숲' ▲숲과 교감하며 활력 걷기를 하는 '치유숲' ▲일터와 쉼터에서 오늘도 일하는 엄마들을 위한 '엄마활력숲' ▲6080세대 어르신들의 실버체조와 나무교감으로 구성된 '실버숲'까지 다채로운 프로그램들이 준비됐다. 숲에 있는 다양한 식물들과 교감하면서 삶의 활력을 얻고 정신적으로 힐링하는 것이다. 월별로 다양한 테마도 있으며 3~5월과 11월에는 노르딕 워킹, 6~8월에는 바람과 풍광, 9월~10월에는 구절초가 꾸려진다. ○○시청 홈페이지에서 확인할 수 있다. (문의 : 031-940-4376, 4377)

■ 아홉 차례 장원급제한 율곡 이이 이야기가 담긴 '구도장원길'...전국 명소 '눈길'

하늘은 높고 말이 살찌는 천고마비의 계절이다. 무심한 가을 하늘 사이로 은빛 반짝이는 억새가 무성하고, 억새 한 올 한 올들이 나풀나풀 바람에 나부낀다. 귀를 간지럽히듯 사각사각 소리를 들으며 억새가 무성한 진입로를 지나면 '구도장원길'이 보인다. 율곡 이이의 이야기가 담긴 이곳은 2천700미터 길이로 ▲나도밤나무길 ▲자경문길 ▲격몽요결길 ▲십만양병길 ▲삼현수간길 등 5개 주제로 조성됐다. 13세에 진사시에 합격한 이후 아홉 차례 장원급제에 오른 율곡 이이의 기운을 받으려 전국에서 사람들이 몰리고 있다. 수능시험을 앞두고 곳곳에서 모인 수험생들도 '구도장원길'을 오른다. 율곡이이는 강릉 오죽헌에서 태어났지만, ○○ 율곡리에서 공부하며 금의환향했다. 어린 나이에 장원급제를 한 ○○○의 자랑이다. 현재 ○○ 자운서원에는 율곡 이이와 신사임당의 묘지가 안치돼 있다.

친구들과 우정을 나눈 '지우정'과 성취의 기운이 담긴 '구도장원종'도 눈길을 사로잡는다. 며칠 전 캐나다 시의원을 준비하는 션리 씨는 구도장원길을 올라 당선 기원의 종을 울렸다. '구도장원길'의 둘레길을 따라 도달한 전망대에서 유유히 흐르는 임진강을 조망하고 대자연의 경치를 한눈에 내려다볼 수 있는 율곡 수목원은 전국 명소로도 관심이 쏠린다. ○○○ 시장은 "주말이면 2천 명 넘게 시민들이 찾을 정도로 인기가 많다"며 "율곡수목원을 전국 명소로 우뚝 세우기 위한 프로그램들이 마련돼 있다"고 전했다.

출판단지와 헤이리마을, 임진각과 마장호수 등 ○○○는 곳곳이 관광명소. 그중에서도 율곡수목원이 앞으로 시민들에게 다양한 산림문화와 휴양 관광 서비스를 제공하는 ○○○만의 자랑스러운 산림복합문화공간으로 굳건히 자리 잡기를 기대해 본다.

Ⅲ 기획보도 작성 Tip

② 〈구절초〉와 〈율곡 이이〉 주인공으로 다채로워진 수목원

⇒ 아홉 차례 장원급제한 율곡 이이 이야기가 담긴 '구도장원길'

⇒ 13세에 진사시에 합격한 이후 아홉 차례 장원급제에 오른 율곡 이이의 기운을 받으려 전국에서 사람들이 몰리고 있다

⇒ 율곡이이는 강릉 오죽헌에서 태어났지만, ○○ 율곡리에서 공부하며 금의환향했다

⇒ 며칠 전 캐나다 시의원을 준비하는 션리 씨는 구도장원길을 올라 당선 기원의 종을 울렸다

주인공은 스토리를 더 실감나게 해준다. 사실관계와 지역 명소와 같은 것들이 지역주민들의 삶 속에 더욱 가까이 다가가게 한다. 거꾸로 말하면, 의미 있는 숫자나 설득력 있는 문구를 제시하더라도 주제를 관통하는 주인공이 없다면 기사는 딱딱한 백과사전이나 공허한 훈계에 불과한 것처럼 느껴질 수도 있다.

"도시재생, 경제발전, 사회적기업가 정신은 정책 기사에 있어서 훌륭한 주제다. 내게 있어서 어려움은 인물들을 찾고 큰 내러티브를 추상적이지 않고 개인적으로 만드는 일이다. 무슨 일이 벌어지는지를 보여줄 사람들을 찾아야 했고 독자들은 그들에게 공감할 수 있어야 했다."
― 〈패스트컴퍼니〉 기자 척 솔터 '디트로이트 도시재생'을 쓰면서...

⇒ 전국 지자체에는 도시재생과, 문화예술과, 공원녹지과, 농업정책과 등의 부서가 있다. 이곳에서 시청 행사나 장소, 사업 계획을 기획기사로 풀어낼 때 주인공을 설정한다면, 설득력 있는 방법이 될 수 있다. 〈○○에 거주하는 50대 ○○ 씨가 바라본 도시재생〉 등의 내러티브다. 공무원의 언어인 행정을 시민의 언어, 국민의 언어로 돌려주는 작업이 홍보라 생각한다.

이번 주말은 내 마음 치유하는 숲으로

율곡수목원 '치유의 숲'
아름다운 꽃 가득 '사계정원'
마음 치유하는 '작은 유리온실'

"산기슭에 피어나 이리 순결할까요.
그리움이 물들어 저리도 애틋한 향기를 품었을까요"
김도연 작가 '구절초' 시 일부다.
애틋한 향기를 품었다는 내용처럼 구절초는 가을의 꽃내음을 간직하고 있다. 가을의 여안이라는 구절초 꽃밭처럼 9월과 10월, 가을을 수놓는 대표적인 들국화다. 구름 위를 걷는 듯 방문객들의 마음을 어지럽힌다. 소나무 숲길 따라 솔향을 맡으며 흐드러지게 핀 구절초 꽃밭에서 삶의 무게를 내려놓는 것은 어떨까. 사계절 내내 자수를 놓은 듯 아름다운 꽃들이 남자란 '사계정원'부터 허브향과 방향식물로 마음을 치유할 수 있는 '작은 유리온실 마음 치유소'까지 율곡수목원 곳곳은 치유의 숲이다.

◇민관군 한뜻 수목원 조성… '구절초 치유의숲' 프로그램 마련

율곡수목원 입구를 지나 소나무가 우거진 '침엽수림'에 오르면 구절초 '치유의 숲'이 자리잡고 있다. 고즈넉하게 펼쳐진 구절초 너머로 울창하고 그윽한 산림과 임진강이 보이는 정경이 펼쳐져 있는 것이다. 율곡수목원을 대표하는 꽃길게 곳곳에 피어난 꽃길을 보며 몸도 마음도 가벼워지고 이용객들의 편의에 맞게 배치된 평상에서 한가로이 산림욕도 즐길 수 있다. 가을이 되면 그 길을 걷는 것만으로도 은은한 구절초 향기가 마음을 치유해준다.

지난 2008년 율곡수목원 조성 계획 이후 14년 동안 파주시와 시민·군인들이 한뜻으로 가꾸며 지난해 율곡수목원이 정식 개방했다. 군에서도 수목원 개장에 동의해 토지 사용에 협조해주면 율곡수목원이 개장할 수 있었다. 현재 수목원 내에만 21개의 주제원에 1300여 종의 식물들이 뿌리내리고 있다. 아울러 시민들이 15종 70그루의 나무를 기증하는 등 시민들의 자발적 참여도 이어지고 있다. 민관군의 구슬땀이 모여 결실을 맺은 것이다.

율곡수목원만의 치유 프로그램도 한창이다. 수목원 내에 뿌리내리고 있는 식물과 다양한 산림을 활용해 산림치유지도사가 4가지 맞춤형 프로그램을 운영하고 있다. 구체적으로 △대한민국 모든 가족들의 따스한 사랑을 응원하는 '가족숲' △숲과 교감하며 활력 걷기를 하는 '치유숲' △일터와 쉼터에서 오늘도 일하는 엄마들을 위한 '엄마활력숲' △6080세대 어르신들의 실버체조와 나무교감으로 구성된 '실버숲'까지 다채로운 프로그램들이 준비됐다. 숲에 있는 다양한 식물들과 교감하면서 삶의 활력을 얻고 정신적으로 힐링하는 것이다. 월별로 다양한 테마도 있으며 3~5월과 11월에는 노르딕 워킹, 6~8월에는 바람과 풍광, 9~10월에는 구절초가 꾸려진다. 파주시청 홈페이지에서 확인할 수 있다.

◇아홉 차례 장원급제한 율곡 이야기가 담긴 '구도장원길'… 전국 명소 '눈길'

하늘은 높고 말이 살찌는 천고마비의 계절이다. 무심한 가을 하늘 사이로 은빛 반짝이는 억새가 무성하고, 억새한 올 한 올들이 나풀나풀 바람에 나부낀다. 귀를 간지럽히듯 사각사각 소리를 들으며 억새가 무성한 진입로를 지나면 '구도장원길'이 보인다. 율곡 아이의 이야기가 담긴 이곳은 2700m 길이로 △나도밤나무길 △자경문길 △격몽요결길 △심만양양길 △삼현수간길 등 5개 주제로 조성됐다. 13세에 진사시에 합격한 아홉 차례 장원급제에 오른 율곡 이이의 기운을 받으며 전국에서 사람들이 몰리고 있다. 수능시험을 앞두고 곳곳에서 모인 수험생들이 '구도장원길'을 오른다.

율곡이이는 강릉 오죽헌에서 태어났지만 파주 율곡리에서 공부하며 금의 환향했다. 어린 나이에 장원급제를 한 파주시의 자랑이다. 현재 파주 자운서원에는 율곡 이이와 신사임당의 묘가 안치돼 있다.

친구들과 우정을 나눈 '지우정'과 성

취의 기운이 담긴 '구도장원종'도 눈길을 사로잡는다. 며칠전 캐나다 시의원을 준비하는 셀러 씨는 구도장원길을 올라 당선 기원의 종을 울렸다. 구도장원길의 둘레길을 따라 도달한 전망대에서 유유히 흐르는 임진강을 조망하고 대자연의 경치를 한눈에 내려다 볼 수 있는 율곡 수목원은 전국 명소로도 관심이 쏠린다.

김경일 시장은 "주말이면 2000명 넘게 시민들이 찾을 정도로 인기가 많다"며 "율곡수목원을 전국 명소로 우뚝 세우기 위한 프로그램이 마련돼 있다"고 전했다.

출판단지와 헤이리마을, 임진각과 마장호수 등 파주시는 곳곳이 관광명소다. 그중에서도 율곡수목원을 명소로 시민들에게 다양한 산림문화와 휴양 관광 서비스를 제공하는 파주시만의 자랑스러운 산림복합문화공간으로 굳건히 자리 잡기를 기대해 본다.

성기홍 기자

율곡수목원 억새길.

지우정.

구도장원종.

구절초 치유의 숲.   억새길.

'구절초 치유의 숲' 품은   율곡수목원으로 오세요

■ 친구, 연인과 함께하는 '힐링명소'

산기슭에 피어나 이리 순결할까요.
그리움이 물들어 저리도 애틋한 향기를 품었을까요
김도연 작가 '구절초' 시 일부다.

애틋한 향기를 품었다는 내용처럼
구절초는 가을의 꽃내음을 간직하고 있다.
'가을의 여안이라는 구절초 꽃밭처럼
9월과 10월, 가을을 수놓는
대표적인 들국화다. 구름 위를 걷는 듯
방문객들의 마음을 어지럽힌다. 소나무 숲길 따라
솔향을 맡으며 흐드러지게 핀
구절초 꽃밭에서 삶의 무게를
내려놓는 것은 어떨까. 사계절 내내 자수를 놓은
듯 아름다운 꽃들이 남자란 '사계정원'부터
허브향과 방향식물로 마음을 치유소'까지
'작은 유리온실 마음 치유소'까지
율곡수목원 곳곳은
치유의 숲이다.

글 박광수 기자 / 사진 파주시 제공

민관군 한뜻 수목원 조성… '구절초 치유의 숲' 프로그램 마련

율곡수목원 입구를 지나 소나무가 우거진 '침엽수림'에 오르면 구절초 '치유의 숲'이 자리잡고 있다. 고즈넉하게 펼쳐진 구절초 너머로 울창한 산림과 임진강이 내려다 보이는 전경이 펼쳐진다. 율곡수목원을 대표하는 꽃길게 곳곳에 피어나 구절초들을 보며 몸도 마음도 가벼워지고 이용객들의 편의에 맞게 배치된 평상에서 한가로이 산림욕도 즐길 수 있다.

가을이 되면 그 길을 걷는 것만으로도 은은한 구절초 향기가 마음을 치유해준다. 지난 2008년 율곡수목원 조성 계획 이후 14년 동안 파주시와 시민, 군인들과 한뜻으로 가꾸며 지난해 율곡수목원이 정식 개방했다. 군에서도 수목원 개장에 동의해 토지 사용 등이 원조로 율곡수목원이 개장할 수 있었다.

현재 수목원 내에만 21개의 주제원에 1300여 종이 식물들이 뿌리를 내리고 있다. 아울러 시민들이 15종 70그루의 나무를 기증하는 등 시민들의 자발적 참여도 이어지고 있다. 민관군의 구슬땀이 모여 결실을 맺은 것이다.

율곡수목원만의 치유 프로그램도 한창이다. 수목원 내에 뿌리내리고 있는 식물과 다양한 산림을 활용한 산림치유지도사가 4가지 맞춤형 프로그램을 운영하고 있다. △대한민국 모든 가족들의 따스한 사랑을 응원하는 '가족숲' △숲과 교감하며 활력 걷기를 하는 '치유숲' △일터와 쉼터에서 오늘도 일하는 엄마들을 위한 '엄마활력숲' △6080세대 어르신들의 실버체조와 나무교감으로 구성된 '실버숲' 까지 다채로운 프로그램이 준비됐다.

숲에 있는 다양한 식물들과 교감하면서 삶의 활력을 얻고 정신적 힐링 장소로 관광을 즐기려고 싶은 월별로 다양한 테마도 있으며 3~5월과 11월에는 노르딕 워킹, 6~8월에는 바람과 풍광, 9~10월에는 구절초가 꾸려진다. 파주시청 홈페이지에서 확인할 수 있다. (문의: 031-940-4286, 4377)

구도장원종.

아홉 차례 장원급제한 율곡 이이 이야기가 담긴 '구도장원길'

하늘은 높고 말이 살찌는 천고마비의 계절이다. 무심한 가을 하늘 사이로 은빛 반짝이는 억새가 무성하고, 억새 한 올 한 올들이 나풀나풀 바람에 나부낀다. 귀를 간지럽히듯 사각사각 소리를 들으며 억새가 무성한 진입로를 지나면 '구도장원길'이 보인다. 율곡 아이의 이야기가 담긴 이곳은 2천700m의 길이로 △나도밤나무길 △자경문길 △격몽요결길 △심만양양길 △삼현수간길 등 5개 주제로 조성됐다. 13세에 진사시에 합격한 아홉 차례 장원급제에 오른 율곡 이이의 기운을 받으며 전국에서 사람들이 몰리고 있다. 수능시험을 앞두고 곳곳에서 모인 수험생들이 '구도장원길'을 오른다. 율곡이이는 강릉 오죽헌에서 태어났지만, 파주 율곡리에서 공부하며 금의환향했다. 어린 나이에 장원급제를 한 파주시의 자랑이다. 현재 파주 자운서원에는 율곡 이이와 신사임당의 묘가 안치돼 있다. 친구들과 우정을 나눈 '지우정'과 성취의 기운이 담긴 '구도장원종'도 눈길을 사로잡는다. 며칠전 캐나다 시의원을 준비하는 셀러 씨는 구도장원길을 올라 당선 기원의 종을 울렸다. 구도장원길의 둘레길을 따라 도달한 전망대에서 유유히 흐르는 임진강을 조망하고 대자연의 경치를 한눈에 내려다볼 수 있는 율곡 수목원은 전국 명소로도 관심이 쏠린다. 김경일 시장은 "주말이면 2000명 넘게 시민들이 찾을 정도로 인기가 많다"며 "율곡수목원을 전국 명소로 우뚝 세우기 위한 프로그램이 마련돼 있다"고 전했다. 출판단지와 헤이리마을, 임진각과 마장호수 등 파주시는 곳곳이 관광명소다. 그중에서도 율곡수목원을 명소로 시민들에게 다양한 산림문화와 휴양 관광 서비스를 제공하는 파주시만의 자랑스러운 산림복합문화공간으로 굳건히 자리 잡기를 기대해 본다.

구도장원길.

율곡수목원에서 내려다 보이는 임진강 전경.

지우정.

I. 부서참고용 기획안 (5월)

[기획] '문화·역사 클러스터', ○○○ 미래다

- "국립민속박물관·국립한글박물관, ○○관 유치에 총력"

■ 최대규모 박물관 클러스터…'12시간 체류형 관광지' 비전
■ 헤이리 예술마을과 통일동산 아우르며 '문화도시' 앞장선다

- 경기북부 최초의 국립박물관인 '국립민속박물관 개방형 수장고'가 있는 ○○○는 이를 확대한 '국립민속박물관 ○○관'을 유치해 전국 지방자치단체에서 처음으로 '문화·역사 클러스터'를 구상하고 있다.
- 문화체육관광부와 문화재청을 비롯한 정부 부처들은 ○○○ 탄현면 일대에 무대공연예술 종합아트센터와 국립한글박물관 개방형 수장센터 등 대규모 사업을 진행하고 있다. 공연장과 관람장, 전시장을 포함해 21만㎡로 축구장 30개 정도의 국내 최대 규모다.
- 전통건축부재 보존센터와 국립민속박물관 개방형 수장고는 일찌감치 보금자리를 마련했는데, 두 곳은 사업비만 680억 원이 투입된 대규모 국책사업이었다. 현재 진행 중인 무대공연예술 종합아트센터와 국립한글박물관 개방형 수장센터의 사업비만 1,100억 원이 넘게 투입됐다.
- 국립민속박물관 수장고 주변에는 헤이리 예술마을이 펼쳐져 있는데, 이곳은 명실상부한 대한민국 대표 문화·예술 공간이다. 헤이리 예술마을은 우리나라에서 처음으로 선보인 국내 최대 예술특화마을로 박물관과 미술관, 갤러리와 작가 공방 등이 50만㎡에 모여 있다.

■ 기획안 작성 Tip

⇒ 문화와 역사박물관 클러스터는 모든 지자체에서 관심이 많다. 축구장 30개 크기의 국내 최대 규모, '12시간 체류형 관광지' 등 숫자로 박물관 특색을 부각시킨다. 언론은 구체적인 수치를 좋아한다.

국립민속박물관 ○○

□ 건립 개요

국립민속박물관 ○○ 개방형수장고 및 민속정보센터	건립 개요	
사업기간	2018 ~ 2020(3년)	
총사업비	427억 원	
사업위치 (면적)	경기도 ○○○ 탄현면 법흥리1631-3(60,212.7㎡)	
시설규모	건립규모 : 10,268.29㎡ 수장전시영역(6,234.75㎡), 교육 및 사무영역(330.54㎡), 편의 및 유지관리 영역(3,703㎡)	

□ 현황

○ 일반현황
- 조직·인력: 총 73명(공무원 23명, 공무직 50명)
- '22년 예산: 0,000백만 원

○ 시설현황
- 수장시설: 개방형수장고 10개소[열린 수장고(7), 보이는 수장고(3)]
- 이용시설: 민속아카이브센터, 아카이브 및 유물 열람실, 교육실 어린이체험실, 열린 보존과학실, 영상실 등

□ 경과

○ ('14년) 개방형수장고 및 정보센터 건립 기본계획 수립
○ ('16년) ○○ 수장고 건립 예산 수시배정(00억 원) 및 전용 승인, 설계공모
○ ('18년~'20년) 건립 공사, 준공('20.7월)
○ ('21년) 개관(7.23.) *유물 이전, 시범운영(5.4.~7.9.)
○ ('22년) 개관 1주년 기념행사 개최

Ⅱ. 기획 보도자료

보도일시	2023.5. 배포 즉시				
사진	○	자료	×	매수	2	전문위원	○○○(031-940-0000)
담당부서	소통홍보관(언론팀)			담당자	김태욱(031-940-4077)

[기획] '문화 · 역사 클러스터', ○○○ 미래다
– "국립민속박물관 · 국립한글박물관, ○○관 유치에 총력"

'시민 중심 더 큰 문화도시' 만든다.

○○○ 시장만의 ○○○ 문화 청사진이다. 경기북부 최초의 국립박물관인 '국립민속박물관 개방형 수장고'가 있는 ○○○는 이를 확대한 '국립민속박물관 ○○관'을 유치해 전국 지방자치단체에서 처음으로 '문화·역사 클러스터'를 구상하고 있다. ○○○ 시장은 역사박물관과 한글박물관을 한곳에 담아 시민과 시민, 문화와 역사를 잇겠다는 의지다. 시민과 경제를 중심으로 하는 양 날개도 구체적으로 펼치고 있다. 시민의 일상을 채우는 문화와 지역경제 발전을 이루는 문화도시다. 운정호수공원 불꽃축제를 비롯한 '시민을 위한 문화'에는 버스킹과 문화살롱이 담기며, 다채로운 프로그램들로 꾸려졌다. 기존문화 사업에서 규모를 확대한다. '경제를 위한 문화'에도 잰걸음에 나섰다.

■ 최대규모 박물관 클러스터...'12시간 체류형 관광지' 비전

○○○에 대규모 박물관 클러스터를 조성하기 위한 노력들이 곳곳에서 이어지고 있다. 문화체육관광부와 문화재청을 비롯한 정부 부처들은 ○○○ 탄현면 일대에 무대공연예술 종합아트센터와 국립한글박물관 개방형 수장센터 등 대규모 사업을 진행하고 있다. 공연장과 관람장, 전시장을 포함해 21만㎡로 축구장 30개 정도의 국내 최대 규모다. 공사도 계획대로 발 빠르게 추진되고 있다. 지난 2012년 이후 첫 삽을 뜨던 전통건축부재 보존센터와 국립민속박물관 개방형 수장고는 일찌감치 보금자리를 마련했다. 두 곳은 사업비만 680억 원이 투입된 대규모 국책사업이었다. 현재 진행 중인 무대공연예술 종합아트센터와 국립한글박물관 개방형 수장센터의 사업비만 1,100억 원이 넘게 투입됐다. 이로써 ○○○가 문화도시로 우뚝 서는 청사진들이 점차 밑그림을 채워나가고 있다. 개방형 수장고가 꾸려진 ○○에 지금까지 8만 명이 넘는 시민들이 찾았다.

Ⅲ 기획보도 작성 Tip

① 문화 · 관광 · 축제는 〈도시 랜드마크〉를 위한 삼각편대

⇒ 경기북부 최초의 국립박물관인 '국립민속박물관 개방형 수장고'가 있는 ○○○는 이를 확대한 '국립민속박물관 ○○관'을 유치해 전국 지방자치단체에서 처음으로 '문화·역사 클러스터'를 구상하고 있다

⇒ '12시간 체류형 관광지' 비전

⇒ 공연장과 관람장, 전시장을 포함해 21만㎡로 축구장 30개의 국내 최대 규모다

⇒ 지난 2012년 이후 첫 삽을 뜨던 전통건축부재 보존센터와 국립민속박물관 개방형 수장고는 일찌감치 보금자리를 마련했다

○○○ 문화.역사 클러스터의 뿌리는 에든버러 인터내셔널 페스티벌이다. 이 축제는 스코틀랜드의 수도 에든버러에서 3주 동안 열리는 공연예술 축제로 전 세계 각지에서 관광객들이 몰린다. 2차 세계대전 이후 황폐해진 시민들의 마음을 위로하고자 기획된 축제는 음악과 오페라라는 문화와 축제가 결합하면서 전 세계 관광객들의 발길이 이어지고 있다. 자연스럽게 도시의 랜드마크가 됐다. 1947년부터 역사와 전통, 경험을 유지하며 축제 수익으로 3천억 원이 넘는다는 조사가 나왔다. 황금알을 낳는 거위로 문화의 힘은 강력했다.

"다양한 홍보방법의 하나는 단행본 책자를 발행하는 일이다. 홍보의 대상이 제한적이고, 다양한 각도에서 깊이 있는 내용을 전달하고자 할 때는 책자를 발행하는 것이 효과적이다. 단기간에 이루어지는 행사나 특정 지역안내 등을 목적으로 할 때는 팸플릿을 제작해 집중적으로 배포하고, 공연이나 전시, 행사 등을 안내하는 방법으로 포스터도 잘 활용되고 있다. 특정인을 대상으로 집중적인 설득을 필요로 할 때는 주민설명회, 특정 사안에 대한 논리 개발이나 여론 형성을 할 때는 토론회가 적합하다."
– 〈홍보야 울지 마라〉 김도운 지음 리더북스

'박물관 클러스터'는 헤이리 예술마을과 출판단지, CJ ENM 방송영상 '콘텐츠 스튜디오'와 더불어 문화자원을 연계한 '12시간 체류형 관광지'로 비전을 담고 있다. ○○○ 시장이 국립민속박물관 ○○관 유치에 총력을 다하는 이유다. 계획대로 ○○관이 둥지를 틀면, ○○○는 국립 문화시설과 18개 사립박물관 등 문화인프라를 기반으로 문화·역사 클러스터를 확장하게 된다. 경복궁 복원사업으로 국립민속박물관 지방 이전이 계획됨에 따라 국립민속박물관 ○○관 유치는 수도권 시민이 민속문화 장소가 될 것으로 기대된다. ○○○ 시장은 앞서 국회에서 지역구 의원과 예산결산 특위 위원장 등을 만나며 ○○관 유치 필요성을 전달했다. 이에 더해 오는 15일까지 온·오프라인으로 진행되는 '국립민속 박물관 ○○관 유치 서명운동'에 10만 명이 넘는 시민들의 뜨거운 참여가 이어지고 있다. 뿐만 아니라 ○○○는 지난 13일 국립한글박물관과 업무협약(MOU)를 체결했다. 이번 협약은 지역문화 활성화를 위해 마련된 자리로 ▲한글문화 가치 확산을 위한 노력 ▲지속가능한 사업 발굴 ▲문화자원 활용·교류 등이 담겼다.

■ 헤이리 예술마을과 통일동산 아우르며 '문화도시' 앞장선다

박물관들이 차례로 들어서면, ○○○만의 랜드마크가 완성된다. 덧셈과 상생의 문화공동체. 국립민속박물관 수장고 주변에는 헤이리 예술마을이 펼쳐져 있는데, 이곳은 명실상부한 대한민국 대표 문화·예술 공간이다. 헤이리 예술마을은 우리나라에서 처음으로 선보인 국내 최대 예술특화마을로 박물관과 미술관, 갤러리와 작가 공방 등이 50만㎡에 모여 있다. 이국적인 분위기로 남녀노소 취향을 사로잡으며 관광객도 끊이지 않고 있다. 지난해에는 문화체육관광부와 한국관광공사가 공동으로 선정한 '한국관광 100선'에 이름을 올렸다. 뿐만 아니라 '헤이리 판 페스티벌'은 ○○○ 문화예술분야 최초로 경기관광축제로 선정되는 쾌거도 달성했다. ○○○는 여기서 확보한 7천만 원의 예산을 더해 '헤이리 판 페스티벌'을 다채롭게 확대 운영할 계획이다. 동서화합과 남북교류 협력을 목적으로 꾸려진 통일동산도 상징성이 크다. ○○○ 시장은 "○○○ 곳곳이 문화유산이다"라며 "헤이리 예술마을과 통일동산을 아우르며 ○○○가 문화도시로 앞장서겠다"고 강조했다. ○○○만의 시민 행복과 경제발전을 위한 문화정책을 약속했다.

문화도시 ○○로의 도약. 50만 대도시를 넘어 100만 자족도시로 나아가는 ○○○ 지름길이다. 새해 현장 행사로 ○○○ 시장이 국립민속박물관 수장고를 찾은 이유다. 대한민국 대표 문화도시를 꿈꾸는 ○○○는 이밖에도 ▲율곡문화제 ▲포크페스티벌 ▲북소리축제 ▲헤이리 예술축제 등도 준비하고 있다. ○○○의 핵심 시정전략인 문화도시가 ○○○ 표 '문화·역사 클러스터'로 활짝 피어나기를 기대해 본다.

Ⅲ 기획보도 작성 Tip

② 디테일이 생동감을 살린다 (feat. 악마는 디테일에 있다)

⇒ '박물관 클러스터'는 헤이리 예술마을과 출판단지, CJ ENM 방송영상 '콘텐츠 스튜디오'와 더불어 문화자원을 연계한 '12시간 체류형 관광지'로 비전을 담고 있다

⇒ ○○○는 국립 문화시설과 18개 사립박물관 등 문화인프라를 기반으로 문화·역사 클러스터를 확장하게 된다

⇒ 온·오프라인으로 진행되는 '국립민속 박물관 ○○관 유치 서명운동'에 10만 명이 넘는 시민들의 뜨거운 참여가 이어지고 있다

박물관 클러스터와 '12시간 체류형 관광'은 다소 뜬구름을 잡는 이야기로 느낄 수 있다. 이를 구체화하기 위해 지자체의 주요 문화지역인 헤이리 예술마을과 출판단지, CJ ENM 등 구체적인 지역 장소를 거론했다. 여기에 앞서 언급한 국립민속박물관과 국립한글박물관 등 18개 문화 인프라도 추가했다. 시민서명운동은 관주도의 정책이 아닌 시민 중심, 국민 참여의 소통으로 중요하며 통계자료와 함께 디테일한 생동감을 살리는 장치로 필수적이다.

〈구체적인 문장은 '구체적인 단어'에서 나온다〉
감각적인 이해를 얻기 위해서는 구체적인 단어를 찾아야 한다. '사람들'과 '선출된 사람들'이 있다면 후자를 선택하고, '선출된 사람들'과 '여의도 국회의원'이 있다면 후자의 단어를 선택하는 것이 생동감을 살리는 방법이다.

"우리는 다른 사람은 결코 질문할 것으로 생각하지 않는 이상한 질문들을 하는데, 그 대다수들이 스토리의 흐름, 감각적인 질감, 물리적인 분위기를 조성하는 데 필요하다는 것을 알기 때문이다. 미국에서 빈곤율이 가장 높은 지역을 다룰 때도 그랬다. ○○ 가족의 삶을 가까이에서 관찰하면서 체다치즈맛 포테이토칩과 그래놀라바 등 아이들이 먹는 음식과 월간 439달러의 푸드 스탬프 혜택으로 끼니당 약 1.5달러를 쓸 수 있는 음식 예산 등이 그렇다."
– 〈워싱턴포스트 매거진〉 기자 해링톤

...표 '문화·역사 클러스터', ...미래다

국립민속박물관·국립한글박물관, ○관 유치에 '총력'

'시민중심 더 큰 문화도시' 만든다.

김경일 시장만의 파주시 문화 청사진이다. 경기북부 최초의 국립박물관인 '국립민속박물관 개방형 수장고'가 있는 파주시는 이를 확대한 '국립민속박물관 파주관'을 유치해 전국 지방자치단체에서 처음으로 '문화·역사 클러스터'를 구상하고 있다. 김경일 시장은 역사박물관과 한글박물관을 한곳에 담아 시민과 시민, 문화와 역사를 잇겠다는 의지다. 시민과 경제를 중심으로 하는 양 날개도 구체적으로 펼치고 있다. 시민의 일상을 채우는 문화와 지역경제 발전을 이루는 문화도시다. 운정호수공원 물놀축제를 비롯한 '시민을 위한 문화'에는 버스킹과 문화살롱이 담기며 다채로운 프로그램들로 꾸려갔다. 기존문화 사업에서 규모를 확대한다. '경제를 위한 문화'에도 잰걸음에 나섰다.

최대 규모 박물관 클러스터… '12시간 체류형 관광지 비전'

파주시에 대규모 박물관 클러스터를 조성하기 위한 노력들이 곳곳에서 이어지고 있다. 문화체육관광부와 문화재청 등이 뒷받침하고 있다.

헤이리 예술마을과 통일동산 아우르며 '문화도시' 입장선다

문화도시 파주로의 도약!

국립한글박물관과 업무협약 체결. (사진=파주시)

○○시 시민·문화·역사 잇는 대한민국 문화도시 구축

전국 지자체 최초 '문화·역사 클러스터' 구상

최대규모 박물관 클러스터… '12시간 체류형 관광지 비전'

국립민속박물관 파주관 유치 서명운동 등 총력

헤이리 예술마을·출판단지·콘텐츠 스튜디오 연계

울곡문화제 등 행사 다채… 12시간 체류형 관광지

헤이리 예술마을과 통일동산 아우르며 '문화도시' 앞장선다

문화도시 파주로의 도약

Ⅰ. 부서참고용 기획안 (5월)

[기획] '연다라 풍년'부터 'DMZ 관광센터'까지...평화 콘텐츠 활짝

- 도시재생과 시민참여로 꽃피운 '평화 도시'로 간다

■ '시민참여'로 조성된 연풍길, 기지촌에 '문화' 더하다
■ DMZ 종합관광센터 설립...'남북이 힘께하는 음악회' 개최

- 안보도시, 접경도시로 기억됐던 ○○○에 최근 새로운 변화의 바람이 불고 있다. 도시 재생 사업과 시민참여를 중심으로 전쟁의 상처를 평화로 승화시켰다. 연다라 풍년부터 DMZ 종합관광센터까지 콘텐츠도 다양하다.
- ○○읍 일대는 6·25 이후 미군이 주둔하던 곳으로 그 주변으로 기지촌이 번화했지만, 미군이 떠나가면서 ○○○와 시민들이 두 팔을 걷어붙였다.
- 2018년부터 사업의 일환으로 EBS연풍길 조성이 추진되고 있다. 큰 틀에서 주민친화 도시재생과 EBS 콘텐츠 도입이 진행 중인데, ▲모임공간 조성 ▲작가체험실 조성 ▲연풍길 꾸미기 등이 있다.
- 뿐만 아니라 ○○○에는 DMZ 종합관광센터가 설립됐는데, 강원도 고성부터 인천 강화까지 DMZ에 걸쳐있는 10개 시군 전체를 아우르면서 ○○○가 평화벨트의 상징으로 우뚝 설 것으로 기대된다.
- 평화를 염원하는 음악회도 ○○○에서 개최됐다. 북한 문화예술공연 전문단체인 ○○○ 임진강예술단은 지난달 '남과 북이 힘께하는 페스티벌 음악회'를 열었다. 음악회는 탈북민과 지역주민을 초청해 남과 북의 문화 공감대를 형성했다.

■ 기획안 작성 Tip

⇒ 의성어와 의태어를 활용해 메시지를 기획할 수 있다.
　'임진강 명물 황복'...25년간 치어 방류 효과 '톡톡' 〈KBS 9시뉴스〉
　김포시 예산 2조 원 시대 '성큼'...본예산 1천 700억 증가

○○○, 연풍 EBS 창작문화거리 조성

과거의 기억을 지우고 연풍마을로 새로운 기억을 입다

〈대표사진〉

'함께 걸어가는 사람人' 연풍 버스정류장

〈타임라인〉

■ 2016.　9. 행정안전부 특수상황지역개발사업 선정
■ 2017. 11. 지방재정 중앙투자사업 심의 통과
■ 2018~19 기반시설 매입, 창작문화거리 기본 및 실시설계, 거점시설 조성 추진
■ 2019. 11. 한국교육방송공사(EBS) 도시재생 업무협약
■ 2020~21 커뮤니티센터, 청소년 문화 공간 등 거점시설, 작가공방 등 EBS연풍길 조성

〈연풍 EBS 창작문화거리 조성〉

① EBS연풍길 활성화

■ 연풍경원, 연풍마루, 연풍다락, 연풍파켓 등 거점시설 활용을 통한 활성화 기반 마련
■ 연풍시장길 가로입면개선, 유휴공간 입면 및 시설 개선
■ 주민역량강화 프로그램 및 교육운영을 통한 지속가능한 마을공동체 기반 조성

② 술이홀로 가로환경개선

■ 지역주민과 소통하여 가로환경정비 계획을 수립하고 이를 바탕으로 2단계 술이홀로 가로환경개선 추진

Ⅱ. 기획 보도자료

보도일시	2023.5. 배포 즉시				
사진	○	자료	×	매수	2
전문위원	○○○(031-940-0000)				
담당부서	소통홍보관(언론팀)	담당자	김태욱(031-940-4077)		

[기획] '연다라 풍년'부터 'DMZ 관광센터'까지…
평화 콘텐츠 활짝
- 도시재생과 시민참여로 꽃피운 '평화 도시'로 간다

한때 ○○○는 소외된 군사도시였다. 전쟁의 아픔을 기억이라도 하듯 북한과 마주한 곳곳의 철조망이 이를 보여주고 있다. 안보도시, 접경도시로 기억됐던 ○○○에 최근 새로운 변화의 바람이 불고 있다. 도시 재생 사업과 시민참여를 중심으로 전쟁의 상처를 평화로 승화시켰다. 연다라 풍년부터 DMZ 종합관광센터까지 콘텐츠도 다양했는데, 최근 미군 기지촌에 연풍길을 조성하며 ○○○만의 평화 관광지를 만들었다. 도시재생사업으로 죽어가던 도시에 문화의 길, 평화의 길이 조성된 것이다. 이뿐만이 아니다. 임진각에는 DMZ 종합관광센터를 세우고 생태관광과 안보 관광을 한곳에 담았는데, 가상현실(VR) 여행체험관을 설치해 접근성을 높였는데, 덧셈과 상생의 문화공동체로 거듭나고 있다.

■ '시민참여'로 조성된 연풍길, 기지촌에 '문화' 더하다

○○읍 일대는 6·25 이후 미군이 주둔하던 곳으로 그 주변으로 기지촌이 번화했다. 미군을 위한 음식점이나 술집들이 우후죽순처럼 생겨난 것이다. 우리가 알고 있는 용주골 역시 이런 환경에서 자리 잡았다. 문제는 미군이 떠나간 이후였다. 1980년대 미군은 떠나갔지만, 기지촌은 갈 곳을 잃었다. 생기를 잃은 도시에서 남은 사람들마저 다른 지역으로 옮겨가면서 기지촌이 방치된 것이다. 지역은 쇠락했고 주민들은 의욕을 잃었다. 소외된 지역에 변화가 시급해 보였다.

○○○와 지역 주민들이 두 팔을 걷어붙였다. 죽어가던 도시에 활력을 불어넣기 위한 사업으로 '창조문화밸리 프로젝트'에 주민들이 심혈을 기울였고 그 결과 행정안전부 개발사업에 선정되는 쾌거를 달성했다. 지난 2018년부터 사업의 일환으로 EBS연풍길 조성이 추진되고 있다. 큰 틀에서 주민친화 도시재생과 EBS 콘텐츠 도입이 진행 중인데, ▲모임공간 조성 ▲작가 체험실 조성 ▲연풍길 꾸미기 등이 있다.

지난해 연풍경원, 연풍마루, 연풍다락 등 EBS연풍길의 주요 거점시설 조성을 완료했으며, 지역브랜드(연풍) 개발과 통합주민조직(연풍다움)을 발족해 활성화 기반도 마련했다. 지난달 30일에는 연풍길에서 '연다라 풍년' 주민행사도 개최했다. 이 자리에 참석한 ○○○ 시장은 "주민들이 주도하는 행사인 만큼 다양한 시도와 볼거리를 제공해 달라"고 주문했다. 연다라풍년 행사는 매월 셋째 주 토요일에 열리는 정기 행사로 연풍리 주민협의체 등 주민들이 참여하는데, ○○○는 지역발전을 위해 앞으로도 시민 참여를 늘리겠다는 의지를 전했다.

■ DMZ 종합관광센터 설립…'남북이 함께하는 음악회' 개최

한편, 지난 8일 임진각 관광지에서 DMZ 한반도 생태평화 종합관광센터가 새단장을 마치고, 개관식을 개최했다. DMZ 관광센터를 통해 DMZ 지역의 역사와 생태적 가치를 즐기고 체험하는 장소가 마련된 것이다. 강원도 고성부터 인천 강화까지 DMZ에 걸쳐있는 10개 시군 전체를 아우르면서 ○○○가 평화벨트의 상징으로 우뚝 설 것으로 기대된다. 사업규모와 예산만 봐도 그렇다. 총 사업비만 140억 원이 넘게 투입됐고 건축물 연면적도 4천 제곱미터에 달했다. 앞서 ○○○는 시민들의 접근성을 높이기 위해 한국관광공사와 공동 업무협약을 맺고 가상현실(VR) 여행체험관을 설치했다. 안보와 생태관광을 동시에 체험할 수 있도록 했다. 가상현실 체험관을 통해 DMZ의 생태관광, 한반도 평화체험, DMZ테마 영상 등을 경험할 수 있다.

평화를 염원하는 음악회도 ○○○에서 개최됐다. 북한 문화예술공연 전문단체인 ○○○ 임진강예술단은 지난달 '남과 북이 함께하는 페스티벌 음악회'를 열었다. 음악회는 탈북민과 지역주민 등 500여 명을 초청해 남과 북의 문화 공감대를 형성하는 자리로 마련됐다. 지난 2014년 창단된 임진강예술단은 ○○○에 거주하는 탈북 예술인을 중심으로 구성됐으며, 재능기부 공연과 장학금 후원 등의 활동을 하며 지역사회 어려운 이웃들을 보듬고 있다.

○○만의 특색사업을 찾기 위한 ○○○의 노력은 현재진행형이다. 금릉역 앞 GP1934(Global Pioneer. 19세~34세) 주변에 '버스킹 문화거리'를 조성하는 사업이 거론되는 가운데, 청년들의 참여를 이끌어 평범한 거리를 열린 문화의 광장으로 변화시키겠다는 ○○○의 강한 의지가 엿보인다. 앞으로 ○○○ 곳곳이 '참여 광장'으로 꽃피우는 날을 기대해 본다.

Ⅲ 기획보도 작성 Tip

□ 구조로 독자를 사로잡는 스토리텔링 [기획기사 뜯어보기]

○ 리드 : 스토리가 활기를 띠게 하는 장면이나 일화를 주고, 주인공을 소개하라. 기사가 무엇에 대한 것이고 왜 그들이 주요 인물인지 알려주는 괜찮은 멘트도 좋다.

- 한때 ○○○는 소외된 군사도시였다. 전쟁의 아픔을 기억이라도 하듯 북한과 마주한 곳곳의 철조망이 이를 보여주고 있다

- 도시 재생 사업과 시민참여를 중심으로 전쟁의 상처를 평화로 승화시켰다

- 생기를 잃은 도시에서 남은 사람들마저 다른 지역으로 옮겨가면서 기지촌이 방치된 것이다. 지역은 쇠락했고 주민들은 의욕을 잃었다

○ 핵심문단 : 기사가 무엇에 대한 것인지, 왜 독자들이 관심을 가져야 하며 왜 시의적절한지 명확하게 묘사하라. 연구, 소송, 뉴스 이벤트, 정책 변화 또는 스토리와 결부되는 다른 중요한 것을 파악하라. ('시민참여'와 '문화'가 키워드다)

- '시민참여'로 조성된 연풍길, 기지촌에 '문화' 더하다

- ○○○와 지역 주민들이 두 팔을 걷어붙였다. 죽어가던 도시에 활력을 불어넣기 위한 사업으로 '창조문화밸리 프로젝트'에 주민들이 심혈을 기울였고 그 결과 행정안전부 개발사업에 선정되는 쾌거를 달성했다

- 지난해 연풍경원, 연풍마루, 연풍다락 등 EBS연풍길의 주요 거점시설 조성을 완료했으며, 지역브랜드(연풍) 개발과 통합주민조직(연풍다음)을 발족해 활성화 기반도 마련했다

○ 한 장면 : 이 장면은 리드에서 지속되는 것 일수 있다. 또는 리드에 등장하는 사람을 다른 장소나 시간에서 이어가거나, 완전히 다른 장소나 사람들을 가져다줄 수도 있다. 사람들이 어떤 흥미로운 장소에서 무언가를 하고 있는 지속적인 장면이어야 한다. ('평화 콘텐츠'로 'DMZ 관광센터'를 제시했다)

- 지난 8일 임진각 관광지에서 DMZ 한반도 생태평화 종합관광센터가 새단장을 마치고, 개관식을 개최했다

- 강원도 고성부터 인천 강화까지 DMZ에 걸쳐있는 10개 시군 전체를 아우르면서 ○○○가 평화벨트의 상징으로 우뚝 설 것으로 기대된다

○ 배경 혹은 또 다른 장면 : 이제는 멀리 떨어져 볼 차례다. 핵심 문단에 언급된 연구들, 소송들, 정책들 또는 다른 뉴스 이벤트들에 대한 정보에 살을 붙이기 위해, 각각에 대한 세부적인 내용들이 필요하다. 혹은 또 다른 장면으로 핵심 문단을 뒷받침하는 행사나 정책들, 통계나 의미 있는 다른 정보들을 제시한다.

- 평화를 염원하는 음악회도 ○○○에서 개최됐다. 북한 문화예술공연 전문단체인 ○○○ 임진강예술단은 지난달 '남과 북이 함께하는 페스티벌 음악회'를 열었다

○ 마지막 문단 : 무엇을 선택하든 마지막 문단은 기사가 끝났다는 것에 대해 만족감을 느끼게 해주고, 주인공들이 여전히 마주한 사건이나 문제에 대한 단서나 앞으로의 희망을 환기하는 내용을 주어야 한다. (문화도시로 환기했다)

- ○○만의 특색사업을 찾기 위한 ○○○의 노력은 현재진행형이다

- 앞으로 ○○○ 곳곳이 '참여 광장'으로 꽃피우는 날을 기대해 본다

〈'기사가 소비되는 플랫폼과 형식'이 기사의 틀을 결정한다〉

인터넷과 모바일, 신문지면과 방송 등 어떤 플랫폼에 기사가 실리는지가 보도자료 형식을 결정한다. 일반적인 보도자료(스트레이트)는 육하원칙이 중요하지만, 방송은 첫 2~3문장의 스케치(임팩트 있는 영상)로 시작하고, 2,500자 상당의 기획기사는 문학적인 스토리텔링도 중요하다. 무조건적인 육하원칙이 정답은 아니라는 뜻이다.

"신문에 실리는 스트레이트 기사가 가장 중요한 정보를 상위에 배치하는 '역피라미드' 형식으로 실렸던 이유는 종이신문이라는 도구의 특성 때문이었다. 신문을 편집하는 과정에서 기사를 판 크기에 맞추기 위해 하단부터 잘라내곤 하기에 덜 중요한 정보일수록 아랫부분에 배치해 잘려나가도 무방하게 한 것이다. 하지만 이런 형식은 웹과 모바일에서는 잘 작동하지 않는다. 가장 중요한 정보를 상위에 배치하면 독자는 기사의 앞부분만 읽고 이탈할 가능성이 높다."

〈중략〉

"미국 언론사들도 과거에는 PC나 모바일이라는 '소비 기기'의 특성을 파악하기 보다는 기존 뉴스의 '유통 수단'으로만 보고, 보도 내용을 기존 형식 그대로 가져다 웹사이트에 게재했다. 하지만 웹이나 모바일은 다른 형식의 소비를 위해 디자인된 공간인 만큼, 잘 작동하지 않았다."
　　　　　　　　　　　　　　　- 〈탁월한 스토리텔러들〉 이샘물, 박재영 지음 이담북스

[부록] 브런치 글쓰기 (플랫폼 특성상 문학적인 요소를 많이 반영했다)

미군 기지촌에서 꽃피운 연풍길

이들은 국가와 가족으로부터 버림받고, 미국인도
그렇다고 한국인도 아닌 경계인이었다. 기지촌
그림자에 가려진 여성들을 사회는 양공주라 불렀다.

- 기지촌의 그늘 넘어 -

전쟁의 쓰라린 상처가 가시기도 전에 북녘 땅을 지척에 둔 곳곳에서 화려한 조명들이 켜지기 시작했습니다. 6.25 전쟁 직후 삼팔선을 마주한 대한민국 북쪽 지역에 하나둘씩 미군 기지촌이 들어선 겁니다. 미국 달러가 쏟아지면서 점차 사람들로 붐비기 시작했습니다. 시베리안 겨울바람에도 배고픈 여성들이 하나둘 씩 모이면서 마을이 생겨나고 사랑이 꽃피게 된 겁니다. 기지촌은 전쟁의 폐허 속에 자리한 '아메리칸드림'이었습니다. 새로운 사랑을 찾아 미국에서 새롭게 인생을 시작하는 희망도 있었을 겁니다. 이를 보여주듯 1970~1980년대에만 매년 4천 명 가까운 한국 여성이 미국 군인의 아내로 한국을 떠났습니다. 하지만 그네들 중 많은 여성들이 잡초 같은 인생을 살았다고 전해집니다.

전쟁과 번영, 참혹함과 화려함 그리고 사랑과 배신이 미군 기지촌에서 공존한 겁니다. 누군가에게는 진짜였고 누군가에게는 허황된 신기루였을 겁니다. 그리고 화려한 조명 사이로 어둡게 가려진 여성들의 뒷모습이 있었습니다. 기지촌 여성들의 삶은 기지촌으로 들어오는 과정도 또 그곳을 벗어난 결과도 기구했습니다. 전후시대 배고픔을 잊기 위해 자발적으로 들어간 여성도, 큰돈을 벌 수 있다는 누군가의 말을 들은 여성도, 미국이라는 유토피아를 꿈꾸며 들어간 여성도 있었지만, 기지촌이 동전의 양면성을 가진 듯, 그녀들의 삶도 그랬던 겁니다. 이들은 미국인도 한국인도 아니었습니다. 미국인에게는 하룻밤 불장난으로 비쳐졌고, 한국인에게는 손가락질도 받았습니다. 미국인의 편견과 한국인의 편견의 무게는 얼마나 무거웠을까요. 한때 기지촌으로 변화했을 거리를 걸으며, 그녀들의 삶을 되돌아보며 느낀 생각들입니다. 전쟁의 쓰라린 상처는 비단 동족상잔의 슬픔에 그치지 않고 누군가의 서글픈, 애잔한 삶에도 영향을 줬던 겁니다.

■ 소외된 군사도시...시민참여로 기지촌에 문화 더해

격세지감입니다. 세상이 많이 변했습니다. 북한과 마주한 곳으로 소외된 군사도시, 경기도 ○○○에는 전쟁의 아픔을 지우기라도 하듯 최근 새로운 변화의 바람이 불고 있습니다. 도시재생과 시민참여를 중심으로 전쟁의 상처를 평화로 승화시킨 겁니다. 연풍길이 대표적인 사례입니다. 미군 기지촌에 연풍길을 조성하며 ○○○만의 평화 관광지를 만들었습니다. 도시재생사업으로 죽어가던 도시에 문화의 길, 평화의 길이 조성됐습니다.

○○읍 일대는 6.25 전쟁 이후 미군이 주둔하던 곳으로 그 주변으로 기지촌이 변화했습니다. 미군들을 위한 음식점이나 술집들이 우후죽순처럼 생겨난 겁니다. 우리가 알고 있는 용주골 역시 이런 환경에서 자리 잡았습니다. 문제는 미군이 떠난 이후였습니다. 1980년대 미군은 떠나갔지만, 기지촌은 갈 곳을 잃었습니다. 생기를 잃은 도시에서 남은 사람들마저 다른 지역으로 옮겨가면서 기지촌이 방치된 겁니다. 지역은 쇠락했고 주민들은 의욕을 잃었습니다.

지역 주민들이 두고 볼 수만은 없었던지 두 팔을 걷어붙였습니다. 죽어가던 도시에 활력을 불어넣기 위한 사업으로 '창조문화밸리 프로젝트'에 주민들이 심혈을 기울였고 그 결과 행정안전부 개발사업에 선정되는 쾌거를 달성했습니다. 지난 2018년부터 사업의 일환으로 EBS연풍길 조성이 추진되고 있습니다.

■ 문화광장과 참여광장으로 지역특색 꾸린다

큰 틀에서 주민친화 도시재생과 EBS 콘텐츠 도입이 진행 중인데, ▲모임 공간 조성 ▲작가 체험실 조성 ▲연풍길 꾸미기 등이 있습니다. 지난해 연풍경원, 연풍마루, 연풍다락 등 EBS연풍길의 주요 거점시설 조성을 완료했는데, 지역 브랜드(연풍) 개발과 통합 주민조직(연풍 다음)을 발족해 활성화 기반도 마련했습니다.

주민행사도 개최하고 있습니다. 지난 7월에는 연풍길에서 '연다라 풍년' 주민행사가 있었습니다. 시민들이 주도하는 행사로 다양한 시도들과 볼거리가 있었죠. 연다라 풍년 행사는 매월 셋째 주 토요일에 열리는 정기 행사입니다. 연풍리 주민협의체를 비롯해 ○○ 주민들이 참여하는데, ○○○는 지역발전을 위해 앞으로도 시민들의 참여를 늘려나갈 방침이라고 합니다.

I. 부서참고용 기획안 (6월)

[기획] "지역화폐 2.0시대"...예산 챙기고 10% 혜택 유지
- 경기도민 10명 중 8명 "지역화폐가 골목 경제 살린다"

■ 지역화폐 '신나는 파랑이' 카드 출시...아이돌 CF 촬영
■ 경기도민 10명 중 8명 "지역화폐가 골목 경제 살린다"

- 지역화폐는 대형마트와 백화점이 아닌 골목상권을 찾는 소비자들에게 일정 부분 인센티브를 제공하며 소상공인과 지역경제, 소비자에게 이익이 돌아가는 제도다. 돈을 쓴 만큼 혜택도 두루두루 늘어난다.
- 정부가 내년 예산안에서 지역화폐 국비지원금을 전액 삭감했지만, ○○○는 이와 별도로 47억 4천만 원의 ○○○ 재원을 추가 투입해 지역화폐 발행과 운영에 104억 원을 편성했다.
- ○○시청 대표 캐릭터 '파랑이'가 지역화폐 표지를 장식했다는 점에서 의미가 남달랐다. ○○○는 지난해 9월 공모전에서 179건의 귀중한 의견을 들었고, 그중에서 '파랑이'를 시청 공식 캐릭터로 선정했다.
- 지역화폐가 민생경제에 도움이 된다는 조사 결과가 발표됐다. 경기도는 지난 9월 경기도민 2천 명을 대상으로 여론조사를 실시했는데, 경기지역화폐가 민생경제 활성화에 도움이 된다는 응답이 80%였다.
- 뿐만 아니라 지역화폐 사용은 소비패턴에도 영향을 미치는 것으로 나타났다. 지역화폐 사용을 위해 전통시장 이용횟수가 평소보다 늘었다는 응답이 과반을 넘었다. 57%를 차지했다.

기획안 작성 Tip

⇒ 부서에서 항상 양질의 자료를 받는 것은 아니다. 이때 부서에서 아무 자료도 받지 못했다. 그럴 때는 정책의 의의와 배경, 통계자료를 활용해 기획기사를 쓴다. 자료조사를 통해 풍부한 배경지식을 바탕으로 기사를 쓴다.

보 도 자 료

| 보도일시 | 2022.10.5.(수) 배포 즉시 | 사진 | ○ | 자료 | × | 매수 | 3 |

담당부서	홍보콘텐츠담당관 (리서치팀)	과 장	○○○ (031-8008-3220)
		팀 장	○○○ (031-8008-2792)
		담당자	○○○ (031-8008-3067)

81%에 이르는 지역화폐 사용 의향이 인센티브 줄이면 48%로 감소
도민 77% "경기지역화폐 사업 앞으로도 계속돼야"

○ 향후 경기지역화폐 사용 의향 81%, 인센티브·할인율 혜택 줄면 사용 의향 48%로 감소
○ '지역화폐 예산 유지돼야' 50%, '증액해야'(23%), '감액해야'(15%)
○ 도민 80%, 경기지역화폐 정책 추진 "잘했다"
○ 도민 80%, 경기지역화폐 지역경제 활성화 "도움이 된다"
○ 경기지역화폐 이용자 83%, 앞으로도 동네가게나 전통시장 '방문할 의향이 있다'

정부가 내년 지역화폐 지원예산 전액 삭감을 결정한 가운데 현재 6~10% 수준의 경기지역화폐 인센티브 또는 할인율이 줄어들면 경기도민의 경기지역화폐 사용자가 대폭 감소한다는 조사 결과가 나왔다.

아울러 경기도민의 77%는 경기지역화폐 사업이 앞으로도 '계속돼야 한다'고 답했다.

경기도는 지난 9월 15일부터 26일까지 도민 2천 명을 대상으로 실시한 여론조사 결과 향후 경기지역화폐 사용 의향은 81%(1천 620명)로 매우 높은 고객충성도를 보였지만 현재 6~10% 수준의 인센티브 또는 할인율이 줄어들 경우 지역화폐 사용 의향 비율이 48%(960명)로 감소했다고 5일 밝혔다.

응답자들은 지역화폐 예산과 관련해 '혜택이 유지되도록 기존 예산을 유지하는 것이 좋다'(50%)와 '혜택이 늘어나도록 예산을 증액하는 것이 좋다'(23%)에 대다수 공감했다. '혜택이 줄더라도 예산을 감액하는 것이 좋다'는 15%에 그쳤다.

내년에도 지역화폐 예산을 반영하는 것이 '필요하다'는 데 69%가 동의했다. '필요하지 않다'는 응답은 19%로 나타났다.

응답자의 77%는 경기지역화폐 사업이 앞으로도 '계속돼야 한다'고 답했다. 응답자의 80%는 경기도가 경기지역화폐를 추진하는 것에 대해 '잘했다'고 긍정적으로 평가했으며 경기지역화폐가 지역경제 활성화에 '도움이 된다'는 응답도 80%였다.

최근 1년간 경기지역화폐 이용 경험률은 71%(1천429명)였다. 이용자(1천429명)들은 경기지역화폐를 '슈퍼마켓, 편의점, 농축협 직영매장'(37%)이나 '식당, 카페 등 음식점'(29%), '제과, 정육 등 식품·음료 판매점'(13%) 등에서 많이 사용했고, 월평균 사용액은 16만 6천 원인 것으로 조사됐다.

이용자들은 경기지역화폐를 사용하는 이유로 '충전 시 6~10% 인센티브·할인 혜택'(69%)을 가장 높게 꼽았다. 이어서 '지역 경제에 보탬이 돼서'(28%), '현금영수증 및 30% 소득공제 혜택이 있어서'(26%), '일반 신용카드처럼 편리하게 쓸 수 있어서'(23%) 등의 순으로 높게 응답했다. 이용자의 79%는 경기지역화폐 정책에 '만족한다'고 답했다. '만족하지 않는다'는 응답은 6%였다. 이 같은 만족률은 2019년(37%) 대비 2배 이상 상승한 결과다.

경기지역화폐 사용은 소비패턴의 변화에도 영향을 미치는 것으로 나타났다. 이용자(1천429명) 중 '경기지역화폐사용을 위해 한 번도 이용하지 않았던 새로운 동네 가게나 전통시장을 방문한 적이 있다'는 응답이 46%, '경기지역화폐 사용을 위해 동네 가게나 전통시장 이용 횟수가 평소 대비 늘었다'는 과반인 57%였다. 또한 앞으로도 동네 가게나 전통시장을 '방문할 의향이 있다'는 응답은 83%로 확인됐다.

경기지역화폐 미사용자(571명)에게 사용하지 않은 이유가 무엇인지도 물어본 결과 '대형마트, 백화점 등에서 사용할 수 없어서'(40%)가 가장 높았고, '다른 시·군에서 사용할 수가 없어서'(29%), '가맹점이 많이 없을 것 같아서'(29%), '사용해야 할 필요성을 느끼지 못해서'(26%), '사용 방법이 불편할 것 같아서'(20%) 등의 순으로 나타났다.

○○○ 경기도 지역금융과장은 "이번 조사를 통해 경기지역화폐가 도민 소비생활에 필수 아이템으로 자리 잡았으며 지역경제 활성화에 기여하고 있다는 것을 확인할 수 있었다"며 "내년에도 경기지역화폐 사업이 현재와 같이 추진될 수 있도록 최선을 다하겠다"고 말했다.

이번 조사는 경기도가 ㈜한국능률협회컨설팅에 의뢰해 지난 9월 15일부터 26일까지 12일간 만 18세 이상 경기도민 2천 명 대상 인터넷조사 방식으로 진행됐으며, 95% 신뢰 수준에서 표본오차 ±2.2%p다.

Ⅱ. 기획 보도자료

보도일시	2023.6. 배포 즉시			전문위원	○○○(031-940-0000)
사진	○	자료 ×	매수 2		
담당부서	소통홍보관(언론팀)			담당자	김태욱(031-940-4077)

[기획] "지역화폐 2.0시대"…예산 챙기고 10% 혜택 유지
– 경기도민 10명 중 8명 "지역화폐가 골목 경제 살린다"

'지역경제 답은 ○○페이'

코로나 경기 한파로 서민들 지갑이 얼어붙은 현실 속에서 ○○○ 시장은 민생안정과 지역경제 활성화에 대한 대안으로 ○○페이를 꺼내 들었다. 지역화폐는 대형마트와 백화점이 아닌 골목상권을 찾는 소비자들에게 일정 부분 인센티브를 제공하며 소상공인과 지역경제, 소비자에게 이익이 돌아가는 제도다. 돈을 쓴 만큼 혜택도 두루두루 늘어난다. 소비자들이 골목시장을 방문하도록 제도적으로 장려해 소비의 선순환 구조를 만들며, ○○○가 지원한 금액보다 더 많은 수요를 창출하는 것이 주요 목적이다. ○○페이의 승수효과다. 이를 보여주듯 경기도민 10명 가운데 8명은 지역화폐가 골목 경제를 살린다는 경기도 설문조사 결과도 있었다. ○○○ 시장이 ○○페이에 전폭적인 지원을 약속한 이유도 같은 맥락이다. 정부가 내년 예산안에서 지역화폐 국비지원금을 전액 삭감했지만, ○○○는 이와 별도로 47억 4천만 원의 ○○○ 재원을 추가 투입해 지역화폐 발행과 운영에 104억 원을 편성했다. 최근에는 '신나는 파랑이' 카드를 출시했고 CF도 촬영하는 등 '지역화폐 2.0시대'에 박차를 가하고 있다.

■ 지역화폐 '신나는 파랑이' 카드 출시…아이돌 CF 촬영

앞서 ○○○는 시민들이 친근하게 지역화폐에 다가가기 위해 '신나는 파랑이'를 선보였다. ○○시청 대표 캐릭터 '파랑이'가 지역화폐 표지를 장식했다는 점에서 의미가 남달랐다. ○○○는 지난해 9월 공모전에서 179건의 귀중한 의견을 들었고, 그중에서 '파랑이'를 시청 공식 캐릭터로 선정했다. ○○○ 상징인 비둘기를 담아 한반도 평화통일을 기원하는 의도다. 이후 ○○○는 이모티콘을 무료로 배포하고 유튜브와 홈페이지를 활용해 '파랑이'와 ○○페이를 홍보해왔다.

Ⅲ 기획보도 작성 Tip

① 글은 결국 구성이고 구조와 전략이다. 기획기사도 그렇다

⇒ 지역경제의 답은 ○○페이 (Fishing)

⇒ 민생안정과 지역경제 활성화에 대한 대안으로 ○○페이를 꺼내 들었다 (Reasoning)

⇒ 소비자들이 골목시장을 방문하도록 제도적으로 장려해 소비의 선순환 구조를 만들며, ○○○가 지원한 금액보다 더 많은 수요를 창출하는 것이 주요 목적이다. ○○페이의 승수효과다 (Reasoning)

⇒ 경기도민 10명 가운데 8명은 지역화폐가 골목 경제를 살린다는 경기도 설문조사 결과도 있었다 (Reasoning)

정책기사는 독자를 설득하는 과정이다. 지자체와 정부에서 좋은 정책들을 펼치고 있고 시민과 국민들을 설득하기 위해 다양한 근거와 이유들을 제시한다. 사례와 통계, 비유와 인용, 논리 등은 설득하는 구조와 전략을 짜기 위한 논거들이다. 지역화폐 기획기사도 마찬가지다. 정치적인 이해득실을 차치하고 정책만 놓고 본다면 지역화폐의 핵심 논거는 케인즈가 주장한 승수효과다. 정부지출보다 더 많은 수요를 창출해 돈이 돌고 도는 선순환 구조를 이끄는 것이다. 이를 뒷받침하는 경기도 통계자료도 요긴하게 쓰였다.

"글의 시작은 결국 독자의 관심과 흥미를 낚는 낚시다. 신문 볼 때도 앞부분에 임팩트가 없으면 안 읽게 된다. 임팩트가 있어야 그다음 글을 읽듯이 시작 부분은 사람들의 관심과 흥미를 낚아채는 것이다. 중간은 그것에 합당한 근거와 이유를 잘 제시하는 것이고 마무리는 그냥 총정리가 아니라 글을 읽는 사람에게 어떤 생각과 행동의 변화를 주는 메시지로 끝나야 한다. 〈글쓰기가 처음입니다〉에서 피싱(Fishing), 리즈닝(Reasoning), 메시지(message)라고 앞의 이니셜을 따서 만든 피레미 구성법이다."
– 〈글쓰기 바이블〉 강원국, 백승권 박사 지음

시민들의 관심과 기대가 반영되면서 홍보 효과도 톡톡히 봤다. ○○시청에서 2022년 자체적으로 실시한 ○○페이 설문조사에서 시민들의 만족도가 '매우 높음'으로 조사됐다. ○○페이는 올해 연말까지 1,440억 원 이상을 발행해 관내 골목상권과 소상공인 등에서 소비가 이뤄질 것으로 예상된다. '신나는 파랑이' 카드는 경기지역 화폐 앱을 통해 신청할 수 있고 추가 카드 발급 수수료는 무료다.

추가로 ○○○는 ○○페이의 다각적인 홍보에 노력하고 있다. ○○○ 시장이 ○○○의 격을 높이는 남자 '파격남' 유튜브에 출연한 것에 이어 아이돌 가수와 CF 촬영도 추진했다. 앞서 ○○○는 홍보대사로 아이돌 '버스터즈'를 위촉했는데, ○○페이 홍보 영상에 담겼다. ○○○ 시장은 "○○페이가 지역 경제 발전의 마중물"이라며 "남녀노소 모두 전통시장을 방문할 수 있도록 앞으로도 ○○페이 활성화에 집중하겠다"고 강조했다.

■ 경기도민 10명 중 8명 "지역화폐가 골목 경제 살린다"

지역화폐가 민생경제에 도움이 된다는 조사 결과가 발표됐다. 경기도는 지난 9월 경기도민 2천 명을 대상으로 여론조사를 실시했는데, 경기지역화폐가 민생경제 활성화에 도움이 된다는 응답이 80%였다. 이용자들은 경기지역화폐를 사용하는 이유로 인센티브 할인제도를 가장 높게 꼽았다. 10명 중 7명의 응답자들이 지역화폐에 현금을 충전하면 금액의 6~10%의 추가 혜택을 지역화폐 사용 이유로 응답했다. 소비자들이 골목시장을 방문하도록 제도적으로 장려한 점이 실제로도 효과가 있다는 결과였다. 뿐만 아니라 지역화폐 사용은 소비패턴에도 영향을 미치는 것으로 나타났다. 지역화폐 사용을 위해 전통시장 이용횟수가 평소보다 늘었다는 응답이 과반을 넘었다. 57%를 차지했다. 지역화폐 제도는 소상공인과 소비자에게 이익이 돌아가면서 지역경제 활성화에 도움이 됐다는 평가다. 일부 지자체들은 예산 삭감을 이유로 인센티브를 6%로 낮춘 반면 ○○○는 그 효과를 늘리기 위해 현행 10% 인센티브를 유지했다.

시민에게 여유를 소상공인에게 희망을.
'시민 중심 더 큰 ○○'를 내세운 ○○○ 시장이 지역화폐 챌린지에서 언급한 말이다. 지역화폐 국비 전액 삭감이라는 정부 결정에도 ○○○ 시장은 꺼져가던 민생경제에 불을 지폈다. 덧셈과 상생의 민생공동체, 함께 더불어 잘 사는 ○○○를 위한 ○○페이 정책이 상생발전의 마중물이 되길 기대해본다.

② 상위기관의 통계자료는 기획기사의 중요한 근거가 되기도 한다

⇒ 경기도민 10명 중 8명 "지역화폐가 골목 경제 살린다"

⇒ 경기도는 지난 9월 경기도민 2천 명을 대상으로 여론조사를 실시했는데, 경기지역화폐가 민생경제 활성화에 도움이 된다는 응답이 80%였다

⇒ 10명 중 7명의 응답자들이 지역화폐에 현금을 충전하면 금액의 6~10%의 추가 혜택을 지역화폐 사용 이유로 응답했다

⇒ 지역화폐 사용을 위해 전통시장 이용횟수가 평소보다 늘었다는 응답이 과반을 넘었다. 57%를 차지했다

지역화폐 기획기사를 쓸 때 해당부서에서 아무런 자료지원을 받지 못했다. 때문에 기존에 나왔던 스트레이트 보도자료와 케인즈의 승수효과(경제학 이론), 경기도청에서 발표한 통계자료를 기반으로 기획기사를 작성했다. 지면을 채우기 위해 중요한 논거가 필수적인데, 통계청이나 상위기관에서 발표한 통계자료는 요긴하게 사용된다.

③ 〈피레미 구성법〉 마지막 문단은 메시지를 녹여낸다

⇒ 시민에게 여유를 소상공인에게 희망을 (Message)

⇒ 지역화폐 국비 전액 삭감이라는 정부 결정에도 ○○○ 시장은 꺼져가던 민생경제에 불을 지폈다 (Message)

⇒ 덧셈과 상생의 민생공동체, 함께 더불어 잘 사는 ○○○를 위한 ○○페이 정책이 상생발전의 마중물이 되길 기대해본다 (Message)

앞서 언급했듯 피싱(Fishing)과 리즈닝(Reasoning)이 서론과 본론에 담겼다면, 마지막 문단에는 사람들의 마음을 움직이는 메시지(Message)를 녹여낸다. 때문에 첫 문단만큼이나 마지막 문단을 쓸 때 쉽지 않다.

■■■■ ■■ 시장, 지역경제 답은 '■■■페이'

"지역화폐 2.0시대"…예산 챙기고 10% 혜택 유지
도민 10명 중 8명 "지역화폐가 골목 경제 살린다"

▲ 추석 앞두고 전통시장 찾은 김경일 시장

'지역경제의 답은 ■■■페이'… 지역화폐 2.0시대

《 지역경제 답은 파주페이 》

Ⅰ. 부서참고용 기획안 (6월)

[기획] '교통약자 교차로'부터 '부르미 버스'까지...스마트 도시로 성큼
- 사회적 약자 배려하며 지속적인 '시민 중심' 실현

■ '시민 중심' 서비스...교통약자 배려한 시스템 조성
■ 시민의 발 '부르미 버스'...드론으로 시설물 점검 '톡톡'

- 100만 대도시로 도약하기 위한 ○○○는 스마트 도시 청사진을 하나씩 제시하고 있는데, 교통약자를 배려하는 보행신호 연장 시스템부터 수요응답형 버스까지 콘텐츠도 다양했다.
- 교통인프라 구축에도 앞장서며 ▲교통약자 보행신호 자동 연장시스템 ▲우회전 차량진입 사전경고 시스템 ▲도로위 위험 돌발상황 감지 시스템 등을 제시했다.
- 눈여겨볼 부분은 교통약자를 배려한 교통 시스템이다. 스마트횡단 시스템은 교통약자가 안전하게 횡단보도를 건너가도록 지원해주는 사업으로, 장애인과 노약자 및 어린이가 횡단보도를 미처 건너지 못했을 경우 신호 시간을 10초 연장해 주는 시스템이다.
- 지난 3월 긴급차량 우선 신호 시스템을 통해 70대 할머니를 빠르게 병원으로 이송했고 호흡과 맥박을 정상으로 회복시키는 성과를 보였다. 당시 퇴근 시간으로 교통 차량이 막혔었는데, 위급한 상황이 발생할 수도 있었다.
- 사물인터넷이 접목된 우수사례는 또 있는데, 수요 응답형 버스(DRT)인 '부르미 버스'다. 수요 응답형 버스는 시민의 필요에 따라 적재적소에 버스 교통을 공급하는 새로운 운영체계다.

▋ 기획안 작성 Tip

⇒ 어렵고 딱딱한 정책기사에 '스토리텔링' 사례가 있는지 찾아본다.
  긴급차량 우선 신호 시스템을 통해 70대 할머니를 빠르게 병원으로 이송한 사례를 덧붙이면서, 정책기사가 쉬워졌다. 독자를 중학생으로 생각한다.

교통약자 스마트횡단시스템

□ **개요**

○ 개념 : 보행자를 AI로 검지, 추적 및 분석하여 횡단보도 미횡단 보행자에게 보행신호를 연장해주는 시스템

○ 서비스 개시 : '21. 4월(사업비 0천만 원 / 지능형교통체계 사업 일환)

□ **구축 및 운영**

○ 구축 전경

○ 설치 지점 및 운영영상

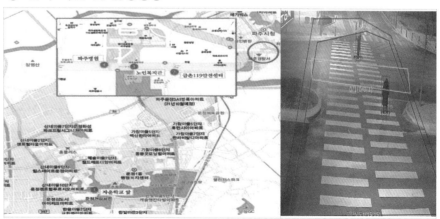

Ⅱ. 기획 보도자료

보도일시	2023.6. 배포 즉시				
사진	○	자료	×	매수	2	담당	○○○(031-940-0000)
담당부서	소통홍보관(언론팀)			담당	김태욱(031-940-4077)

[기획] '교통약자 교차로'부터 '부르미 버스'까지…
스마트 도시로 성큼
- 사회적 약자 배려하며 지속적인 '시민 중심' 실현

인구 50만 명을 돌파한 ○○○는 인구 100만 대도시로 도약하기 위한 기지개를 켜고 있다. '시민 중심 더 큰 ○○'을 기치로 ○○○만의 스마트 도시 청사진을 하나씩 제시하고 있는데, 교통약자를 배려하는 보행신호 연장 시스템부터 수요응답형 버스까지 콘텐츠도 다양했다. 사물인터넷을 비롯한 최신 정보통신기술을 접목한 첨단 교통시스템을 구축함으로써 ○○시민들의 이동 편의성을 돕는다는 것이 목적이다. 시민들에게 안전하고 윤택한 삶을 제공하는 도시, 새로운 가치를 창출하는 도시를 위해 사람과 기술, 지속가능성을 한곳에 담았다. 스마트 도시로 성큼 다가선 ○○○의 발자취를 따라가 본다.

■ '시민 중심' 서비스…교통약자 배려한 시스템 조성

○○○는 지능형 교통체계(ITS)를 바탕으로 교통인프라 구축에 앞장서고 있다. 정보통신 기술을 교통시스템에 적용해 시민들이 안전하고 편리하게 교통을 이용할 수 있도록 하겠다는 취지다. 구체적인 방안으로 ▲교통약자 보행신호 자동 연장시스템 ▲우회전 차량진입 사전경고 시스템 ▲도로위 위험 돌발상황 감지 시스템 등이 대표적인 사례다. ○○○의 지능형교통체계 구축사업은 지난 2021년 국토교통부 공모사업에 선정됐는데, 사업비만 200억(국비 120억, 시비 80억)이 투입된 ○○○ 중점사업이다. 안전(Safety), 소통(Speed), 지능(Smart) 등 3S를 주제로 ○○○는 내년 4월까지 교통시스템 구축에 속도를 내고 있다. 뿐만 아니라 마장호수나 감악산 등 30개소에 스마트 주차정보 시스템을 마련해 주차장 이용의 효율성도 높일 것으로 보인다.

Ⅲ 기획보도 작성 Tip

① '볼록렌즈'와 '오목렌즈'를 잘 쓰면 입체적인 구조를 완성한다

⇒ '교통약자 교차로'부터 '부르미 버스'까지 (볼록렌즈로 가까이)
  + 스마트 도시로 성큼 (오목렌즈로 멀리)

⇒ ○○○만의 스마트 도시 청사진을 하나씩 제시하고 있는데, 교통약자를 배려하는 보행신호 연장 시스템부터 수요응답형 버스까지 콘텐츠도 다양했다 (볼록렌즈)

⇒ 새로운 가치를 창출하는 도시를 위해 사람과 기술, 지속가능성을 한곳에 담았다. 스마트 도시로 성큼 다가선 ○○○의 발자취를 따라가 본다 (오목렌즈)

"볼록렌즈가 현실적이어야 한다. 이것이 우리가 이야기하는 근거이고, 특히 구체적인 수치면 좋다. 그런데 여기에서 그치면 안 된다. 오목렌즈도 필요하다. 우리의 목표이자 장기적인 전략이다. 특히 확장성이 있어야 한다. 최고 경영자나 오너는 욕심이 많다. 현실에 안주하고 답보하는 것을 싫어한다. 확실한 것도 중요하지만, 거기서 얼마나 더 확장할 수 있고 모호함을 향해 도전할 수 있느냐도 중요한 요인이다. 때문에 두 가지를 다 갖춘다면 입체적인 글의 구조가 완성된다."

– 〈글쓰기 바이블〉 강원국, 백승권 박사 지음

② 특징과 장점, 이익이나 혜택을 강조한 〈미국 언론의 FAB〉

⇒ ▲교통약자 보행신호 자동 연장시스템 ▲우회전 차량진입 사전경고 시스템 ▲도로위 위험 돌발상황 감지 시스템 등이 대표적인 사례다 (특징)

⇒ 안전(Safety), 소통(Speed), 지능(Smart) 등 3S를 주제로 ○○○는 내년 4월까지 교통시스템 구축에 속도를 내고 있다 (장점)

⇒ 주차장 이용의 효율성도 높일 것으로 보인다 (이익이나 혜택)

미국 보도자료는 FAB를 강조한다. F는 특징(Feature), A는 장점(Advandage), B는 이익이나 혜택(Benefit)을 의미한다. 어떤 제품이나 정책을 홍보할 때도 위의 형식에 맞게 기획기사를 작성하면 소구력을 높일 수 있다.

눈여겨볼 부분은 교통약자를 배려한 교통 시스템이다. 스마트횡단 시스템은 교통약자가 안전하게 횡단보도를 건너가도록 지원해주는 사업으로, 장애인과 노약자 및 어린이가 횡단보도를 미처 건너지 못했을 경우 신호 시간을 10초 연장해주는 시스템이다. ○○○에서 실시간으로 횡단보도의 교통약자 이동 여부를 감지해 보행시간을 연장하는 시스템으로 보행자의 사고를 예방하는 것이다. 추가로 위급한 상황에 주변 신호시스템을 통제하는 경우도 있는데, 최근 눈에 띄는 성과도 있었다. 지난 3월 긴급차량 우선 신호 시스템을 통해 70대 할머니를 빠르게 병원으로 이송했고 호흡과 맥박을 정상으로 회복시키는 성과를 보였다. 당시 퇴근 시간으로 교통 차량이 막혔었는데, 위급한 상황이 발생할 수도 있었다.

■ 시민의 발 '부르미 버스'...드론으로 시설물 점검 '톡톡'

사물인터넷이 접목된 우수사례는 또 있다. 수요 응답형 버스(DRT)인 '부르미 버스'다. 수요 응답형 버스는 시민의 필요에 따라 적재적소에 버스 교통을 공급하는 새로운 운영체계이다. '부르미 버스'는 지난해 8월 경기도가 공모한 경기도 최초의 시범사업으로 선정됐으며, 대중교통 환승 할인이 적용되는 전국 최초의 사례다. 그만큼 부르미에 거는 기대도 크다. ○○○ 시장은 "'부르미 버스'가 ○○시민들의 발이 되기를 희망한다"라며 "시민들의 교통복지를 위해 앞으로 '부르미 버스'를 확대 시행해 갈 것이며, 학생과 임산부, 농어촌 등 특정 대상과 특정 지역에 맞는 다양한 형태의 DRT를 개발·확대시킬 계획이다"고 밝혔다. '부르미 버스'는 모바일 어플리케이션을 통해 교하와 운정지구에서 이용이 가능하다.

한편, ○○○는 전국 최초로 드론을 이용해 야외 광고물을 점검했는데, 지난 11일 경기도의 야외 광고물 담당자들을 초청해 시의 우수한 사례를 공유했다. 눈으로 확인했던 기존의 점검 방식과 드론을 활용한 새로운 접근 방법을 대조하며, 기존 방식의 한계점을 보완했다는 평가를 받고 있다. 기존 점검은 담당자가 난간에 기대는 경우가 많아 추락 위험이 있었고, 일부 건물의 경우 창문이 완전히 열리지 않는 곳은 점검하지 못했던 제약이 있었다. 기존의 한계를 극복한 ○○○의 새로운 시도에 전국에서도 관심이 집중되고 있다. 앞서 KBS뉴스는 ○○○가 전국 최초로 전담팀을 구성해 드론을 활용한 안전 점검을 했다고 전했다.

시민들의 윤택한 삶을 만들기 위한 ○○○의 노력은 아직 끝나지 않았다. 현재 ○○○는 사회적 약자들을 배려하는 정책들을 추진하고 있는데, 앞으로도 전국단위의 공모사업에 지원하며 지속가능한 '시민 중심' 정책을 이어갈 것으로 보인다. '시민 중심 더 큰 ○○'를 위한 덧셈과 상생의 공동체가 만들어지기를 기대한다.

Ⅲ 기획보도 작성 Tip

③ 다양한 사례와 목소리가 담기면 기획기사가 다채로워진다

⇒ 지난 3월 긴급차량 우선 신호 시스템을 통해 70대 할머니를 빠르게 병원으로 이송했고 호흡과 맥박을 정상으로 회복시키는 성과를 보였다. 당시 퇴근 시간으로 교통 차량이 막혔었는데, 위급한 상황이 발생할 수도 있었다

⇒ '부르미 버스'는 지난해 8월 경기도가 공모한 경기도 최초의 시범사업으로 선정됐으며, 대중교통 환승 할인이 적용되는 전국 최초의 사례다

⇒ 앞서 KBS뉴스는 ○○○가 전국 최초로 전담팀을 구성해 드론을 활용한 안전 점검을 했다고 전했다 (방송뉴스 캡처사진으로도 다채롭게 구성할 수 있다)

"미국 기자들은 왜 여러 취재원의 목소리를 추구할까. 취재원의 '양'은 기사의 '품질'과 직결되기 때문이다. 더 많은 사람들과 이야기할수록 기자가 사안에 대해 이해하는 정도는 높아지고, 독자 역시 여러 취재원의 시각을 접할 때 이슈를 더 다각적이고 풍부하게 이해할 수 있다."
 – 〈탁월한 스토리텔러들〉 이샘물, 박재영 지음 이담북스

〈퀄리티 저널리즘 지수〉로 비교한 미국 vs 한국 언론
국내 '좋은 저널리즘 연구회'에서 지난 2018년 신문기사의 품질을 객관적으로 측정할 수 있는 지수인 '퀄리티 저널리즘 지수'를 발표했다. 좋은 기사는 실명 취재원이 4명 이상이고 기사에 언급된 이해당사자가 4명 이상이며 단일 관점이 아닌 다양한 관점을 담은 기사라고 정의했는데, 〈뉴욕타임스〉는 7.7개인 반면 국내 언론사는 2.6개에 불과했다. 그만큼 국내 언론은 편향적인 시각으로 쏠려있다.

'교통약자 교차로'부터 '부르미 버스'까지

교통약자 배려 시스템 조성
드론으로 시설물 점검까지
지속적인 '시민 중심' 실현

'교통약자 교차로'부터 '부르미 버스'까지

■■시, 스마트 도시로 성큼

사회적 약자 배려하며 지속적인 '시민 중심' 실현

Ⅰ. 부서참고용 기획안 (7월)

[기획] 길거리 널브러진 간판들...전국 최초로 찾아가는 안전 점검

- "시민 안전 ○○○가 책임진다"

■ 전국 처음으로 매월 4일 옥외광고물 안전 점검
■ 10명 중 3명만 안전 응답..."시민 안전 책임진다"

- 세월호 참사에 이어 이태원 참사가 잇따라 발생하면서 안전에 대한 국민들의 경각심이 높아지는 상황에서 장마시즌에 안전 관련 기획기사가 필요하다.
- 수년째 이어진 코로나19로 서민경제가 침체되어 폐업하는 점포들이 속출하면서 도심 간판들이 흉물로 전락했다. 도시 미관을 해치는 것은 물론 폭우와 강풍이 이어지면 언제든지 시민들을 위협하는 흉기로 돌변할 위험을 안고 있다.
- ○○○는 전국에서 처음으로 광고물 안전점검단을 구성하며 찾아가는 서비스를 제공한다. 매월 4일을 '광고물 안전점검 day'로 정하고 길거리에 널브러진 간판들을 점검했다.
- ○○○는 드론 점검으로 ▲육안으로 찾아내지 못했던 안전 사각지대 확인 ▲신속한 점검으로 예산 절감 ▲점검자의 안전 확보 등 효과가 개선될 것으로 예상했다.
- 통계청에서 최근 발표한 여론조사에 따르면, 만 13세 이상 국민 3만 6천여 명을 대상으로 진행된 여론조사에서 대한민국 국민 10명 가운데 3명만 우리 사회가 안전하다고 응답했다.

■ 기획안 작성 Tip

⇒ 기획기사의 생명은 시의성이다. '이슈파이팅'이 필수적이다.

단순히 안전점검을 했다는 사실에 그치지 않고 안전에 대한 경각심이 높아지는 현실을 담아낸다. 통계청 여론조사도 설득력을 높였다.

국가 위기 관련 디지털 기반 위기대응 아이디어 공모전 서비스 개발 사례 부문

제 목	○○! 옥외광고물 점검에 드론을 띄워 안전을 잡다.

□ 목 적 (또는 추진배경)

○ 태풍·폭우 등 환경재난의 불확실성으로 안전에 대한 국민적 관심은 증대하는 반면 도시화로 파생된 부착물·가설물 피해는 증가하는 추세임.
○ 최근 재난 사고의 형태가 다양화, 대형화, 복잡화되고 예기치 못한 사고 발생 가능성 등으로 안전에 대한 사회적 관심과 인식은 높아짐.

* **사회 안전 인식도 : '2020년 31.82%**

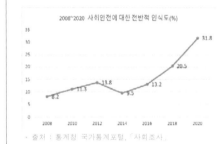

▶ 사회가 전반적으로 안전하다고 느끼는 사람은 31.8%

■ 2020년도 조사결과('21.12.01.)

계	매우 안전	비교적 안전	보통	비교적 안전하지 않음	매우 안전하지 않음
100	3.0	28.8	44.4	20.7	3.2

- 출처 : 통계청 국가통계포털, 「사회조사」

실제 추락 사례

〈[2019년] 제13호 태풍 링링(18m/s)〉　　〈[2020년] 제9호 태풍 마이삭(18m/s)〉

○ 간판은 '사유시설물'이지만 건물 외벽에 설치되고 불특정 다수가 통행하는 공공장소인 인도에 노출되어 '공공시설물'의 성격을 가지고 있음.
○ 기상이변 및 광고물의 가파른 증가는 국민의 안전을 위협하는 요소로 특히 인구 밀집 지역의 위험성은 더욱 큼. 하지만 간판은 규모가 작아 위험성이 낮다고 인식하여 규정과 관리가 미흡한 실정.

Ⅱ. 기획 보도자료

보도일시	2023.7. 배포 즉시				
사진	○	자료	×	매수	2	전문위원	○○○(031-940-0000)
담당부서	소통홍보관(언론팀)			담당자	김태욱(031-940-4077)

[기획] 길거리 널브러진 간판들…○○○, 전국 최초로 찾아가는 안전 점검
- "시민 안전 ○○○가 책임진다"

수년째 이어진 코로나19로 서민경제가 침체되어 폐업하는 점포들이 속출하면서 도심 간판들이 흉물로 전락했다. 도시 미관을 해치는 것은 물론 폭우와 강풍이 이어지면 언제든지 시민들을 위협하는 흉기로 돌변할 위험을 안고 있다. 시민들의 걱정을 덜어주고 사회 안전망을 강화하기 위해 ○○○가 대응 방안을 마련했다. 매월 주기적으로 도심 간판을 점검하며, 전국에서 처음으로 찾아가는 안전 서비스를 시행하고 있다. 곳곳에 녹슨 간판들을 구석구석 찾아내고, 눈으로 확인하기 힘든 고층건물은 드론을 활용하여 낱낱이 살폈다. ○○○만의 기발한 아이디어는 공영방송 KBS를 비롯해 곳곳의 언론매체에서 소개됐다.

■ 전국 처음으로 매월 4일 옥외광고물 안전 점검…드론 활용 우수사례

○○○는 전국에서 처음으로 광고물 안전점검단을 구성하며 찾아가는 서비스를 제공한다. 매월 4일을 '광고물 안전점검 day'로 정하고 길거리에 널브러진 간판들을 점검했다. 공무원 6명과 재난방재단 20명으로 꾸려진 안전점검단은 현장에서 간판들이 떨어질 위험은 없는지 감전 사고가 있는지 등을 꼼꼼하게 살핀다. 한여름 번번이 반복되는 태풍피해와 이로 인한 간판 추락사고를 사전에 막기 위함이었다. 안전점검단에는 추가로 드론 파일럿 2명도 포함됐다. 기술자격을 보유한 공무원을 간판 점검에 투입해 사회안전망 구축에 힘쓴다는 계획이다. 드론을 활용한 ○○○ 노력으로 행정안전부 행사에 초청됐다. 서울 코엑스에서 열린 '대한민국 옥외광고산업전' 행사였다. 디지털 시대로 급변하는 상황에서 광고 전달이라는 간판의 1차원적 목적을 뛰어넘어 도시 미관과 안전을 함께 챙기겠다는 목적으로 진행됐다.

Ⅲ. 기획보도 작성 Tip

① 이슈파이팅 + 내러티브 스토리 + 우수사례 ⇒ 기획기사

⇒ 수년째 이어진 코로나19로 서민경제가 침체되어 폐업하는 점포들이 속출하면서 도심 간판들이 흉물로 전락했다

⇒ 도시 미관을 해치는 것은 물론 폭우와 강풍이 이어지면 언제든지 시민들을 위협하는 흉기로 돌변할 위험을 안고 있다

⇒ 사회 안전망을 강화하기 위해 ○○○가 대응 방안을 마련했다

⇒ 매월 주기적으로 도심 간판을 점검하며, 전국에서 처음으로 찾아가는 안전 서비스를 시행하고 있다

기획기사를 작성할 때, 이걸 왜 써야하는지 '당위성'부터 생각해야 한다. 일반적으로 부서에서 올라오는 보도자료는 보고서 형식으로 올라오는 경우가 많다. 부서의 성과를 강조하는 것은 좋지만, 이것이 왜 지금 시점에 나와야 하는지부터 설득해야 한다. 이슈파이팅과 내러티브 스토리가 중요한 이유다. 당시 세월호, 이태원 참사로 안전에 대한 중요성이 부각되는 시기였고, 여름 장마철 시즌인 것을 고려해 안전을 환기시켰다. 두 번째와 세 번째 문단이 정보 중심으로 펼쳐진다고 하더라도 적어도 첫 번째 문단만큼은 내러티브 중심으로 쓴다면 기획기사의 가독성을 높일 수 있다.

"미국 기사는 뉴스라는 '알맹이'를 품고 있지만 '내러티브'에 의해 주도된다. 참외에 비유하자면 씨가 '뉴스'라면 과육은 '내러티브'다. 과육을 입에 넣으면 씨가 자연스레 삼켜지듯이, 독자들은 기사에 흐르는 내러티브를 통해 뉴스를 흡수한다. 사건사고 개요나 숫자 등 정보를 앞세울 법한 스트레이트 뉴스까지 내러티브 형식으로 전달하는 것은 그런 이유다."

– 〈탁월한 스토리텔러들〉 이샘물, 박재영 지음 이담북스

눈으로 확인했던 기존 방식의 한계점을 보완하고 시간, 인력, 예산 등 점검의 품질을 향상시켰다는 시각이 있다. 기존 점검은 담당자가 옥상 난간에 기대는 경우가 많아 추락 위험이 있었고, 일부 건물의 경우 창문이 완전히 열리지 않는 곳은 점검하지 못했던 제약이 있었다. ○○○는 드론 점검으로 ▲육안으로 찾아내지 못했던 안전 사각지대 확인, ▲신속한 점검으로 예산 절감, ▲점검자의 안전 확보 등 효과가 개선될 것으로 예상했다. 참신한 변화와 혁신 기술, 담당 공무원의 기발한 아이디어가 만나면서 시민 안전의 새로운 방안이 추가됐다. ○○○의 색다른 시도에 전국에서도 관심이 집중되고 있다. 공영방송 KBS에서 ○○○가 전국 최초로 드론을 활용한 안전 점검을 했다고 전한데 이어 서울시 마포구, 경기도 김포시, 평택시, 충북도청 등 다른 지자체들도 벤치마킹과 문의가 이어졌다.

■ 10명 중 3명만 안전 응답...○○○ 시장 "시민 안전 책임진다"

통계청에서 최근 발표한 여론조사에 따르면, 만 13세 이상 국민 3만 6천여 명을 대상으로 진행된 여론조사에서 대한민국 국민 10명 가운데 3명만 우리 사회가 안전하다고 응답했다. 국민들이 바라보는 대한민국 사회 안전망의 현주소였다. 수백명의 목숨을 앗아간 세월호 참사에 이어 이태원 참사가 잇따라 발생하면서 경각심이 높아지고 있다. 도심 한복판에서 벌어진 참극에 안전 대한민국을 바라는 국민들의 목소리가 봇물처럼 터져나왔는데, 안전에 대한 국민들의 우려와 바람은 ○○○에도 닿았다. ○○○ 시장은 지난 11월 ○○시의회 시정연설에서 이태원 참사 희생자들을 애도한 뒤 "시민 안전은 ○○○가 책임지겠다"고 말했다. '제235회 ○○시의회 제2차 정례회'에서 진행한 민선 8기 첫 시정연설이라는 점에서 상징성이 있었다. 이어 "국민의 생명과 안전을 지키는 것이 국가와 지자체의 존재 이유"라며 공직자의 막중한 책임감을 언급했다.

'시민 중심 더 안전한 ○○'
○○○ 시장만의 사회안전망 구축 의지다. ○○○는 전국 지방자치단체에서 처음으로 드론을 활용해 옥외광고물을 안전 점검한 데 이어 찾아가는 안전 서비스도 실시하고 있다. 앞으로도 ○○○ 시장은 시민 안전을 위해 모든 안전 시스템을 재점검하겠다고 약속하며 첫째도 둘째도 시민 안전에 방점을 찍었다.

Ⅲ 기획보도 작성 Tip

② 알면 알수록 '약방의 감초'처럼 사용되는 통계청 통계자료

⇒ 통계청에서 최근 발표한 여론조사에 따르면, 만 13세 이상 국민 3만 6천여 명을 대상으로 진행된 여론조사에서 대한민국 국민 10명 가운데 3명만 우리 사회가 안전하다고 응답했다

⇒ 수백명의 목숨을 앗아간 세월호 참사에 이어 이태원 참사가 잇따라 발생하면서 경각심이 높아지고 있다.

〈저출산·고령화 정책적 해법을 찾아라...'인구로 보는 대한민국'〉
통계자료 역시 언론이 좋아하는 기사자료이며, 이슈로 어떻게 사용하는지에 따라 다채로운 구성이 될 수 있다. '인구로 보는 대한민국'의 경우 1인 가구 증가로 인한 인구 정책과 산업구조 변화, 도시계획 등에 반영될 수 있으며 여성가족과, 일자리정책과, 복지정책과, 도시계획과 등의 저출산·고령화 관련 보고에도 요긴하게 쓰인다.

〈복지 나침반부터 교육 사각지대까지...'100대 지표'가 펼쳐진다〉
국민의 관심도가 높고, 영역별 대표성을 가진 통계지표 100개를 선정해 중요한 정보만을 간편하게 압축.제공하는 통계 시각화콘텐츠다. 복지와 교육, 소비와 여가 등 각 분야의 여러 주제들을 담아냈다. 불필요한 텍스트를 시각적 요소로 교체하고, 시계열 조정 등 사용자의 편의성을 신경 썼는데, 카드뉴스를 비롯한 SNS 홍보뿐만 아니라 공무원과 공공기관 내부 보고서 작성 등에 사용 가능하다.

〈어려운 통계 No, 어린이에게도 쉬운 '통계 놀이터'에서 놀자〉
미디어 리터러시, 정책효능감, 데이터저널리즘 등을 높이기 위한 통계자료의 활용도는 끝도 없다. 통계청 역시 통계자료의 널린 사용을 위해 알기 쉬운 콘텐츠 개발에 나섰다. 통계놀이터를 만들며, 교과과정과 연계해 어린이들도 통계를 쉽게 이해하고 데이터 활용 능력을 알 수 있도록 한 통계교육콘텐츠이다. 실제로 초등학교 5, 6학년의 신규 검정교과서(176종) 내의 100여 개 통계표를 추가로 제공한다.

흉물로 전락한 도심 간판… "싹 치운다"

◼◼시, "시민 안전 책임진다"

길거리 널브러진 간판들 도심 흉물로 전락
전국 최초 옥외광고물 찾아가는 안전 점검

▲ 옥외광고 산업전에 참여한 파주시

김경일 시장 "시민 안전 책임진다"

▲ 전국 최초 찾아가는 안전 서비스

매월 4일 옥외광고물 안전 점검

드론 활용… "안전 빈틈 없이"
타 지자체서도 벤치마킹 행렬

9 풍수해 대비 광고판 점검에 '드론' 활용
▲ KBS 뉴스

한국 최초로 전달팀 구성해 '드론 활용 옥외광고물 안전 점검 시행'
▲ 대전방영송 파주시의 인터뷰

▲ 공영방송에 출연한 김경일 시장

I. 부서참고용 기획안 (8월)

[기획] ○○○ 시장, '소통문' 열겠다...읍면동 방문으로 첫 단추
- 산남동 인허가 '애로사항' 청취...'시민 소통관' 신설

■ 읍면동 방문하며 '소통' 첫걸음...공무원 소통 간담회 개최
■ 현장성 '소통행정'...산남동 인허가부터 '골목상권' 민생까지

- ○○○ 시장은 소통을 시작으로 민선 8기의 신호탄을 쏘아 올렸다. 민선 8기가 새롭게 꾸려진 만큼 시민들의 기대가 컸는데, 기대에 부응하듯 ○○○ 시장은 소통에서 그 해답을 찾았다.
- 일주일 동안 ○○○ 관내의 17개 읍면동을 하나하나 찾은 것이다. 기관장과 단체장을 만난 자리에서 마을의 애로사항과 건의 사항을 들었고 시정 발전에 대한 다양한 의견을 나누었다.
- 공무원들의 소통 간담회도 이어갔다. 금릉역 앞 청년공간 GP1934(Global Pioneer. 19세~34세)에서 7~9급 주무관들과 색다른 간담회를 가진 것이다. 열린 조직을 만들기 위해 2030 청년들의 목소리를 듣겠다는 취지였다.
- 시민 중심의 현장성 소통행정도 이어졌다. ○○○ 시장은 산남동 민원 현장을 방문해 토지개발로 인한 시민들의 애로사항을 들었다.
- '열린 행정'을 강조한 ○○○ 시장은 시민 소통관직을 신설했다. 소통창구를 다변화해 시민들의 목소리를 더 많이 듣겠다는 의도다. 소통관은 ▲시민사회단체와의 관계 정립 ▲언론과 소통 협치 등 ○○○와 시민 사이의 가교역할에 나설 것으로 보인다.

▊ 기획안 작성 Tip

⇒ 대통령으로 당선되면 삼청동에 인수위원회가 꾸려진다. 첫 조각으로 인적쇄신, 조직개편, 메시지 기획을 담아내는데, 중앙정부의 축소판인 지자체도 같은 맥락이다. 화목한 이동시장실(화요일과 목요일 시민 소통)은 메시지 기획의 좋은 사례였다.

이동시장실 건의사항

겨울축제를 개최하여 쌀 가공품 등 판매 지원 요청	

■ 건의내용

쌀을 이용한 가공품 및 간식거리 등을 판매하고자 함. 탄현면 첼시아울렛 주변 등에서 겨울축제를 개최하여 쌀가공품 및 간식 등을 판매할 수 있도록 지원요청

【처리결과】 해결

■ ○○○는 현재 농산물축제 2개가 개최 계획 중입니다.
○○임진각광장에서 개성인삼축제가 10월 21일부터 22일까지 개최되며 장단콩축제는 11월 24일부터 26일까지 개최가 될 예정입니다.
■ 농산물축제 개최 시 농산물판매장 외에도 가공품 판매부스 참여농가를 신청받고 있으므로 농산물축제를 활용하여 판매공간을 마련할 수 있으며,
■ 겨울축제 개최는 경기관광공사 지역 소규모 축제 지원 공모사업을 3월 중 신청하도록 안내 완료하였습니다.

Ⅱ. 기획 보도자료

보도일시	2023.8. 배포 즉시				
사진	○	자료	×	매수	2	전문위원	○○○(031-940-4120)
담당부서	소통홍보관(언론팀)			담당자	김태욱(031-940-4077)

[기획] ○○○ 시장 '소통문' 열겠다
…읍면동 방문으로 첫 단추
- 산남동 인허가 '애로사항' 청취… '시민 소통관' 신설

민선 8기가 새롭게 꾸려진 만큼 시민들의 기대가 컸다. 기대에 부응하듯 ○○○ 시장은 소통에서 그 해답을 찾았다. 시청 안팎에서 소통의 문을 먼저 열고 인사 혁신과 조직개편으로 이어 가겠다는 것이다. 격의 없는 소통에서 창의적인 생각과 행동이 나온다며 이는 '시민 중심 더 큰 ○○'로 가는 밑거름이라고 피력했다. ○○○ 시장은 읍면동 방문을 시작으로 직급별 간담회도 열었고 시민 소통관도 신설하며 소통창구를 늘렸다. 휴가 중에는 골목상권을 돌며 시민들의 목소리도 들었다. ○○○의 '소통문'을 열겠다는 ○○○ 시장의 소통 발자취를 따라가 본다.

■ 읍면동 방문하며 '소통' 첫걸음…공무원 소통 간담회 개최

○○○ 시장은 소통을 시작으로 민선 8기의 신호탄을 쏘아 올렸다. 첫 시작은 읍면동 현장 방문이었다. 일주일 동안 ○○○ 관내의 17개 읍면동을 하나하나 찾은 것이다. 기관장과 단체장을 만난 자리에서 마을의 애로사항과 건의 사항을 들었고 시정 발전에 대한 다양한 의견을 나누었다. 이 자리에서 ○○○ 시장은 ○○○ 발전 방안에 대한 공약사항을 설명하고 시정 운영의 포부도 밝혔다. 주거와 상업, 문화시설을 지역 특성에 맞도록 조화롭게 만들고 ○○○ 곳곳을 유기적으로 연결해 자족도시로 우뚝 세우겠다는 뜻을 밝혔다.

공무원들의 소통 간담회도 이어갔다. 금릉역 앞 청년공간 GP1934(Global Pioneer. 19~34세)에서 7~9급 주무관들과 색다른 간담회를 가지며, 열린 조직을 만들기 위해 2030 청년들의 목소리를 듣겠다는 취지를 전했다. 이 자리에 참석한 공무원들이 ○○○ 시장에게 "시장이 좋아하는 술안주부터 MBTI까지" 등의 재미있는 질문들이 쏟아졌다. 신규 공무원들의 사소한 질문에도 정성껏 답변을 한 ○○○ 시장은 민원의 최전방에서 시민 목소리를 듣는 공무원들의 고충도 달랬다. ○○○

시장은 "내 아들도 간호사인데, 환자들에게 매 맞는 기사들을 볼 때마다 가슴이 무너진다"라며 위로의 말을 남겼다. 공무원을 둔 부모의 마음을 누구보다 더 잘 이해한다는 ○○○ 시장은 자랑스러운 ○○○ 공무원들이 자긍심을 갖고 민원 업무에 임해 달라고 주문했다.

■ 현장성 '소통행정'…산남동 인허가부터 '골목상권' 민생까지

시민 중심의 현장성 소통행정도 이어졌다. ○○○ 시장은 산남동 민원 현장을 방문해 토지개발로 인한 시민들의 애로사항을 들었다. 산남동 338-2번지 일대는 앞서 10곳이 넘는 단독주택과 상업시설 등의 허가를 받은 곳으로, 건축물 준공 이후 사람이 몰릴 것을 대비해 주변 도로의 폭을 늘려야 한다는 민원이 있었다. ○○○ 시장은 도시계획위원회 심의를 거쳐 주민들이 불편을 느끼지 않도록 노력하겠다고 피력했다. 추가로 산남동의 다른 지역과 야당동 등 개발 가능성이 높은 지역에 상하수도를 비롯한 생활 인프라를 개선하겠다고 덧붙였다.

휴가 중에도 ○○○ 시장은 골목상권을 돌며 민심의 목소리에 귀 기울였다. 예정대로라면 8월 첫째 주가 휴가였지만 지난 1일 전통시장을 찾아 소상공인을 위로한 것이다. 금촌통일시장을 방문해 물가 인상과 코로나 사태의 장기화, 경기 침체의 삼중고를 겪고 있을 상인들을 위로했다. ○○○ 시장은 이 자리에서 골목상권을 활성화하는 방안들을 고민하고 있다며 앞으로도 전통시장 살리기에 힘쓰겠다고 말했다.

■ '시민 소통관' 신설…시민·언론·시민단체 소통 네트워크 잇는다

'열린 행정'을 강조한 ○○○ 시장은 시민 소통관직을 신설했다. 소통창구를 다변화해 시민들의 목소리를 더 많이 듣겠다는 의도다. 시장실에 없는 시장이 되겠다고 공언한 ○○○ 시장은 공모를 통해 시민 소통관을 임명했다. 시민 소통관이 시민단체와 언론, 시민과 시청을 잇는 중요한 자리라며 소통관을 임명한 이유를 덧붙였다. 앞으로 소통관은 ▲시민사회 단체와의 관계 정립 ▲언론과 소통 협치 등 ○○○와 시민 사이의 가교역할에 나설 것으로 보인다.

앞서 폭우 상황에 취임식을 취소하고 재난 현장을 점검했던 ○○○ 시장은 풀뿌리 지역사회를 이끄는 이장과 통장을 만나는 등 소통 행보를 이어가고 있다. ○○○의 주인은 시민이라는 ○○○ 시장의 소통은 앞으로도 계속될 것으로 보인다.

Ⅲ 기획보도 작성 Tip

☐ 구조로 독자를 사로잡는 스토리텔링 [기획기사 뜯어보기]

○ 리드 : 스토리가 활기를 띠게 하는 장면이나 일화를 주고, 주인공을 소개하라. 기사가 무엇에 대한 것이고 왜 그들이 주요 인물인지 알려주는 괜찮은 멘트도 좋다.

- 민선 8기가 새롭게 꾸려진 만큼 시민들의 기대가 컸다. 기대에 부응하듯 ○○○ 시장은 소통에서 그 해답을 찾았다

- 격의 없는 소통에서 창의적인 생각과 행동이 나온다며 이는 '시민 중심 더 큰 ○○'로 가는 밑거름이라고 피력했다

- ○○○의 '소통문'을 열겠다는 ○○○ 시장의 소통 발자취를 따라가 본다

○ 핵심문단 : 기사가 무엇에 대한 것인지, 왜 독자들이 관심을 가져야 하며 왜 시의적절한지 명확하게 묘사하라. 연구, 소송, 뉴스 이벤트, 정책 변화 또는 스토리와 결부되는 중요한 것을 파악하라. (공무원 조직 '소통 첫걸음'이 키워드다)

- 읍면동 방문하며 '소통' 첫걸음...공무원 소통 간담회 개최

- 일주일 동안 ○○○ 관내의 17개 읍면동을 하나하나 찾은 것이다

- 주거와 상업, 문화시설을 지역 특성에 맞도록 조화롭게 만들고 ○○○ 곳곳을 유기적으로 연결해 자족도시로 우뚝 세우겠다는 뜻을 밝혔다

- 금릉역 앞 청년공간 GP1934(Global Pioneer. 19세~34세)에서 7~9급 주무관들과 색다른 간담회를 가지며, 열린 조직을 만들기 위해 2030 청년들의 목소리를 듣겠다는 취지를 전했다

○ 한 장면 : 이 장면은 리드에서 지속되는 것일 수 있다. 또는 리드에 등장하는 사람을 다른 장소나 시간에서 이어가거나, 완전히 다른 장소나 사람들을 가져 다줄 수도 있다. 사람들이 어떤 흥미로운 장소에서 무언가를 하고 있는 장면 이어야 한다. (민원부터 민생까지 현장성 '소통행정'으로 확장시켰다)

- 현장성 '소통행정'...산남동 인허가부터 '골목상권' 민생까지

- 시민 중심의 현장성 소통행정도 이어졌다. ○○○ 시장은 산남동 민원 현장을 방문해 토지개발로 인한 시민들의 애로사항을 들었다

- 휴가 중에도 ○○○ 시장은 골목상권을 돌며 민심의 목소리에 귀 기울였다

○ 배경 혹은 또 다른 장면 : 이제는 멀리 떨어져 볼 차례다. 핵심 문단에 언급된 연구들, 소송들, 정책들 또는 다른 뉴스 이벤트들에 대한 정보에 살을 붙이기 위해, 각각에 대한 세부적인 내용들이 필요하다. 혹은 또 다른 장면으로 핵심 문단을 뒷받침하는 행사나 정책들, 통계나 의미 있는 다른 정보들을 제시한다.

- '열린 행정'을 강조한 ○○○ 시장은 시민 소통관 직을 신설했다. 소통창구를 다변화해 시민들의 목소리를 더 많이 듣겠다는 의도다

○ 마지막 문단 : 무엇을 선택하든 마지막 문단은 기사가 끝났다는 것에 대해 만 족감을 느끼게 해주고, 주인공들이 여전히 마주한 사건이나 문제나 앞으로 희망을 주는 내용이 좋다. (소통행보의 지속성 강조하며 마무리했다)

- 앞서 폭우 상황에 취임식을 취소하고 재난 현장을 점검했던 ○○○ 시장은 풀뿌리 지역사회를 이끄는 이장과 통장을 만나는 등 소통 행보를 이어가고 있다

〈자치단체장 '취임 100일' 기획기사〉

지자체장이 당선된 이후 100일을 기점으로 소통과 관련된 기획기사들이 쏟아진다. 천편일률적인 소통이 아닌 차별화된 기획기사를 쓸 수는 없을까. 고민 끝에 스토리 텔링과 구조적인 방식으로 차별화를 시도했다. '시민 중심 더 큰 ○○' 시정철학을 중심으로 '읍면동 방문을 시작으로 소통 첫 단추'라는 메시지를 기획했다. 공무원 조직부터 소통문을 열고 민원부터 민생까지 현장성 '소통 행정'을 확대한다는 방식 으로 스토리라인을 구성했다. 병렬적인 나열식 소통 기사보다 짜임새가 있었다.

"글의 설득력이나 감동은 구성에서 나온다. 구성력은 글에 들어가야 할 구성 요소를 얼마나 알고 있고 어떻게 유기적으로 연결 짓는지를 의미한다. 단순히 서론, 본론, 결론이나 기승전결이 아닌 실질적인 짜임새를 결정하는 글깃다. 구성 요소를 얼마나 세분화하고 다양화할 수 있는지가 곧 구성력의 핵심이다."

– 〈글쓰기 바이블〉 강원국, 백승권 박사 지음

▲ 공무원 간담회

시장, 읍면동 방문으로 소통 첫 단추

산남동 인허가 '애로사항' 청취… '시민 소통관' 신설

▲ 파주시장

▲ 산남동 난개발 인허현장 방문

▲ 집중호우 긴급대책회의

시장, '소통문' 열겠다… 읍·면·동 방문으로 소통 첫 단추

산남동 인허가 '애로사항' 청취… '시민 소통관' 신설

민선 8기가 새롭게 꾸려진 만큼 시민들의 기대가 크다. 기대에 부응하듯 김경일 시장은 소통에서 그 해답을 찾았다. 시정 안팎에서 소통의 문을 먼저 열고 인사 혁신과 조직개편으로 이어 가겠다는 것이다. 거의 없는 소통에서 창의적인 생각과 행동이 나온다며 이는 '시민 중심 더 큰 파주'로 가는 밑거름이라고 피력했다. 김경일 시장은 읍면동 방문을 시작으로 지급별 간담회를 열었고 시민 소통관도 신설하며 소통창구를 늘렸다. 휴가 중에는 골목상권을 들러 시민들의 목소리도 들었다. 파주시의 '소통문'을 열겠다는 김경일 시장의 소통 발자취를 따라가 본다.

△ 김경일 파주시장　　△ 집중호우 긴급대책회의
/사진=파주시 제공

Ⅰ 읍면동 방문하며 '소통' 첫걸음… 공무원 소통 간담회 개최

Ⅱ 현장성 '소통행정' 이어져… 산남동 인허가부터 '골목상권' 인생까지

Ⅲ '시민 소통관' 신설… 시민·언론·시민단체 소통 네트워크 잇는다

정경향 기자 jinghappress.com

△ 김경일 파주시장 공무원 간담회　　△ 산남동 난개발 인허현장 방문

Ⅰ. 부서참고용 기획안 (8월)

[기획] "시장실에 앉아 무슨 일을 하겠습니까?"
- '화목한 이동시장실' 시즌2...○○○ 시장만의 '소통 방정식' 확대

■ '화목한 이동시장실' 확대...예술인·청소년 만난다
■ '농민기본소득 사용처' 확대부터 '주민참여 예산'까지...민생 강조

- ○○○ 시장은 소통을 시작으로 민선 8기의 신호탄을 쏘아 올렸다. 민선 8기가 새롭게 꾸려진 만큼 시민들의 기대가 컸는데, 기대에 부응하듯 ○○○ 시장은 소통에서 그 해답을 찾았다.
- 일주일 동안 ○○○ 관내의 17개 읍면동을 하나하나 찾은 것이다. 기관장과 단체장을 만난 자리에서 마을의 애로사항과 건의 사항을 들었고 시정 발전에 대한 다양한 의견을 나누었다.
- 공무원들의 소통 간담회도 이어갔다. 금릉역 앞 청년공간 GP1934(Global Pioneer. 19세~34세)에서 7~9급 주무관들과 색다른 간담회를 가진 것이다. 열린 조직을 만들기 위해 2030 청년들의 목소리를 듣겠다는 취지였다.
- 시민 중심의 현장성 소통행정도 이어졌다. ○○○ 시장은 산남동 민원 현장을 방문해 토지개발로 인한 시민들의 애로사항을 들었다.
- '열린 행정'을 강조한 ○○○ 시장은 시민 소통관직을 신설했다. 소통창구를 다변화해 시민들의 목소리를 더 많이 듣겠다는 의도다. 소통관은 ▲시민사회단체와의 관계 정립 ▲언론과 소통 협치 등 ○○○와 시민 사이의 가교역할에 나설 것으로 보인다.

■ 기획안 작성 Tip

⇒ 대통령으로 당선되면 삼청동에 인수위원회가 꾸려진다. 첫 조각으로 인적쇄신, 조직개편, 메시지 기획을 담아내는데, 중앙정부의 축소판인 지자체도 같은 맥락이다. 화목한 이동시장실(화요일과 목요일 시민 소통)은 메시지 기획의 좋은 사례였다.

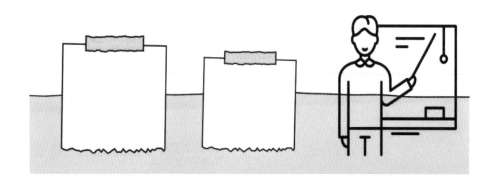

Ⅱ. 기획 보도자료

보도일시		2023.8. 배포 즉시				
사진	○	자료	×	매수	2	전문위원	○○○(031-940-4120)
담당부서		소통홍보관(언론팀)		담당자		김태욱(031-940-4077)

[기획] "시장실에 앉아 무슨 일을 하겠습니까?"
- '화목한 이동시장실' 시즌2⋯○○○ 시장만의 '소통방정식' 확대

"서울보다 넓은 ○○○에서 시장이 시장실에 앉아 무슨 일을 하겠습니까? 시민들과 직접 만나 소통하겠습니다" - 제8회 전국동시지방선거 시장 공약 中
시민과의 대화를 중시한 ○○○ 시장의 소통 행보가 계속되고 있다. 읍면동 방문을 시작으로 시청 문턱을 낮췄던 ○○○ 시장은 올해도 '화목한 이동시장실'을 이어갔다. 기업인부터 농업인과 외식업인을 비롯해 각종 직능단체를 주제로 '화목한 이동시장실' 시즌2를 시작했다. 각계각층의 목소리를 담아 시정에 반영하겠다는 의도로 풀이된다. ○○○ 시장만의 '소통방정식'이 소통 방식부터 소통 주제까지 점차 확대되고 있다. 시민들이 궁금해하는 사항들을 하나하나 풀어냈다. 벽이 없는 소통에서 창의적인 생각과 행동이 나오고 이는 '시민 중심 더 큰 ○○'의 마중물이라고 강조했다.

■ '화목한 이동시장실' 확대...예술인·청소년 만난다

○○○는 앞으로 '화목한 이동시장실'을 확대한다. 외식업인과 농업인을 비롯해 소상공인들을 만난 자리에서 지역화폐 활성화 방안부터 에너지 지원 요청까지 나왔는데, 시민들의 다채로운 요구를 반영할 예정이다. ○○○ 시장은 20개 읍면동뿐만 아니라 예술인과 청소년, 보육인 등 다양한 분야의 시민들을 추가로 만날 계획이다. 앞서 ○○○ 시장은 새해 첫 '화목한 이동시장실' 방문지로 운정4동 행정복지센터를 찾았다. 시청 민원의 최전선에서 거침없이 시민들의 민원을 듣고, 각계각층으로 확대시키겠다는 의도에서였다. 시민들과 만난 자리에서 ○○○ 시장은 "지난해에 이어 올해도 시민들과 허심탄회하게 이야기를 나눌 수 있는 뜻깊은 시간이었다"라고 강조했다. '화목한 이동시장실'은 열린 행정으로 시민들의 참여 의지를 높였다는 점과 부서 칸막이로 민원이 지연될 수 있는 우려를 시장이 직접 나서서 해소한다는 측면에서 긍정적인 평가를 받고 있다.

Ⅲ 기획보도 작성 Tip

① 똑똑한 〈인터뷰 멘트〉 하나가 기획기사 전체를 이끈다

⇒ "서울보다 넓은 ○○○에서 시장이 시장실에 앉아 무슨 일을 하겠습니까? 시민들과 직접 만나 소통하겠습니다" - 제8회 전국동시지방선거 시장 공약 中

⇒ ○○○ 시장만의 '소통방정식'이 소통 방식부터 소통 주제까지 점차 확대되고 있다

⇒ 벽이 없는 소통에서 창의적인 생각과 행동이 나오고 이는 '시민 중심 더 큰 ○○'의 마중물이라고 강조했다

자치단체장 '취임 100일' 소통 기획기사가 반응이 좋아 〈소통 시리즈〉 기획기사를 추가로 쓰게 됐다. 스토리텔링과 구성력, 확장적인 개념을 뛰어넘는 신박한 무언가가 필요한 상황에서 전국동시지방선거 ○○ 시장 공약 중에서 했던 인터뷰를 찾아냈다. 똑똑한 인터뷰 멘트 하나가 기획기사 전체를 이끌어 갈 수 있는 사례다.

"한국 언론계에서 기획기사의 3요소로 흔히들 사례와 통계, 전문가 멘트를 언급한다(남재일, 2004). 전문가 멘트를 취재 사례와 통계를 뒷받침하는 장식품 정도로 생각하는 경우가 많지만, 인터뷰의 품질은 기사의 품질에 직결된다. 진부하고 공허한 멘트는 기사 전체의 힘을 뺀다."
　　　　　　　　　- 〈탁월한 스토리텔러들〉 이샘물, 박재영 지음 이담북스

② 똑똑한 〈메시지 기획〉 하나가 기획기사를 견인한다

⇒ '화목한 이동시장실'은 열린 행정으로 시민들의 참여 의지를 높였다는 점과 부서 칸막이로 민원이 지연될 수 있는 우려를 시장이 직접 나서서 해소한다는 측면에서 긍정적인 평가를 받고 있다

화요일과 목요일 저녁 시민들을 직접 현장에서 만난다는 취지로 '화목한 이동시장실'이 만들어졌다. 시정철학과 메시지 전달력 측면에서 우수한 기획으로 평가받았다.

■ '농민기본소득 사용처' 확대부터 '주민참여 예산'까지...민생 강조

코로나와 물가 인상으로 서민 지갑이 얇아진 만큼 민생경제와 관련된 민원이 많았다. '○○페이 활성화'가 대표적인 사례로, 소상공인부터 농민들까지 한목소리로 요구했다. 농민기본소득에 대한 ○○페이 건의도 있었다. '이동시장실'에 참석한 김기봉 씨는 "농민기복소득으로 일정 금액을 ○○페이로 받고 있는데, 사용처에 제한이 있다"라며 "농민들이 농자재를 구입하기 위해 사용처를 늘려달라"고 강조했다. 관련 민원을 현장에서 접수한 ○○○는 즉시 경기도에 건의했고 경기도 지역화폐 심의위원회에서 농협과 축협 사업장에서 ○○페이를 사용하도록 결정했다. 시민들의 ○○페이 요구는 비단 농촌뿐만 아니라 골목상권부터 외식업계까지 다양했는데, ○○○는 이들의 민원을 하나하나 점검하고 있다. ○○페이는 골목상권을 찾는 소비자들에게 10%의 인센티브를 제공하며 소비의 선순환 구조를 만든다. 경기도민 10명 가운데 8명이 지역화폐가 골목경제를 살린다는 설문조사도 이를 뒷받침했다. 민생을 위해 ○○○가 올해 ○○페이 예산으로 104억 원을 편성한 이유다.

주민참여예산을 늘려달라는 목소리도 나왔다. 주민참여예산이 시급한 사업부터 처리되는 상황에서 새로운 사업이 진행되지 못하는 불만에서 비롯됐다. 파평면 '이동시장실'에 참석한 이재흥 씨는 "기반시설이 낙후된 곳에서 밀리는 사업만 항상 밀려왔다"라며 "○○○ 발전을 위해 주민참여예산을 늘려달라"고 강조했다. 현장에서 시민의 제안을 들은 ○○○ 시장은 재정 여건을 고려해 주민참여예산을 점차 확대하겠다고 약속했다. ○○○ 주민참여예산은 2021년 96억 원 규모에서 꾸준히 늘어났다. 올해는 작년보다 4.4% 증가한 104억 원 상당이다. ○○○는 일반회계의 1% 범위 내에서 매년 주민참여예산을 확대해 추진하고 있다. 시민들의 의견이 시정에 반영된 결과다. 열린행정을 지향하는 ○○○는 매년 예산편성을 위해 주민들에게 설문조사를 실시하고 있다. 올해 예산 역시 지난해 설문조사에서 ▲재정운용 방향 ▲지방재정 확충 방안 ▲분야·부문별 투자 우선순위 ▲재정운영 관련 개선 의견 등 16개 항목에 대해 의견을 물었고 시민들의 목소리가 반영됐다.

○○○ 시장의 핵심 시정가치는 '시민'이다. '시장실에 없는 시장'이 되겠다고 강조한 ○○○ 시장은 산남동 민원 현장을 방문해 토지개발에 따른 시민들의 애로사항을 경청한데 이어 휴가 중에도 골목상권을 돌았다. 소통창구를 늘려 시정과 시민 편의, 민원 행정을 한곳에 담고 시민들의 목소리를 더 가까이에서 듣기 위함이다. 앞으로도 ○○○ 표 '시민 중심 더 큰 소통 ○○'가 계속되기를 기대해 본다.

Ⅲ 기획보도 작성 Tip

③ 〈인터뷰 멘트〉를 섞어서 쓰면 병렬식 정책나열보다 쉬워진다

⇒ ○○읍 '이동시장실'에 참석한 김기봉 씨는 "농민기복소득으로 일정 금액을 ○○페이로 받고 있는데, 사용처에 제한이 있다"라며 "농민들이 농자재를 구입하기 위해 사용처를 늘려달라"고 강조했다

⇒ 파평면 '이동시장실'에 참석한 이재흥 씨는 "기반시설이 낙후된 곳에서 밀리는 사업만 항상 밀려왔다"라며 "○○○ 발전을 위해 주민참여예산을 늘려달라"고 강조했다

인터뷰 인용은 기획기사에서 중요한 역할을 담당한다. 어렵고 딱딱한 기획기사를 인용문구로 알기 쉽게 풀어서 쓸 수 있고 정책설명회에 실제로 참석한 사람의 목소리를 담아냄으로써 정책의 신뢰도를 높인다. 특히 직군에 대한 대표성까지 대변하게 되면서 기사에서 필수적인 요소다. 반대로 기자의 입장에서는 촌철살인역할을 신빙성 있는 인터뷰에서 찾는 경우도 많다. 르포나 현장고발 방송기사를 보면 내부고발자를 직접 찾아 인터뷰를 담아 단독기사로 처리하는 경우도 있다.

"미국의 '프로퍼블리카'에 실린 기사를 보면 인터뷰의 중요성을 실감할 수 있다. 시카고시가 수익을 끌어올리기 위해 자동차에 부착하는 스티커 관련 과태료를 올렸는데, 해당 정책이 저임금 흑인들을 빚으로 내몰고 있다는 내용이다. 기사는 시카고시의 과태료 상승이 어떤 결과를 초래했는지를 자체분석을 통해 제시하고 있다. 이에 대해 시카고시는 불충분한 답변을 제시했지만, 기자는 당시 정책 결정에 관여한 직원을 인터뷰해 심층 기사를 쏟아냈다."

– 〈탁월한 스토리텔러들〉 이샘물, 박재영 지음 이담북스

Special News

경기도 ▓▓▓▓▓

" 시민들과 직접 만나 소통하겠습니다

최병연 기자 bycho500@ktoday.co.kr

'화목한 이동시장실' 시즌2
김경일 파주시장만의
'소통 방정식' 확대 나서…

시민과의 대화 중시 등
다양한 소통 채널 가동
각계각층 목소리 시정 반영

'화목한 이동시장실' 확대…
예술인·청소년 만나다

'농민기본소득 사용처' 확대부터
'주민참여 예산'까지…민생 강조

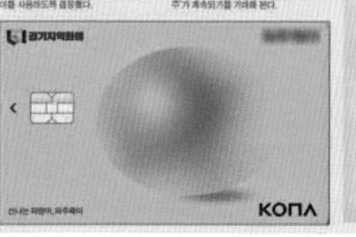

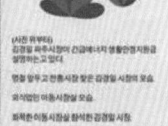

경기지역화폐

KONA

"시장이 시장실에 앉아 무슨 일을 하겠습니까?"

"서울보다 넓은 파주시에서 시장이 시장실에 앉아 무슨 일을 하겠습니까? 시민들과 직접 만나 소통하겠습니다"

■ '화목한 이동시장실' 확대…예술인·청소년 만나다

■ '농민기본소득 사용처' 확대부터 '주민참여 예산'까지…민생 강조

파주 = 신한 기자

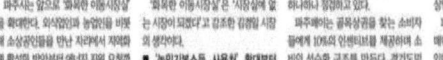

Ⅰ. 부서참고용 기획안 (9월)

[기획] 청년들의 희망 놀이터, 'GP1934'
- '원데이 클래스'부터 '버스킹'까지...함께 소통한다

■ '청년을 ○○하다'...'GP1934' 소통 중심으로 키운다
■ '청년창업가 원데이클래스'부터 청년 군인 취업특강까지

- 글로벌 개척자. 청년들의 희망이 현실이 되는 'GP1934'(Global Pioneer. 19세~34세)의 뜻이다. 금릉역 앞에 조성된 문화공간으로 19세부터 34세 청년들이 당찬 포부를 갖고 전 세계로 뻗어가도록 ○○○에서 지원했다.
- 9월 셋째 주 토요일은 '청년의 날' 축제가 진행되는데, ▲청년 작가들의 꿈을 응원하는 예술품 경매 ▲자신만의 버킷리스트를 공유하는 토크쇼와 버스킹 공연 ▲일터와 놀이터를 한곳에 품은 프리미엄아울렛 현장 채용 등이 진행됐다.
- 'GP1934'에서 청년들이 마음껏 공부할 수 있고, 자신들을 위한 정책에 의견을 낼 수 있도록 하는 것이다. 이를 뒷받침하듯 'GP1934'는 청년들의 직접 참여로 만들어졌다.
- 청년 공간 이용자인 김다솜 씨는 "청년 공간에서 친구와 둘이서 최종 면접을 준비했는데, 같은 기업 면접대상자를 만나 정보를 공유할 수 있어서 좋았다"며 감사의 말을 전했다.
- 원데이클래스는 ○○○에 생활권을 둔 39세 이하의 청년 사업가들을 대상으로 한다. 청년 창업가들이 본인의 사업장에서 지역 청년을 대상으로 프로그램을 진행하는 점이 특징이다.

■ 기획안 작성 Tip

⇒ 기사의 기본원칙은 육하원칙(5W1H)인데, 이번 기사는 장소에 방점이 찍혔다. 장소 + 숫자 + 시의성(청년 축제)이 맞물리면서 당시 청년정책담당과는 가장 좋은 홍보실적을 받았다.

보도자료	보도희망 일시	9월 14일(수) 배포
	관련사진 있음	작성 총2쪽

과장 : 청년정책담당관 ○○○
팀장 : 청년정책팀장 ○○○, 전화 : 031)940-0000
담당 : 주무관 ○○○, 전화 : 031)940-0000

이 보도자료와 관련하여 더 자세한 내용 설명이나 취재를 원하시면 청년정책담당관 청년정책팀 ○○○ 주무관에게 연락해 주시기 바랍니다.

청년을 위한 제1회 '○○ 청년희망축제' 개최
- 오는 17일, 금릉역 중앙광장에서 열려 -

경기 ○○○(시장 ○○○)가 '청년의 날을' 맞이해 오는 17일 금릉역 앞 중앙광장에서 '제1회 ○○ 청년희망축제'를 개최한다.

시에 따르면 청년희망축제는 청년문화 활성화를 위해 올해 처음 여는 행사로 지역 유일의 청년축제다.

이번 축제를 통해 청년이라는 소중한 시간을 마음에 잘 간직하길 바라는 의미를 담아 '청년을 ○○하다'라는 슬로건을 내걸었다.

무엇보다 청년이 직접 주도하고 기획해 만든 축제로 축제추진기획단과 ○○○가 함께 준비했으며, 청년들이 소통·공감할 수 있는 참여형 축제로 펼쳐진다.

이날 축제에서는 '버킷리스트'를 주제로 ▲청년강연 ▲청년예술품 경매 ▲청년창업가 제품 전시·홍보부스 ▲뮤직토크쇼 ▲프리미엄아울렛 현장채용 ▲체험부스 ▲청년단체·유관기관 홍보부스 운영 등 다채로운 프로그램이 진행될 예정이다.

청년강연은 '청년의 꿈과 주체적 삶의 행복'을 주제로 20개가 넘는 N잡러이자 ㈜몽캣 대표인 '서울대 꼴찌'의 저자 이성빈 작가와 프리랜서 여행가이자 '바나나 그다음', '은둔형 여행인간'의 저자인 박성호 작가가 진행한다.

오후 3시엔 청년 창업가들의 판로 제공을 위해 10여 곳의 청년창업가 홍보부스가 운영되며, 지역 청년들이 제작한 참신한 아이디어의 각종 수공예품 등을 전시해 창업 활동에 힘을 보탤 예정이다. 또한, 프리미엄아울렛과 협업해 축제를 즐기러 온 청년들에게 채용행사도 진행해 미취업 청년들에게 일자리를 제공하고, 지역기업에는 필요 인재를 연계하여 상생을 추진할 계획이다.

이 밖에도 유관기관 홍보부스에서는 청년 마음 스트레스 측정, 중진공 경기북부 청년창업사관학교의 창업지원 프로그램, 고용복지플러스센터의 워크넷 구직신청 및 메타버스 체험 등 청년들에게 유익한 정보도 제공한다.

또한, '청년예술품 경매'를 통해 신진 청년 예술가들에게 홍보·판매 기회를 제공한다.

청년들의 마음을 위로하기 위한 청년 공감 뮤직토크쇼 '버킷쉐킷'도 진행한다. 현장에 참석한 청년들의 버킷리스트를 종이비행기로 접어 무대 위에 날리며 사연을 공유하며 사연과 어울리는 즉석 연주를 선사할 계획이다.

오후 6시부터 시작되는 청년 버스킹은 카키마젬을 비롯한 청년 음악인들의 무대로 펼쳐지며, 관객은 인삼농협의 홍삼 맥주를 시음하며 낭만적인 공연을 즐길 수 있다.

○○○ 시장은 "첫 회인 ○○ 청년희망축제의 성공적 개최로 청년문화가 활성화되는 마중물이 되길 기대하며, 향후 ○○ 청년희망축제가 ○○○ 대표 축제로 자리매김할 수 있도록 청년 여러분들의 많은 참여와 응원을 부탁드린다"고 말했다.

한편, 행사는 청년 누구나 참여 가능하며, 자세한 사항은 ○○○ 홈페이지에서 확인하거나 청년정책담당관으로 문의하면 된다.

2022년 제1회 ○○ 청년희망축제 세부계획
- 청년을 ○○하다

[추진개요 정리]	청년정책담당관

■ 행사명 : 제1회 ○○ 청년희망 축제 – 청년을 ○○하다
■ 슬로건 : 청년을 ○○하다 (청년이라는 소중한 시간을 마음속에 간직하다)
■ 일 시 : 2022.9.17.(토)청년의 날 16:00~20:00
■ 장 소 : 금릉역 앞 중앙광장 + 청년공간 GP1934
■ 예산액 : 00,000천 원 / 전액 시비
■ 주최·기획 : ○○○·청년축제기획단
■ 주요행사 : 개막식, 강연, 체험활동, 문화공연 등
■ 축제소재 : '버킷리스트'
 – 다양한 경험이 없는 청년들이 좋아하는 일을 찾고, 이룰 수 있는 작고 큰 목표를 만드는 경험을 갖도록 '버킷리스트'를 소재로 선택
■ 메인컬러 : 파란색, 주황색
■ 추진방법 : 전문업체 행사용역 / 수의계약

□ **세부 프로그램**

○ **청년강연 '버킷을 말하다'** / 45분 강연 및 15분 청년과 소통

- **강연자 : 박성호 작가**
 - 저서 : 바나나 그다음, 은둔형 여행인간
 - 이력 : 카이스트대 과수석 졸업, 대치동 키즈 노동으로 모은 천만원으로 20개국 90개 도시여행
- **강연자 : 이성빈 작가**
 - 저서 : 서울대 꼴찌
 - 이력 : 꿈을 찾아 다양한 경험을 하며 20개가 넘는 직업과 회사 대표로 활동

○ **청년 일일다방** / 청년이 직접 一日 운영하는 청년공간 GP1934

Ⅱ. 기획 보도자료

보도일시	2023.9. 배포 즉시				
사진	○	자료	×	매수	2	전문위원	○○○(031-940-0000)
담당부서	소통홍보관(언론팀)			담당자	김태욱(031-940-4077)

[기획] 청년들의 희망 놀이터, 'GP1934'
- '원데이 클래스'부터 '버스킹'까지…함께 소통한다

글로벌 개척자. 청년들의 희망이 현실이 되는 'GP1934'(Global Pioneer. 19세~34세)의 뜻이다. 금릉역 앞에 조성된 문화공간으로 19세부터 34세 청년들이 당찬 포부를 갖고 전 세계로 뻗어가도록 ○○○에서 지원했다. 스터디룸을 비롯한 공간대여부터 맞춤형 교육, 청년 정책지원 등이 'GP1934'의 주요 업무다. 청년들에게 취약한 재테크 교육부터 학업과 취업, 창업 상담까지 청년들만의 다채로운 프로그램들이 눈에 띈다. 특히 청년의 날(9월 17일)을 맞아 ○○○에서 '청년 희망 축제'도 준비했다. 청년 문화를 꽃피우기 위해 시에서 처음으로 개최한 행사로서 청년들이 함께 소통하고 공감하는 광장을 만들겠다는 목적으로, ○○○ 유일의 청년 축제기도 하다. 최근에는 시청 문턱을 낮추고 청년들의 목소리를 더 가까이에서 듣기 위해 청년 정책협의체와 간담회도 함께했다. 청년들의 희망이 움트는, ○○○ 소통 광장 'GP1934'의 힘찬 발걸음을 따라가 보자.

■ '청년을 ○○하다'…'GP1934' 소통 중심으로 키운다

○○○에서는 청년들이 축제를 직접 기획하고 참여하는 자리를 마련했다. '청년을 ○○하다'라는 슬로건으로 인생에서 가장 찬란한 시절인 청춘을 잘 간직하길 바라며, '버킷리스트'라는 주제로 청년들의 참여와 소통을 이끌었다. 축제에서는 ▲카이스트 대학을 졸업한 박성호 여행작가의 청년강연 ▲청년 작가들의 꿈을 응원하는 예술품 경매 ▲자신만의 버킷리스트를 공유하는 토크쇼와 버스킹 공연 ▲일터와 놀이터를 한곳에 품은 프리미엄아울렛 현장 채용 ▲청년들의 창업지원부터 구직 정보를 제공하는 홍보부스 운영 등 다양한 프로그램들이 진행됐다. 청년들의 열띤 참여 속에 축제는 성공적으로 끝마쳤다.

Ⅲ. 기획보도 작성 Tip

① 육하원칙에서 〈장소〉와 〈시의성〉에 초점을 맞춘 기획

⇒ 청년들의 희망 놀이터, 'GP1934'

⇒ 글로벌 개척자. 청년들의 희망이 현실이 되는 'GP1934'(Global Pioneer. 19세~34세)의 뜻이다

⇒ 금릉역 앞에 조성된 문화공간으로 19세부터 34세 청년들이 당찬 포부를 갖고 전 세계로 뻗어가도록 ○○○에서 지원했다

⇒ 청년의 날(9월 17일)을 맞아 ○○○에서 '청년 희망 축제'도 준비했다. 청년 문화를 꽃피우기 위해 시에서 처음으로 개최한 행사로서 청년들이 함께 소통하고 공감하는 광장을 만들겠다는 목적으로, ○○○ 유일의 청년 축제기도 하다

육하원칙과 두괄식 글쓰기는 보도자료의 중요한 기본원칙이다. 여기에서 육하원칙을 찬찬히 살펴보면 각각의 구성요소에 맞춘 기획기사를 작성할 수 있다. 첫 번째로 '누가'이다. 기사의 파급력 측면에도 중요한 요소인데, 정책 사항을 대통령이 말했는지, 자치단체장이 언급했는지, 담당 주무관이 약속했는지에 따라 임팩트가 달라진다. 두 번째로 '언제'이다. 시의성인데, 왜 지금시점에 기사가 되는지 여부다. 9월 셋째 주 토요일은 '청년의 날'이므로 기획기사에 힘을 실어줬다. 세 번째로 '어디서'이다. 특히 이번 기획기사는 ○○○에서 시민들의 목소리를 반영해 청년들의 공간인 'GP1934'를 조성했다는 측면에서 의미가 있었다. 언론이 좋아하는 숫자와 시의성이 겹치면서 기획기사가 많이 보도됐고, 당시 청년정책담당과는 가장 좋은 홍보 실적을 받았다. 같은 맥락으로 육하원칙에 하나하나 의미를 부여한 기획기사를 쓸 수 있다.

"중요한 것은 '야마'(중심내용)가 아니라 '앵글'(관점과 각도)이다. 앵글은 단순히 기사 방향을 의미하는 게 아니라 어떤 소재에서 '나만의 무언가'가 무엇인지, 다른 사람이 찾지 못한 측면으로 '차별화'할 수 있는 요소가 무엇인지에 대한 것이다. 같은 이유에서 미국 저널리즘은 단순한 기사의 야마보다 언론매체의 차별화를 위한 앵글이 더 중요하다고 생각한다."

      - 〈탁월한 스토리텔러들〉 이샘물, 박재영 지음 이담북스

○○○는 'GP1934'를 청년들의 꿈과 열정을 담아내는 '희망 놀이터'로 키우겠다는 생각이다. 'GP1934'에서 청년들이 마음껏 공부할 수 있고, 자신들을 위한 정책에 의견을 낼 수 있도록 하는 것이다. 이를 뒷받침하듯 'GP1934'는 청년들의 직접 참여로 만들어졌다. 경기도 도내 31개 시군 중에는 처음으로 청년들의 목소리를 듣고 청년 공간이 만들어졌다는 측면에서 상징성도 컸다. 청년들의 관심 덕분에 'GP1934'에 대한 참여도 꾸준히 늘고 있다. 지난 4월 문을 연 이후 8월 말까지 청년 공간 이용자가 1,230명으로 하루 평균 12명이 'GP1934'을 찾고 있다. 청년 공간 이용자인 김다솜 씨는 "청년 공간에서 친구와 둘이서 최종 면접을 준비했는데, 같은 기업 면접대상자를 만나 정보를 공유할 수 있어서 좋았다"며 감사의 말을 전했다. 최근에는 청년들과 벽이 없는 소통을 위해 청년정책협의체 간담회도 이곳에서 진행됐다. 청년과 청년정책, 소통을 한곳에 담아 청년들의 참여를 이끌고 정책효능감을 높이겠다는 뜻으로 풀이된다.

■ '청년창업가 원데이클래스'부터 청년 군인 취업특강까지

○○○는 청년들이 원하는 맞춤형 교육도 진행하고 있다. 창업한 청년에게는 사업장 홍보와 클래스 기회를 제공하고, 다양한 취미활동을 원하는 청년들에게는 저렴한 비용으로 지역 내 문화활동을 지원하겠다는 것이 ○○○의 목적이다. 현재 청년창업가 모집으로 ▲천연 비누 만들기 ▲동양화 채색 ▲스포츠 리듬트레이닝 등의 프로그램이 꾸려졌다. 원데이클래스는 ○○○에 생활권을 둔 39세 이하의 청년 사업가들을 대상으로 한다. 청년 창업가들이 본인의 사업장에서 지역 청년을 대상으로 프로그램을 진행하는 점이 특징이다. 청년 창업가들은 자신의 창업을 홍보할 수 있고, 프로그램을 듣는 청년들은 시청에서 여가활동을 지원받으며 일석이조의 효과가 있다. 청년과 청년이 서로 이어지면서, ○○○만의 청년 공간이 넓어졌다는 평가를 받는다. ○○○는 취업 걱정에 시름하는 청년들이 문화 활동과 취미생활을 하면서 동시에 창업으로 이어지는 선순환 구조를 만들겠다고 밝히며 매달 프로그램을 확대 운영하겠다고 전했다. 접경지역의 특성에 맞게 군부대 청년 장병들을 위한 프로그램도 마련됐다. ○○○ 제6953부대의 청년 군 장병들을 대상으로 '4차 산업혁명 시대, 미래직업 트렌드'라는 주제로 특강을 열었다.

청년들과 소통을 중시한 배경에는 ○○○ 시장의 굳은 의지가 있었다. 취임 직후 시청 내 MZ세대 공무원들과 대화의 물꼬를 튼 ○○○ 시장은 청년정책협의체 간담회에 이어 유튜브에도 출연하는 등 광폭 행보를 보이고 있다. 청년들의 꿈이 현실이 되고 희망이 꽃피는 ○○○를 바라며 'GP1934'가 청년 소통광장이자 희망 놀이터, 교육과 창업을 잇는 복합문화센터로 발돋움하길 기대해 본다.

III 기획보도 작성 Tip

② 정책 수요자를 고려한 기획기사는 효능감을 높인다 (feat. 논문)

⇒ ○○○는 'GP1934'를 청년들의 꿈과 열정을 담아내는 '희망 놀이터'로 키우겠다는 생각이다

⇒ 'GP1934'는 청년들의 직접 참여로 만들어졌다. 경기도 도내 31개 시군 중에는 처음으로 청년들의 목소리를 듣고 청년 공간이 만들어졌다는 측면에서 상징성도 컸다

⇒ 지난 4월 문을 연 이후 8월 말까지 청년 공간 이용자가 1,230명으로 하루 평균 12명이 'GP1934'을 찾고 있다

⇒ 청년 공간 이용자인 김다솜 씨는 "청년 공간에서 친구와 둘이서 최종 면접을 준비했는데, 같은 기업 면접대상자를 만나 정보를 공유할 수 있어서 좋았다"며 감사의 말을 전했다

⇒ 청년들의 꿈이 현실이 되고 희망이 꽃피는 ○○○를 바라며 'GP1934'가 청년 소통광장이자 희망 놀이터, 교육과 창업을 잇는 복합문화센터로 발돋움하길 기대해 본다

청년정책의 수요자는 청년이다. 청년들의 목소리가 정책으로 이어지고, 정책에 대한 평가를 인터뷰로 활용했다는 측면에서 기획기사의 소구력이 높아졌다. 시쳇말로 '잘 팔리는 기사'가 됐다. 동시에 정책효능감도 상승하는데, 청년은 자신이 처한 환경에서 자신의 이익에 도움이 되는 특정 정책에 관한 기대감 혹은 관심이 높을수록 정부에 대해 높은 신뢰감을 보인다는 정책 논문이 이를 뒷받침한다.(정책 기대감과 정책 효능감이 정부신뢰에 미치는 영향에 관한 연구논문 2021.09 〈한국행정연구소〉) 기획기사 역시 청년정책의 수요자와 공급자를 청년의 관점에서 조망했다는 측면에서 차별성을 만들어냈다.

"어떤 언론을 대상으로 보도자료를 쓸까 생각하기 전에 먼저 누가 읽어야 하나를 고민하자. 즉 누구를 위한 정책인가에 답해야 한다. 바로 정책 이용자나 정책 수혜자, 정책 참여자가 주요 목표 공중(공공문제에 대해 관심을 표명하고 그들의 관심이 정책결정의 고려 대상이 되는 다수의 사람)이 되어야 한다."
- 〈정책홍보 보도자료 작성 실무〉 김태욱, 한정진 지음 커뮤니케이션북스

GP1934

청년들 꿈 담아내는
'희망 놀이터'로 키운다

교육과 창업을 잇는 다채로운 프로그램 운영
'원데이 클래스'부터 '버스킹'까지… 함께 소통

① 제1회 파주 청년희망축제에서 청년들과 함께 김경일 시장
② GP1934 건물안 라운지
③ 시청사 GP1934에서 공무원 간담회
④ 제1회 파주 청년희망축제 참가한 김경일 시장
⑤ GP1934에서 청년버스킹
⑥ GP1934에서 정책협의체와 소통

청년을 파주하다 – 'GP1934' 소통 중심으로 키운다

청년창업가 원데이클래스부터 청년 군인 취업특강까지

김 경 일 파주시장

파주시 취재부 기자

시청사 GP1934에서 공무원 간담회 / 파주시 제공

청년들의 희망 놀이터, ██시 'GP1934'

'원데이 클래스'부터 '버스킹'까지…함께 소통한다

제1회 파주 청년희망축제에 참가한 김경일 시장

GP1934에서 정책협의회와 소통

■ 청년을 파주하다 – GP1934 소통 중심으로 키운다

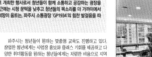

GP1934 건물안 라운지

GP1934에서 청년버스킹

■ 청년창업가 원데이클래스부터 청년 군인 취업특강까지

제1회 파주 청년희망축제에서 청년들과 함께한 김경일 시장

윤상병 기자 jonghapnews.com

Ⅰ. 부서참고용 기획안 (9월)

[기획] '○○인삼이 개성인삼' 축제 개막...고려인삼 명맥 잇는다
- 전국에서 유일한 개성인삼 재배지, 2배 이상 사포닌 함유

■ ○○인삼, 지역특산물로 '눈길'...전통성·품질 보증
■ 버거부터 샐러드까지, 대중화 노력...품종 개발에 박차

- 조선의 임금 영조가 '옥체 보존'을 이유로 백근(대략 60kg)의 인삼을 복용했다는 승정원 기록도 있듯, 인삼은 오랫동안 한약재로써 약방의 감초 역할을 톡톡히 해왔다. 그리고 인삼 중에 으뜸은 단연 개성 인삼이었다.
- 고려시대 최대 무역항이던 벽란도에서 중국과 아라비아로 교역이 이뤄지며 바다의 무역길을 고려 인삼으로 수놓은 것이다. 당대 최고 특산품으로 꼽혔던 고려 인삼의 대부분 산지는 장단지역이었다.
- 개성인삼은 개성을 중심으로 8개 지역에서 널리 재배됐는데, 남한에서 유일하게 ○○○ 장단면 일대가 개성 인삼의 주요 재배지였다. 국립중앙도서관에 소장된 '한국삼정요람'에서도 이를 자세히 기록하고 있다.
- ○○○는 10월 22일부터 이틀 동안 임진각광장과 평화누리 주변에서 ▲○○개성인삼 직거래장터 ▲전통놀이 제기차기 ▲인삼축제 전시관 ▲마술과 마임 공연 등 다양하고 흥미로운 행사와 축제 공간을 구상하고 있다.
- ○○인삼의 대중화 노력도 기울이고 있다. 인삼에 익숙하지 않은 MZ세대들에게 친숙한 이미지를 주기 위해 인삼 버거부터 인삼 샐러드까지 인삼을 활용한 음식들을 개발하고 조리법도 공유하는 것이다.

■ 기획안 작성 Tip

⇒ 농업진흥과를 비롯해 몇몇 곳은 보도자료의 기획성이 조금 아쉽다. 인삼축제는 전국에서 10곳이 넘는데, 차별성을 높이기 위해 역사적 자료를 추가했다. 당시 〈KBS 9시 뉴스〉에 소개되며 가장 뿌듯한 경험을 했다.

〈○○개성인삼축제 참여자 모집〉

1. 모집 사항

가. 사 업 명 : 제17회 ○○개상인삼축제 전문음식점, 농특산물(가공) 판매점 및 유료체험 등 참여자 모집 공고

나. 사업기간 : 2022. 10. 22. ~ 10. 23. (2일간)

※ ○○개성인삼축제 날짜를 10. 15. ~ 16.에서 10. 22. ~ 23.으로 정정 공고.

다. 사업장소 : 임진각 및 평화누리공원 일원(경기도 ○○○ 문산읍 임진각로)

라. 부스크기 : 5m×5m

마. 분 야

1) 전문음식점 2) 농특산물 판매점 3) 농특산물 가공판매점

4) 유료체험장 5) 거리화가 6) 인삼관련 가공기계 판매점

바. 사업내역 : 각 부분별 내역서 참조

※ 각 부분별 운영 내역은 축제의 사정에 따라 변경될 수 있습니다.

2. 참가 등록 신청서 접수

가. 신청기간 : 2022. 8. 3.(수) 10:00 - 8. 17.(수) 17:00

나. 신청장소 : ○○개성인삼축제추진위원회(○○시농업기술센터 농업진흥과)

다. 접수방법 : 직접 방문 제출(축제 참여자 유의사항 전달 및 확인, 우편접수 불가)

라. 참가자 시설부담금

1) 전문음식점 : 900,000원(부스6, 현수막1, 가스·전기·수도시설, 냉장고, 탁자)

2) 농특산물판매점 : 150,000원(부스1, 현수막1, 탁자2, 의자2)

3) 농특산물가공판매점 : 350,000원(부스1, 현수막1, 탁자2, 의자2)

4) 유료체험장 : 200,000원(부스1, 현수막1, 탁자2, 의자2)

5) 거리화가 : 입찰가격 및 제안 검토 후 결정(인원 10명), 대상 및 장소는 추진위에서 결정(최저 500,000원 입찰)

6) 인삼관련 가공기계 판매점 : 입찰가격 최고가 제시 업체(최저 500,000원 입찰, 부스1, 현수막1, 탁자2, 의자2)

※ 전기 추가 사용(오븐, 튀김기 등)에 대한 전기사용료 추가 부과(1Kw당 5만 원)
※ 선정된 대상자는 추후 통보되는 추진위원회 통장계좌번호로 시설 부담금 입금
※ 종량제봉투, 비닐봉지 등 배출자 부담의무로 일괄요금 부과

보도자료	보도희망 일시	9월 27일(수)부터 보도하여 주시기 바랍니다.
	관련사진 (관련자료)	있음 작성 총1쪽

과장 : 농업진흥과장 ○○○

팀장 : 체험농업팀장 ○○○ 전화 : 031)940-0000

담당 : 주무관 ○○○ 전화 : 031)940-0000

○○○, ○○개성인삼축제 추진위원회 개최

○○○(시장 ○○○)는 지난 25일 ○○○농업기술센터에서 올해 17회를 맞는 ○○개성인삼축제의 성공적인 운영을 위한 추진위원회를 개최했다고 밝혔다.

올해 ○○개성인삼축제는 아프리카돼지열병(ASF) 및 코로나19로 인해 4년 만에 정상적으로 개최되는 것으로, '○○인삼이 개성인삼입니다'를 주제로 10월 15일부터 16일까지 임진각광장 및 평화누리 일원에서 열린다.

이날 추진위원회에서는 축제 기본계획 및 분야별 대행업체 선정 등 축제의 전반적인 계획을 발표하고 각 위원 간 자유롭게 의견을 나눴다.

특히, ○○개성인삼을 비롯한 ○○농산물 판매 촉진 방법 모색과 방문객을 위한 편의시설 마련에 중점을 두고 논의했다.

○○○ 농업기술센터소장은 "○○개성인삼축제가 성공적으로 자리매김해 많은 농업인에게 도움이 되고 있다"며 "인삼을 비롯해 ○○의 우수 농산물에 대한 소비자 만족도가 높은 만큼 생산단계부터 철저히 관리하겠다"고 말했다.

한편, ○○개성인삼축제에서는 생산이력제와 농약 안전성 분석을 통해 신뢰할 수 있는 6년근 인삼이 판매된다.

Ⅱ. 기획 보도자료

보도일시	2023.9. 배포 즉시				
사진	○	자료	×	매수	2
전문위원	○○○(031-940-0000)				
담당부서	소통홍보관(언론팀)	담당자	김태욱(031-940-4077)		

[기획] '○○인삼이 개성인삼' 축제 개막…
고려인삼 명맥 잇는다
- 전국에서 유일한 개성인삼 재배지, 2배 이상 사포닌 함유

'기가 부족한 데 쓰이며, 정신을 안정시키고 기억력을 좋게 한다'

동의보감에 기술된 인삼의 효능이다. 조선의 임금 영조가 '옥체 보존'을 이유로 백근(대략 60kg)의 인삼을 복용했다는 승정원 기록도 있듯, 인삼은 오랫동안 한약재로써 약방의 감초 역할을 톡톡히 해왔다. 그리고 인삼 중에 으뜸은 단연 개성 인삼이었다. 고려시대 최대 무역항이던 벽란도에서 중국과 아라비아로 교역이 이뤄지며 바다의 무역길을 고려 인삼으로 수놓은 것이다. 당대 최고 특산품으로 꼽혔던 고려 인삼의 대부분 산지는 장단지역이었다. 서늘한 온도와 바람이 잘 통하는 환경, 물이 쉽게 배출되는 토양 조건들이 인삼을 재배하는 데 최적의 상황이라고 전문가들은 입을 모은다. 이런 환경들 덕분에 ○○인삼은 지금까지 고려 인삼의 명맥을 꾸준히 이어 갈 수 있었다.

■ ○○인삼, 지역특산물로 '눈길'…전통성·품질 보증

오랫동안 기다렸던 ○○○ 인삼 축제가 드디어 개막한다. 무려 4년 만에 '○○인삼이 개성인삼입니다'라는 주제로 축제가 열린다. ○○○는 10월 22일부터 이틀 동안 임진각광장과 평화누리 주변에서 ▲○○개성인삼 직거래장터 ▲전통놀이 제기차기 ▲인삼축제 전시관 ▲마술과 마임 공연 등 다양하고 흥미로운 행사와 축제 공간을 구상하고 있다. 이를 통해 개성인삼의 명맥을 잇고 있는 ○○인삼을 홍보하고 우수한 품종들을 시민들이 손쉽게 접하도록 하는 것이 목적이다. 특히 인삼 축제 전시관에는 ○○개성인삼의 '활용백서' 공간이 조성되는데, 이곳에서 인삼의 복용 방법과 인삼을 활용한 음식 등을 소개한다. 현장에서 묻고 답하며 시민들의 궁금증을 풀어주는 것이다. 남녀노소 친숙하게 인삼을 접할 수 있다.

Ⅲ 기획보도 작성 Tip

① 〈역사적 고증〉은 뻔한 기획을 fun하게 만들어 준다

⇒ '기가 부족한 데 쓰이며, 정신을 안정시키고 기억력을 좋게 한다' 동의보감에 기술된 인삼의 효능이다

⇒ 조선의 임금 영조가 '옥체 보존'을 이유로 백근(대략 60kg)의 인삼을 복용했다는 승정원 기록도 있듯이

⇒ 고려시대 최대 무역항이던 벽란도에서 중국과 아라비아로 교역이 이뤄지며 바다의 무역길을 고려 인삼으로 수놓은 것이다

보도자료를 작성하는 주요한 이유는 홍보다. 때문에 다른 지자체가 홍보하듯 천편일률적인 방법으로는 매력적인 기사를 쓰기 힘들다. 기존의 틀을 벗어던지고 무엇이든 벤치마킹하는 자세가 중요하다. ○○개성인삼 축제를 앞두고 부서에서 받은 자료는 아쉬움이 컸는데, 문득 영화 〈사도〉의 영조가 떠올랐다. 영조는 72세에도 머리가 희지 않았고, 당시 1년에 20여 근의 인삼을 복용했다는 에피소드가 생각났다. 관련 내용들을 기획기사에 반영했고 KBS 뉴스에 방송되며 좋은 반향을 일으켰다.

"언론이 끊임없이 경쟁력 있는 작품을 생산하는 것은 벤치마킹에 있다. 〈뉴욕타임스〉에 국가별로 올림픽에서 딴 메달 개수를 지도로 표현한 인터랙티브 기사가 실린 적이 있다. 제작진은 메달 개수의 트렌드를 흥미롭게 보여주는 방법을 찾고 있었는데, 〈포춘 매거진〉의 통계지도에서 영감을 얻었다고 한다."

　　　- 〈탁월한 스토리텔러들〉 이샘물, 박재영 지음 이담북스

○○개성인삼이 지역특산물로 주목받는 이유는 역사적 전통과 품질에 대한 자부심이 있기 때문이다. 개성인삼은 개성을 중심으로 8개 지역에서 널리 재배됐는데, 남한에서 유일하게 ○○○ 장단면 일대가 개성 인삼의 주요 재배지였다. 국립중앙도서관에 소장된 '한국삼정요람'에서도 이를 자세히 기록하고 있다. 고려인삼의 명맥을 이어온 ○○인삼은 현재 민간인 출입 통제지역 내 장단면과 임진강 주변 감악산 청정지역에서 재배되고 있다. 추가로 대한제국시대 장단지역의 인삼이 백삼과 홍삼으로 사용된 기록도 '구포건삼도록'에 남겨져 있다. 고종 25년 무자년에 개성의 증삼포소에서 장단지역의 인삼을 홍삼으로 가공해 국내 약재로 사용한 기록들이 그렇다. ○○인삼은 전통뿐만 아니라 품질도 우수하다. ○○인삼을 홍삼으로 먹으면, 화기삼(미국삼)이나 죽절삼(일본삼)에 비해 2배 이상의 사포닌을 섭취할 수 있다. 사포닌 범위도 광범위한데, 현재까지 30종의 인삼 사포닌이 분리됐고 그 화학구조도 모두 밝혀졌다. ○○인삼에는 배당체(glacosides) 성분인 사포닌을 비롯해, 질소를 포함하고 있고 추가로 단백질과 아미노산을 비롯해 지용성 성분과 당류, 비타민과 무기질 등 다양한 성분들이 함유됐다.

■ 버거부터 샐러드까지, 대중화 노력...품종 개발에 박차

○○인삼의 대중화 노력도 기울이고 있다. 인삼에 익숙하지 않은 MZ세대들에게 친숙한 이미지를 주기 위해 인삼 버거부터 인삼 샐러드까지 인삼을 활용한 음식들을 개발하고 조리법도 공유하는 것이다. ○○시청 유튜브에 조리방식을 보여주며 가족들의 건강을 챙기는 요리법을 알려주고 있다. ○○○ 시장은 "○○개성인삼을 널리 알리기 위해 대중적인 요리 방법들을 연구하고 있다"라며 "농민들에게는 농가소득을 올리고 시민들에게는 우수한 6년근 인삼을 공급하는 데 노력하겠다"고 밝혔다. 앞서 ○○○는 인삼의 새로운 품종인 K-1을 재배하는 시범단지를 꾸렸다. K-1품종은 경기도농업기술원과 경희대학교가 고려 인삼 종주국의 위상을 높이기 위해 공동으로 개발한 품종이다. 일반 품종과 달리 사포닌이나 수확량이 높고 생장의 균일성과 효능이 표준화됐다는 평가를 받는다. K-1품종을 재배했던 농가를 대상으로 선호도를 조사한 결과, 병충해에 강하고 뿌리가 선명하게 갈라진 세근이 발달돼 홍삼의 원료로 적합한 것으로 나타났다.

○○○는 예로부터 쌀과 콩을 비롯한 오곡백과가 풍부했다. 비옥한 토질과 기후를 갖췄기 때문에 가능했다. 이를 보여주듯 장단지역에서 생산된 쌀과 콩과 인삼은 조선시대 임금님 수라상에도 올랐다. 이른바 '장단삼백(長湍三白)'으로 불린다. 역사와 전통을 간직한 지역특산물의 우수성이 지금까지 사람들 입에 오르내리는 이유다. 신토불이 먹거리를 지키기 위한 ○○○의 노력이 앞으로도 이어지기를 기대해 본다.

Ⅲ 기획보도 작성 Tip

② 〈논증의 기술〉로 출입 기자들과 독자를 설득한다

⇒ 개성인삼은 개성을 중심으로 8개 지역에서 널리 재배됐는데, 남한에서 유일하게 ○○○ 장단면 일대가 개성 인삼의 주요 재배지였다

⇒ '한국삼정요람'에서도 이를 자세히 기록하고 있다

⇒ 고려인삼의 명맥을 이어온 ○○인삼은 현재 민간인 출입 통제지역내 장단면과 임진강 주변 감악산 청정지역에서 재배되고 있다

⇒ 앞서 ○○○는 인삼의 새로운 품종인 K-1을 재배하는 시범단지를 꾸렸다. K-1 품종은 경기도농업기술원과 경희대학교가 고려 인삼 종주국의 위상을 높이기 위해 공동으로 개발한 품종이다

조선시대 임금 '영조'의 에피소드로 독자들의 시선을 끌었다면, 이제는 설득의 과정이 필요하다. 논증의 기술이다. 왜 ○○인삼이 개성인삼으로 손꼽히게 됐는지, 어떤 과정으로 품질이 우수한지 역사적인 고증과 기술개발 과정 등을 제시하는 것이다. 〈○○인삼이 우수하다〉라는 결론을 위해 ▲남한에서 유일한 개성인삼 재배지 ▲이를 뒷받침하는 역사서적들 ▲현재에도 민간인 출입 통제지역에서 재배 ▲경기도농업기술원과 경희대학교와 함께 품종개발 박차 등의 논거들로 짜임새 있게 구성했다.

"주장에 대한 근거들이 마련됐다고 끝이 아니다. 그것들을 최적의 방식으로 효과적으로 서술하는 기술도 배워야 한다. 이는 독자에 대한 배려와 친절의 방식이다. 우리는 내가 믿는 바를 정교하게 씀으로써 타인의 믿음에 변화를 주고자 한다. 그렇게 하려면 독자가 결론에 이르는 과정까지 잘 따라올 수 있도록 친절한 가이드를 제시해야 한다. 믿을 만한 전제를 세우고, 전제들을 최선의 순서로 배열하고, 배열한 근거들을 매만지는 과정들이다."
– 〈논증의 기술〉 앤서니 웨스턴 지음 필맥

'■■■인삼이 개성인삼입니다' 축제 개막… 고려인삼 명맥 잇는다

전국에서 유일한 개성인삼 재배지, 2배 이상 사포닌 함유

'기가 부족한데 쓰이며 정신을 안정시키고 기억력을 좋게 한다'

동의보감에 기술된 인삼의 효능으로, 조선의 임금 영조가 '축제 보존'을 이유로 백근대막 60kg의 인삼을 복용했다는 승정원 기록도 있다. 인삼은 오랫동안 한약재로서 약방의 감초 역할을 톡톡히 해왔다. 그리고 인삼 중에 으뜸은 단연 개성 인삼이었다. 고려시대 최대 무역항이던 백근도에서 중국과 아라비아로 교역이 이뤄져 바다의 무역길을 고려 인삼으로 수놓은 것이다. 당대 최고 특산품으로 꼽혔던 고려 인삼의 대부분 산지는 장단지역이었다. 서늘한 온도와 바람, 물이 쉽게 배출되는 토양 조건들이 인삼을 재배하는데 최적의 상황이라고 전문가들은 입을 모은다. 이런 환경 덕분에 파주인삼은 지금까지 고려 인삼의 명맥을 꾸준히 이어 올 수 있었다.

△파주개성인삼 축제에서 인삼을 구입하는 시민들

△인삼가게와 인삼월드 사진

△인삼축제 전시회에 진열한 인삼

△파주인삼을 캐올리는 모습

△인삼축제 포스터

제17회
■■■
개성인삼
축제
2022.10.22·23
임진각광장 및 평화누리 공원
대한민국 최고 6년근 인삼 THE 17TH PAJU GAESUNG GINSENG FESTIVAL

■■, 지역특산물로 '눈길' 전통성 품질 보증

오래동안 기다렸던 파주 인삼 축제가 드디어 개막된다. 무려 4년 만에 '파주인삼이 개성인삼입니다'라는 주제로 축제가 열린다.

파주시는 내달 22일부터 이틀간의 임진각광장 및 평화누리 주변에서 △파주개성인삼 직거래장터 △전통놀이 체험놀이 △인삼상품 전시관 △인삼교실 등 다양하고 흥미로운 볼거리와 공연을 구성했다.

버거부터 샐러드까지 대중화 노력 품종 개발에 박차

윤상명 기자 jonghapnews.com

오래 기다렸던 '■■■개성인삼' 축제, 4년 만에 선보인다

고려인삼의 맥을 이어오고 있는 '파주인삼은 사포닌이 많이 함유돼 '일어버린 기억'을 보충하고, 정신을 안정시키며, 기억력을 좋게 한다'고 청험(■明)이 나 있다.

동의보감에 기술된 인삼의 효능으로, 조선의 임금 영조가 '축제 보존'을 이유로 백근대막 60kg의 인삼을 복용했다는 승정원 기록이다.

그래서 인삼 중에 으뜸이 단연 '개성 인삼'이다. 고려시대 최대 무역항이던 백근도에서 중국과 아라비아로 교역이 이뤄지며 바다의 무역길을 고려 인삼으로 수놓은 것이다.

[편집자 주]

△파주인삼이 개성인삼입니다라는 주제로 파주개성인삼 축제가 열린다. 사진은 파주개성인삼축제 제작사진.

■ 파주인삼, 지역특산물로 '눈길'… '전통성·품질 보증

오래 기다렸던 파주 인삼 축제가 드디어 개막된다. 무려 4년 만에 '파주인삼이 개성인삼입니다'라는 주제로 축제가 열린다.

인삼가게와 인삼월드 사진.

■ 버거부터 샐러드까지, 대중화 노력… 품종 개발에 박차

파주개성인삼 축제에서 인삼을 구입하는 시민들.

인삼축제제작인삼월드원.

박상준 기자

Ⅰ. 부서참고용 기획안 (10월)

[기획] 시민과 함께하는 '북소리축제'...대한민국 지식산업의 미래
- "풍성한 지식문화 중심지로 앞장서다"

■ 시민들과 함께하는 축제...'탐구' 다채로운 프로그램들
■ 대한민국 지식산업 중심...매출 3조 원, 2만 명 고용

- 2022년 임인년은 '청년 책의 해'로 청년들과 함께 책 읽는 분위기를 만들기 위해 문화체육관광부에서 지정했다. 책과 문화의 요람인 ○○○ 역시 이에 앞장서고 있다.
- 출판산업단지가 조성된 ○○○는 우리나라 출판문화와 예술이 전 세계로 뻗어나가기 위해 만들어진 대한민국 국가산업단지로 전 세계에서 유례를 찾아보기 힘든 출판문화 클러스터이다.
- '북소리축제' 키워드는 '시민'과 '참여' 그리고 '책'이다. ○○○ 출판도시만의 지식 인프라를 널리 알리고 함께하기 위해 마련된 행사로 지난 2011년부터 지금까지 명맥을 이어오고 있다.
- 지난 1997년 국가산업단지에 지정된 이후 ○○○에만 출판업체와 인쇄·유통업체가 400곳 넘게 뿌리내리고 있다. 매년 창출되는 매출액만 3조 원 이상에 고용된 인원도 2만 명이 넘는 종합문화단지가 조성된 것이다.
- ○○○는 앞으로도 대한민국 지식산업을 선도하기 위해 ▲출판산업과 주요 서점의 활성화 방안 ▲출판사와 서점 홍보 지원방안 ▲책방과 도서관, 갤러리 연계 방안 등을 추진할 계획이다.

■ 기획안 작성 Tip

⇒ 단순히 사실들을 나열하는 것을 넘어 의미를 부여하면 좋다.
  북(book)소리축제 + 대한민국 지식산업의 미래
  박물관 클러스터 + 문화·예술 에딘버러 축제 (영국)

Ⅰ. 북(Book)소리축제 기본 계획

1. 축제 행사 개요

○ 사업명 : 2022 ○○북소리
○ 기 간 : 2022년 10월 21일(금) ~ 10월 23일(일)
○ 장 소 : ○○출판도시 아시아출판문화정보센터 등 ○○○ 일원
○ 컨 셉 : 책에서 찾은 나의 세계
○ 주 제(키워드) : 탐 - #탐닉 #탐구 #탐욕
○ 참 여 : 책을 사랑하는 시민, 출판도시 관련 개인·단체
         (출판사, 서점, 예술가, 기타 단체 등), 국내외 관광객
○ 주 최 : ○○○, 출판도시문화재단

2. 목적

○ 2022년 청년 책의 해를 맞이하여 2030 애독계층을 타겟으로 책이라는 콘텐츠를 다양한 형태(영상, 음악, 공연)의 문화로 경계를 확장하여 콘텐츠의 다양성을 보여주는 복합문화예술축제 및 책의 도시 ○○로서의 이미지 전달
○ 출판도시의 고유한 인프라와 ○○ 지역 문화유산을 바탕으로 출판인과 작가, 독자와 저자, 그리고 지역주민이 함께 만드는 '축제'를 통해 ○○를 널리 알리고, 지역문화와 경제발전에 기여

3. 기대효과

○ 출판문화와 ○○지역문화를 바탕으로 한 다양한 콘텐츠를 개발·보급하여 '책문화도시'로서의 ○○○ 이미지를 공고히 하고, 전국적인 독서문화 확산에 기여

4. 주요 프로그램

구분		내용	주요 출연진/구성
개막식		개회선언 및 안내, 오프닝공연, 주제공연 등	안녕바다, 오은, 옥상달빛 등
인문예술 프로그램	探-탐구	북 토크 : 공간 탐구	건축가 임형남
		북 토크&워크숍 : 글쓰기	작가 김혜지
	耽-탐닉	북 토크 : 먹는 즐거움	작가 이슬아, 작가 현희진
		북 토크&워크숍 : 글쓰기	작가 은유
	貪-탐욕	북토크 : 욕망 캐릭터에 빠져들다	작가 요조, 작가 이유리
		북 토크&워크숍 : 글쓰기	작가 한이리
	공연	문학과 공연의 만남	프렐류드, 극단 실한, 김목인, 수에뇨 등
부스 프로그램		일러스트 마켓 〈○○ 일러스트 페어〉 : 일러스트 작가 부스 프로그램	아트북 전시 및 일러스트 페어
		지역과 함께 성장하는 플리마켓&아트마켓	마켓 부스
		북소리마켓 SELL&BUY	책 관련 아이템 물물교환
테마전시	주제전시	〈작가를 탐하다〉 : 참여형 전시 프로그램	주제어에 따라 직접 글을 쓰고 전시
	테마전시	〈그림, 작가의 방〉 : 작가의 일상 속 작품을 보고 체험할 수 있는 테마 전시 프로그램	그림책, 일러스트, 그림전시/판매
	특별전시	〈100년의 서가〉 : 마르크스/엥겔스 한국어판 출간 기념 전시	시기별, 주제별 큐레이션 책 전시
지역연계 프로그램		도서관/동네서점 프로젝트 〈○○ 독서산책 챌린지〉	도서큐레이션, 스탬프투어 등
		○○북소리 대표 프로젝트 〈출판도시 산책 오픈하우스〉	강연 및 공연 프로그램 등
		〈○○ 건축문화제〉 연계 프로그램	전시체험 프로그램
		○○문화원 연계 〈이야기 할머니와 함께하는 ○○ 이야기 그림전〉	그림전시 및 해설 등
기타 프로그램		경기도 지역서점 워크숍	강연 및 포럼
		〈북킹, 나잇(BOOKing, night)〉	출판평론가와 일반 독자 밀착 네트워킹 프로그램

II. 주요 프로그램 소개

1. 개막식(문학과 음악의 밤)

○ 목적 : 기관 및 출판인, 독자가 함께 행사의 성공적 시작을 알림

○ 장소 : 아시아출판문화정보센터 지혜의숲

○ 일시 : 2022. 10. 21.(금) 17:30~19:30

○ 참가 : 독자, 작가, 출판인, ○○시장, 국회의원, ○○시의원, 관련단체장,
입주사 대표 및 일반 시민

○ 구성 : 오프닝 공연, 개막선언, 개회사 및 축사, 주제공연

2. 인문예술 프로그램

○ 목적 : 마니아층을 넘어 더 많은 방문객이 ○○출판도시를 찾을 수 있도록
하는 대중성 강화를 위한 스토리발굴

○ 장소 : ○○출판도시 아시아출판문화정보센터

○ 추진방안

- 가벼운 소재를 통해 철학적 주제를 이끌어내는 MZ세대를 겨냥한
'생활 인문 주제' 설정

- 오프라인 운영을 통해 작가와 독자 간 소통의 시간을 마련하고, 강연은
영상으로 촬영하여 후편집 후 유튜브에 게재

○ 세부내용

- 트랜디한 문화적 감성을 추구하는 애독 계층인 20대 및 30대의 축제 참
여율과 출판문화도시 ○○로서의 이미지를 높이는 라인업 구성

- 북토크 #탐구 : 나를 찾아가는 과정 - 당신에게 공간은 어떤 의미인가요?
[일시] 2022. 10. 22.(토) 11:00
[장소] 아시아출판문화정보센터 지혜의숲
[주제] 공간 탐구 - 자기만의 방

Ⅱ. 기획 보도자료

보도일시	2023.10. 배포 즉시				
사진	○	자료	×	매수	2	전문위원	○○○(031-940-0000)
담당부서	소통홍보관(언론팀)			담당자	김태욱(031-940-4077)

[기획] 시민과 함께하는 '북소리축제'…
대한민국 지식산업의 미래
- "풍성한 지식문화 중심지로 앞장서다"

○○ 출판단지는 '청년 책의 해'를 맞아 '북(Book)소리축제'를 성공적으로 끝마쳤다. 2022년 임인년은 '청년 책의 해'로 청년들과 함께 책 읽는 분위기를 만들기 위해 문화체육관광부에서 지정했다. 책과 문화의 요람인 ○○○ 역시 이에 앞장서고 있다. 출판산업단지가 조성된 ○○○는 우리나라 출판문화와 예술이 전 세계로 뻗어나가기 위해 만들어진 대한민국 국가산업단지로 전 세계에서 유례를 찾아보기 힘든 출판문화 클러스터이다. 명실상부한 대한민국의 지식산업 1번지다. 이를 보여주듯 문학동네와 민음사, 창비와 김영사 등 대한민국의 굵직굵직한 출판사들과 대형 인쇄소들이 둥지를 틀고 있다. 우리나라 지식 도매상으로 꼽히는 교보문고 역시 지난 2012년 서울 광화문 본사를 출판단지로 옮겼다. 지금 이 순간에도 수천 명의 출판인들이 지식문화 중심지에 보금자리를 꾸리고 하루하루 치열하게 새로운 지식을 창조하고 있다.

■ 시민들과 함께하는 축제…'탐구' 주제로 다채로운 프로그램들

'북소리축제' 키워드는 '시민'과 '참여' 그리고 '책'이다. ○○○ 출판도시만의 지식 인프라를 널리 알리고 함께하기 위해 마련된 행사로 지난 2011년부터 지금까지 명맥을 이어오고 있다. 10월 21일부터 사흘 동안 출판도시의 아시아출판문화정보센터에서 진행됐다. 이 자리에서는 책을 사랑하는 시민들과 작가들이 함께 모여 즐거움을 나눴다. 책을 주제로 영상과 음악, 공연을 하는 등 다양한 형태의 시도도 엿보였다. 축제의 대표적인 프로그램은 인문예술영역이었으며 '탐(貪)하다'는 내용을 주제로 ▲당신에게 공간은 어떤 의미가 있는지 탐구 ▲즐거움을 주는 음식과 자유에 대한 탐닉 ▲작품 속 끝없는 욕망을 갈구하는 탐욕에 대한 이야기로 구성됐다. 무심코 지나치는 가벼운 소재를 바탕으로 철학적인 이야기를 이끌어 냈다는 평가를 받는다.

Ⅲ 기획보도 작성 Tip

① 지자체만의 특징적인 사실들이 곧 최고의 〈풀뿌리 PR〉

⇒ ○○ 출판단지는 '청년 책의 해'를 맞아 '북(Book)소리축제'를 성공적으로 끝마쳤다

⇒ 출판산업단지가 조성된 ○○○는 우리나라 출판문화와 예술이 전 세계로 뻗어 나가기 위해 만들어진 대한민국 국가산업단지로 전 세계에서 유례를 찾아보기 힘든 출판문화 클러스터이다

⇒ 이를 보여주듯 문학동네와 민음사, 창비와 김영사 등 대한민국의 굵직굵직한 출판사들과 대형 인쇄소들이 둥지를 틀고 있다

⇒ 우리나라 지식 도매상으로 꼽히는 교보문고 역시 지난 2012년 서울 광화문 본사를 출판단지로 옮겼다

전국의 지방자치단체들은 각각 특색 있는 축제와 명소들이 있는데, 다른 지자체에 없는 특징적인 사실들만 잘 찾아도 눈에 띄는 기획기사가 될 수 있다. ○○○는 민음사와 창비, 김영사 등 대한민국의 굵직굵직한 출판사들이 모여 있다. 출판문화 클러스터가 조성되어 있는데, 이런 사실과 지역의 북(Book)소리축제를 연결해 〈대한민국 지식산업의 미래〉라는 메시지를 기획했다. 이는 공공기관이나 지역의 기업, 자치단체들이 자신들의 이미지를 제고하는 효과적인 '풀뿌리 PR' 방법이다.

"광고와 구분해 협의의 홍보라 할 수 있는 PR이 있다. 광고가 구매력을 자극하는 수단이라면 PR은 기관이나 기업의 이미지를 제고해 대중으로부터 신뢰 구축을 목적으로 한다. 대중의 이해와 협력을 구해 기관이나 기업이 펼치는 긍정적 활동을 최대한 많은 이들에게 알리는 활동이다. 광고는 일정한 대가를 지급하지만 PR은 대가를 지급하지 않는 점이 다르다. 흔히 광고는 'BUY ME', PR은 'LOVE ME', 정치 혹은 종교적인 색채가 짙은 선전은 'FOLLOW ME'의 개념으로 설명한다."

- 〈홍보야 울지 마라〉 김도운 지음 리더북스

건축가부터 시인, 공연단까지 초대된 사람들도 다양했다. 현대시 작품상을 수상한 오은 시인과 인디밴드 옥상달빛이 '북소리축제'의 서막을 장식하며, 문학의 선율과 음악의 선율이 만난 앙상블을 선사했다. 인문예술 프로그램에는 '게르니카의 황소'로 대한민국 콘텐츠 부문 대상을 받은 한이리 작가부터 글쓰기 상담소를 진행하는 은유 작가, 채식주의자인 이슬아·현희진 작가까지 참여하는데, 자신만의 인생에서 새로운 삶을 탐험하고 지식과 채식을 탐닉하는 즐거움을 함께 나눴다. 축제에 참석한 ○○○ 시장은 "지식과 문화라는 주제로 청년들 모두가 함께 할 수 있어서 의미가 남다르다"며 "앞으로도 ○○○가 지식문화의 중심지로 우뚝 서기 위한 프로그램들을 마련하겠다"고 덧붙였다. 추가로 청년과 책을 잇고 음악이 있는 공연 프로그램들이 관객의 눈과 귀를 즐겁게 했고, 인연과 문화를 아우르는 아트마켓까지 내실 있는 일정들도 이어졌다.

■ ○○ 출판단지, 대한민국 지식산업 중심...매출 3조 원, 2만 명 고용

'북소리축제'의 향연이 펼쳐진 ○○○ 출판산업단지는 대한민국 지식산업의 중심이다. 지난 1997년 국가산업단지에 지정된 이후 ○○○에만 출판업체와 인쇄·유통업체가 400곳 넘게 뿌리내리고 있다. 매년 창출되는 매출액만 3조 원 이상에 고용된 인원도 2만 명이 넘는 종합문화단지가 조성된 것이다. 사람과 사람을 잇고 지식과 산업이 더해지면서 고용 창출, 문화 융성, 출판산업 활성화 세 마리 토끼를 잡았다. 시대가 바뀌고 환경이 달라져도 책은 우리 삶의 요람이자 미래라는 원칙을 ○○○가 뚝심 있게 밀어붙이면서 만들어낸 결과다. 그동안 뿌린 만큼의 성과를 거두고 있다. ○○○는 앞으로도 대한민국 지식산업을 선도하기 위해 ▲출판산업과 주요 서점의 활성화 방안 ▲출판사와 서점 홍보 지원방안 ▲책방과 도서관, 갤러리 연계 방안 등을 추진하며 ○○○ 시장만의 '포용사회 문화도시'로 나아가기 위한 청사진을 제시했다. ○○○ 출판단지는 앞으로 '북소리축제'를 영국의 에든버러 축제처럼 책과 문화가 어우러지는 축제로 나아가기 위한 계획을 구상하고 있다.

〈지혜의 숲〉
○○○ 출판단지에 있는 도서관이다. 형형색색의 알록달록한 서재와 원목으로 구성된 책방에서 365일 24시간 누구나 무료로 마음껏 책을 읽으며 사람들과 교류할 수 있다. 천고마비의 계절, 하늘은 높고 말이 살찌는 '청년 책의 해'에 ○○○만의 '독서 생태계'가 대한민국 곳곳에서 꽃피우기를 기대해 본다.

Ⅲ 기획보도 작성 Tip

② 가장 효과적인 자치단체 PR은 〈기획기사〉다

⇒ ○○ 출판단지, 대한민국 지식산업 중심...매출 3조 원, 2만 명 고용

⇒ 지난 1997년 국가산업단지에 지정된 이후 ○○○에만 출판업체와 인쇄·유통업체가 400곳 넘게 뿌리내리고 있다

⇒ 사람과 사람을 잇고 지식과 산업이 더해지면서 고용 창출, 문화 융성, 출판산업 활성화 세 마리 토끼를 잡았다

⇒ ○○○ 출판단지는 앞으로 '북소리축제'를 영국의 에든버러 축제처럼 책과 문화가 어우러지는 축제로 나아가기 위한 계획을 구상하고 있다

왜 기획기사가 가장 효과적인 자치단체 PR일까. 지자체 언론 생태계를 보면 잘 알 수 있다. 단적인 사례로 ○○시청에만 320곳이 넘는 언론이 등록되어 있는데, 인터넷과 지역지, 지방지, 중앙언론 크게 이렇게 나누어져 있지만 정보와 기사를 생산하는 기자들은 몇몇 없다. 실질적인 언론활동을 하는 중앙부처 기자들과 차이점이다. 이는 단체나 기관에서 배포하는 보도자료 형식만 봐도 잘 알 수 있다. 경기도청과 몇몇 중앙부처는 〈보고서 형식〉으로 보도자료가 나가지만, 시청을 비롯한 지자체는 〈기사 형식〉으로 보도자료가 나간다. 기자들의 편의성(?)을 배려한 행동이다. 거꾸로 생각하면 이는 곧 장점이기도 하다. 지자체에서 양질의 기획기사를 쓰면, 지역지와 지방지 그리고 인터넷 매체의 지면을 독식할 수 있기 때문이다. 가성비가 뛰어난 PR이다. 기획기사의 구성만 잘 배치한다면, 지자체의 특색 있는 장소를 다시 강조하며 기사의 퀄리티도 높일 수 있다.

"홍보는 광고와 PR, 선전의 큰 줄기로 나눌 수 있다. 기업이 광고에 비중을 두고 PR을 곁들여야 효과적이라면, 기관은 반대로 PR에 비중을 두고 광고를 보조적 수단으로 활용해야 한다. 정당이나 시민단체, 기타 특수목적 단체, 종교단체 등은 선전에 비중을 두는 것이 맞다. 기관의 PR활동 방법은 다양하지만, 언론사에 보도자료를 배포해 정책의 방향이 정확하게 매체에 보도되도록 해 주민에게 알리는 것이 가장 중요하다."
　　　　　　　　　　　　　　　　　　　- 〈홍보야 울지 마라〉 김도운 지음 리더북스

'지식책'처럼 알차고 '소설'처럼 흥미로웠던 순간들

파주 출판단지의 '북소리축제' 성황리에 막 내려
책 주제로 영상·음악·공연 등 다양한 시도 '눈길'
건축가·시민·인디밴드 초대해 눈과 귀 즐겁게 해
김경일 시장 "지식문화 중심지 만들기 위해 노력"

성황리에 막을 내린 북소리 축제

자체 숲에서 펼쳐진 북소리 축제

시민과 함께하는 '북소리축제'…█████, 대한민국 지식산업의 미래

"풍성한 지식문화 중심지로 앞장서다"

I. 부서참고용 기획안 (11월)

[기획] 국내 최대 콩 축제...장단콩, 성인병 예방 식품으로 손꼽혀
- 청정지역에서 자란 신토불이 장단콩 맛보러 오세요

■ '장단콩 축제' 4년 만에 활짝...역사적 전통과 품질 자부심
■ 장단콩 웰빙마루, 생산부터 가공·판매 결합한 6차 산업

- 장단삼백(長湍三白). ○○개성인삼, 한수위 ○○쌀, 장단콩을 뜻하는 단어로 임금님 수라상에 오른 만큼 품질도 일품이다. 민간인 출입 통제선에서 자란 장단콩은 특히 품질이 우수하다.
- 배수가 잘되는 마사토에서 친환경 관리로 자란 덕분에 맛도 좋고 영양도 듬뿍 담겼다. ○○○ 장단콩은 구한말 이후 우리나라 최초로 콩 장려 품종으로 선정됐다.
- 장단콩과 관련된 알찬 프로그램도 준비됐다. ▲전시관과 요리 대회를 통해 장단콩을 알리는 '알콩' ▲먹거리 마당에서 친구·가족과 함께 장단콩을 맛보는 '달콩' ▲꼬마 메주를 만들고 콩 타작을 하는 등 다채로운 볼거리와 공연이 준비된 '놀콩' ▲재래장터에서 농업인이 직접 장단콩을 판매하는 '살콩'을 구상하고 있다.
- 학계 연구 결과 장단콩에 함유된 칼슘은 일반 쌀의 122배, 인은 26배, 철은 16배 이상으로 비만, 당뇨, 골다공증 등 성인병 예방식품으로 손꼽힌다.
- ○○○는 장단콩의 브랜드 가치를 높이고 지역관광과 연계한 상품을 추진하고 있다. 대표적인 사례가 장단콩 웰빙마루다. 경기도와 ○○○가 출자해 만든 6차 산업 플랫폼 공간으로 생산부터 가공, 판매가 한곳에 담겼다.

■ 기획안 작성 Tip

⇒ 지역 전통 특산품을 소개할 때는 문화적 or 지리적 or 산업적 특색을 추가한다.
　○○○ 장단콩은 청정지역인 민간인 출입통제선에서 자랐고, 지리적 특성도 배수가 잘되는 마사토라서 맛과 영양이 뛰어나다. + 6차 산업 플랫폼

제26회 ○○ 장단콩축제 추진계획

경기관광축제 및 대한민국 축제 콘텐츠 대상 선정에 걸맞는 대한민국 대표 「경제축제」 추진으로 ○○ 농산물 명품 브랜드화 추진

I 　행사개요

☐ 주　　　제 : 웰빙명품! ○○ 장단콩 세상!
☐ 기　　　간 : 2022. 11. 25.(금) ~ 11. 27.(일) / 3일간
☐ 장　　　소 : ○○ 임진각광장 및 평화누리 일대
☐ 예 산 액 : 00백만 원
☐ 주　　　최 : ○○○
☐ 주　　　관 : ○○ 장단콩축제추진위원회

II 　추진방향 및 목표

경제축제
-농산물 판매 확대-

맛있는 축제
-콩 요리 확대-

즐거운 축제
-장단콩 체험-

☐ 고품질의 농산물을 판매자와 소비자가 직접 거래하는 판매장 운영을 통한 농산물 판로 확대로 「경제축제」 실현
☐ ○○ 장단콩을 이용한 개발요리, 향토음식점 등 먹거리 마당을 확대 운영하여 ○○ 장단콩 소비촉진 및 브랜드 인지도 강화
☐ 장단콩을 활용한 다양한 체험거리 및 평화누리 이벤트 마당 운영으로 가족 단위 방문객을 위한 즐거운 축제 개최

Ⅱ. 기획 보도자료

보도일시	2023.11. 배포 즉시				
사진	○	자료	×	매수	2	전문위원	○○○(031-940-0000)
담당부서	소통홍보관(언론팀)			담당자	김태욱(031-940-4077)

[기획] 국내 최대 콩 축제…○○ 장단콩, 성인병 예방 식품으로 손꼽혀
- 청정지역에서 자란 신토불이 장단콩 맛보러 오세요

장단삼백(長湍三白).

○○개성인삼, 한수위 ○○쌀, 장단콩을 뜻하는 단어로 임금님 수라상에 오른 만큼 품질도 일품이다. 그중에서도 민간인 출입 통제선 청정지역에서 자란 신토불이 장단콩은 우수한 품질로 사람들의 입에 오르내린다. 배수가 잘되는 마사토에서 친환경 관리로 자란 덕분에 맛도 좋고 영양도 듬뿍 담겼다. ○○○ 장단콩은 구한말 이후 우리나라 최초로 콩 장려 품종으로 선정됐다. 그만큼 품질이 우수하다. 이를 알리는 홍보 행사도 인기가 많다. 지난 1997년부터 지금까지 폭발적인 인기를 끌고 있는 ○○○ 장단콩 축제는 국내 최대 콩 축제로 자리매김했다. 매년 70여만 명의 방문객들이 축제의 장을 찾으면서 대한민국 대표 농산물 축제로 우뚝 섰다. 경기도 관광축제를 비롯해 6차례 대표 축제로 선정됐다. 축제장에서는 서리태와 백태를 비롯한 다양한 장단콩들을 저렴하게 구입할 수 있고, 장단콩 체험마을에서는 전통방식으로 두부와 청국장을 만드는 경험도 가능하다.

■ '장단콩 축제' 4년 만에 활짝…역사적 전통과 품질 자부심

오랫동안 기다리던 ○○○ 장단콩 축제가 드디어 개막한다. 무려 4년 만에 '웰빙 명품! ○○ 장단콩 세상!'이라는 주제로 장단콩 축제가 열린다. ○○○는 11월 25일부터 사흘동안 임진각 광장과 평화누리 주변에서 우수한 장단콩을 알리고, 콩을 이용한 향토 먹거리를 함께 나누는 자리를 마련했다. 장단콩과 관련된 알찬 프로그램도 준비됐다. ▲전시관과 요리 대회를 통해 장단콩을 알리는 '알콩' ▲먹거리 마당에서 친구·가족과 함께 장단콩을 맛보는 '달콩' ▲꼬마 메주를 만들고 콩 타작을 하는 등 다채로운 볼거리와 공연이 준비된 '놀콩' ▲재래장터에서 농업인이 직접 장단콩을 판매하는 '살콩'을 구상하고 있다. ○○○만의 관광지를 연계해 장단콩을 홍보한 점도 눈여겨볼 만하다.

○○ 장단콩이 ○○○의 대표 특산물로 눈길을 끄는 이유는 품질에 대한 자부심과 역사적 전통이 있기 때문이다. 기원전 91년 사마천의 사기에는 콩의 원산지가 고구려 땅임을 기록하고 있다. 콩의 주산지로 알려진 장단은 고구려 장천현에서 유래하며, 장단지역에서 생산된 콩은 예로부터 명성이 높았다. 대한제국시절에는 농업기술 발전을 위해 권업모범장이 설립되면서 콩에 대한 체계적인 연구가 시작됐다. 이후 경기도 장단지역에서 수집된 '장단백목'이 1913년 우리나라 최초로 콩 장려 품목으로 선정되며 우수성이 전국에 알려졌다. 현재는 북한과 맞닿은 민간인 출입통제지역에서 재배되고 있다. 경기도 ○○○에만 1,100ha에서 초록색 잎들이 울창하고 콩 열매들이 주렁주렁 열린 장단콩이 빼곡히 자리 잡고 있다. 경기도에서 재배면적이 가장 넓다.

학계 연구 결과 장단콩에 함유된 칼슘은 일반 쌀의 122배, 인은 26배, 철은 16배 이상으로 비만, 당뇨, 골다공증 등 성인병 예방식품으로 손꼽힌다. 우수한 품종의 장단콩을 생산·유지하기 위해 ○○○는 ▲생산 이력제 ▲친환경, 우수농산물(GAP) 재배인증제 도입 ▲생산과 품질의 엄격한 관리 등을 진행하고 있다. 농가별로 생산 코드를 각각 부여해 모든 생산 과정을 관리하고, 농약과 화학비료를 거의 쓰지 않는 농가들에 친환경, 우수농산물 인증서를 보증하며 하나부터 열까지 ○○○가 직접 챙기고 있다.

■ 장단콩 웰빙마루, 생산부터 가공·판매 결합한 6차 산업

○○○는 장단콩의 브랜드 가치를 높이고 지역관광과 연계한 상품을 추진하고 있다. 대표적인 사례가 장단콩 웰빙마루다. 경기도와 ○○○가 출자해 만든 6차 산업 플랫폼 공간으로 생산부터 가공, 판매가 한곳에 담겼다. 콩 생산자와 소비자 사이의 유통단계를 줄여 생산단가를 낮추고 소비자에게 우수한 품질의 농산물을 제공하는 선순환 구조를 만들기 위해 조성됐다. ○○○ 통일동산에 뿌리내리고 있는 장단콩 웰빙마루는 2천여 개의 장독대를 비롯해 ▲장단콩 전통장류 생산동 ▲로컬푸드 직매장 ▲장단콩 전문 음식점이 자리 잡고 있다. 최근에는 농림축산식품부와 경기도 등 4개의 공모사업에 선정되며 역량도 인정받고 있다. ○○○ 시장은 "품질 좋고 저렴한 장단콩을 시민들에게 제공하기 위해 ○○○도 노력하고 있다"며 "가공부터 판매가 융복합된 장단콩 웰빙마루 발전을 위해 앞으로도 지원할 계획이다"고 강조했다.

물 맑고 공기 좋은 청정자연에서 뿌리내린 ○○○ 장단콩이 앞으로도 사람들의 식탁에서 사랑받기를 기대해 본다.

Ⅲ 기획보도 작성 Tip

□ 구조로 독자를 사로잡는 스토리텔링 [기획기사 뜯어보기]

○ 리드 : 스토리가 활기를 띠게 하는 장면이나 일화를 주고, 주인공을 소개하라. 기사가 무엇에 대한 것이고 왜 그들이 주요 인물인지 알려주는 괜찮은 멘트도 좋다.

- ○○○ 장단콩은 구한말 이후 우리나라 최초로 콩 장려 품종으로 선정됐다. 그만큼 품질이 우수하다

- 지난 1997년부터 지금까지 폭발적인 인기를 끌고 있는 ○○○ 장단콩 축제는 국내 최대 콩 축제로 자리매김했다

- 매년 70여만 명의 방문객들이 축제의 장을 찾으면서 대한민국 대표 농산물 축제로 우뚝 섰다. 경기도 관광축제를 비롯해 6차례 대표 축제로 선정됐다

○ 핵심문단 : 기사가 무엇에 대한 것인지, 왜 독자들이 관심을 가져야 하며 왜 시의적절한지 명확하게 설명하라. 연구, 소송, 정책 변화 또는 스토리와 결부되는 중요한 것들을 파악하라. ('4년' 만에 열린 〈장단콩 축제〉가 키워드다)

- '장단콩 축제' 4년 만에 활짝...역사적 전통과 품질 자부심

- ○○○는 11월 25일부터 사흘동안 임진각 광장과 평화누리 주변에서 우수한 장단콩을 알리고, 콩을 이용한 향토 먹거리를 함께 나누는 자리를 마련했다

- ▲전시관과 요리 대회를 통해 장단콩을 알리는 '알콩' ▲먹거리 마당에서 친구·가족과 함께 장단콩을 맛보는 '달콩' ▲꼬마 메주를 만들고 콩 타작을 하는 등 다채로운 볼거리와 공연이 준비된 '놀콩' ▲재래장터에서 농업인이 직접 장단콩을 판매하는 '살콩'을 구상하고 있다

○ 한 장면 : 이 장면은 리드에서 지속되는 것일 수 있다. 또는 리드에 등장하는 사람을 다른 장소나 시간에서 이어가거나, 완전히 다른 장소나 사람들을 가져다줄 수도 있다. 지역축제 기획기사의 경우 관련된 에피소드나 축제 상품의 우수성을 홍보한다. (역사적 전통과 우수한 품질로 장단콩을 홍보했다)

- 기원전 91년 사마천의 사기에는 콩의 원산지가 고구려 땅임을 기록하고 있다. 콩의 주산지로 알려진 장단은 고구려 장천현에서 유래하며, 장단지역에서 생산된 콩은 예로부터 명성이 높았다

- 경기도 장단지역에서 수집된 '장단백목'이 1913년 우리나라 최초로 콩 장려 품목으로 선정되며 우수성이 전국에 알려졌다

- 학계 연구 결과 장단콩에 함유된 칼슘은 일반 쌀의 122배, 인은 26배, 철은 16배 이상으로 비만, 당뇨, 골다공증 등 성인병 예방식품으로 손꼽힌다

○ 배경 혹은 또 다른 장면 : 이제는 멀리 떨어져 볼 차례다. 핵심 문단에 언급된 연구들, 소송들, 정책들 또는 다른 뉴스 이벤트들에 대한 정보에 살을 붙이기 위해, 각각에 대한 세부적인 내용들이 필요하다. ○○○ 콩축제 기사에서 차별성을 보여주기 위해 〈장단콩 웰빙마루〉의 6차 산업 특성을 제시했다.

- 장단콩 웰빙마루, 생산부터 가공·판매 결합한 6차 산업

- 경기도와 ○○○가 출자해 만든 6차 산업 플랫폼 공간으로 생산부터 가공, 판매가 한곳에 담겼다

- 콩 생산자와 소비자 사이의 유통단계를 줄여 생산단가를 낮추고 소비자에게 우수한 품질의 농산물을 제공하는 선순환 구조를 만들기 위해 조성됐다

○ 마지막 문단 : 무엇을 선택하든 마지막 문단은 기사가 끝났다는 것에 대해 만족감을 느끼게 해주고, 주인공들이 여전히 마주한 사건이나 문제나 앞으로 희망을 주는 내용이 좋다. (웰빙마루에 집중하면서 마지막을 간략하게 끝냈다)

- 물 맑고 공기 좋은 청정자연에서 뿌리내린 ○○○ 장단콩이 앞으로도 사람들의 식탁에서 사랑받기를 기대해 본다

"짧게 써라, 그러면 읽힐 것이다.
명료하게 써라, 그러면 이해될 것이다.
그림같이 써라, 그러면 기억될 것이다."

– 저널리즘의 창시자, 조셉 퓰리처

2022년 11월 18일 금요일 016면 특집

'■■ 장단콩 축제' 4년만에 돌아오다

{ '신토불이' 장단콩 '인기'
성인병 예방 식품 '주목'
다양한 행사 '시선 집중' }

파주 장단콩 축제의 옛날 모습

파주 장단콩 새싹구이 모습

성탄절의 파주 한우 모습

김경일 파주시장

파주는 4년 만에 '팔월명품' 파주장단콩 세상!'이란 주제로 장단콩 축제가 열렸다. 사진은 장단콩축제장

2022년 11월 17일 목요일 016면 특집

'장단삼백'… '■■■ 장단콩축제' 4년 만에 열린다

'장단콩 축제' 4년 만에 활짝… 역사적 전통과 품질 자부심

파주시는 우수한 장단콩을 맛보고, 콩을 이용한 방법·먹거리를 함께 나누는 행사를 기획했다. 사진은 장단콩축제 참단콩 캐릭터모습

장단콩 월병파우, 생산부터 가공·판매 결합 '6차 산업'

I. 부서참고용 기획안 (11월)

[기획] 지역경제·취약계층·교통...○○○, 내년 예산안 3대 키워드
- ○○○ 시장 '시민 중심 더 큰 ○○' 청사진 제시

■ 첫째도 둘째도 셋째도 민생...지역경제와 취약계층 챙긴다
■ 편리한 교통복지 실현...농촌에도 수요응답버스 달린다

- 지역경제 활성화. 취약계층 배려. 교통복지. 내년 ○○○ 예산안 3대 키워드다. 코로나 경기 한파로 서민들의 지갑이 얇아진 현실을 반영했다.
- '시민 중심 더 큰 ○○' 청사진이 내년도 예산안에 녹아들었다. 이를 보여주듯 예산의 규모도 역대 최대다. 1조 9천 543억 원으로 본예산 기준으로 지금까지 가장 많았고 2022년도 본예산보다 1천 689억 원 증가했다. 9.5% 올랐다.
- 지역상권 활성화를 위한 ○○페이 사업에 전폭적인 지원을 약속했고 이를 실천 했다. 소상공인 지원으로 골목상권에 활력을 불어넣고자 47억 4천만 원의 ○○○ 재원을 추가로 투입하며 ○○페이 발행과 운영에 104억 원 예산을 편성했다.
- 노인 빈곤을 막는 기초연금에 1천 763억 원, 기초생활수급자들의 보금자리 생계급여에 506억 원, 영유아보육료 지원에 503억 원을 편성하며 사회복지 분 야에만 6천 900억 원을 편성했다.
- 국내 최초로 인공지능(AI)을 이용한 수요응답버스를 농촌지역까지 확대 운영하기 위해 ○○○는 25억 원의 예산을 신규로 담았다. 여기에 ▲광역급행철도 건설부담 금 ▲서울-문산 고속도로 금촌IC 정체 개선 등 사업비로 1천 947억 원을 편성 했다.

기획안 작성 Tip

⇒ 예산의 특성상 기한을 맞춰 기획기사를 쓰는 것이 중요하다.
  지자체 대표 사업을 몇 가지로 추려내고 슬로건에 맞게 시정철학을 녹여내면 기획기사의 퀄리티가 높아진다. 예산의 수치를 되도록 많이 쓰지 않는다.

Ⅱ. 기획 보도자료

보도일시	2023.11. 배포 즉시				
사진	○	자료	×	매수	2	전문위원	○○○(031-940-0000)
담당부서	소통홍보관(언론팀)					담당자	김태욱(031-940-4077)

[기획] 지역경제·취약계층·교통…○○○, 내년 예산안 3대 키워드
- ○○○ 시장 '시민 중심 더 큰 ○○' 청사진 제시

지역경제 활성화. 취약계층 배려. 교통복지.

내년 ○○○ 예산안 3대 키워드다. 코로나 경기 한파로 서민들의 지갑이 얇아진 현실을 반영했다. 고물가와 금리인상까지 겹치면서 팍팍해진 경기 상황을 배려한 '경제방역'으로 평가받는다. 국비 예산이 줄어든 만큼 ○○○ 곳간을 풀어 노인과 장애인 등 취약계층을 우선적으로 살피고, 전통시장을 비롯해 지역경제를 살뜰히 챙긴다는 목적이다. ○○○를 동서남북 거미줄로 이어 사람과 물류가 활발히 교류되는 '교통복지'도 추가로 포함됐다. ○○○ 시장이 구상한 '시민 중심 더 큰 ○○' 청사진이 내년도 예산안에 녹아든 것이다. 이를 보여주듯 예산의 규모도 역대 최대다. 1조 9천 543억 원으로 본예산 기준으로 지금까지 가장 많았고 2022년도 본예산보다 1천 689억 원 증가했다. 9.5% 올랐다. 예산이 늘어난 만큼 지역사업도 활발히 진행되고 있다. 지역화폐 발행과 수요응답형 버스 증설, 생계급여 확대 등 ○○○ 시장이 공약한 정책들의 속도가 빨라졌다. '더 큰 ○○' 특례시로 도약하기 위한 내년도 예산안에 관심이 집중되는 이유다.

■ 첫째도 둘째도 셋째도 민생…지역경제와 취약계층 챙긴다

'시민 중심 더 큰 ○○'를 내세운 ○○○ 시장의 최우선 순위는 민생이다. 취임 직후 첫 휴가를 반납하고 전통시장을 찾았던 ○○○ 시장은 한가위 추석을 앞두고 잇따라 골목시장 상인들부터 만났다. 시민들의 먹고사는 문제부터 해결하겠다는 ○○○ 시장의 의지는 지역경제 예산안에도 반영됐다. 지역상권 활성화를 위한 ○○페이 사업에 전폭적인 지원을 약속했고 이를 몸소 실천했다. 소상공인 지원으로 골목상권에 활력을 불어넣고자 47억 4천만 원의 ○○○ 재원을 추가로 투입하며 ○○페이 발행과 운영에만 104억 원 예산을 편성했다. 지역화폐에 대한 국가 예산이 전액 삭감되고 경기도 보조사업 예산이 줄줄이 축소되는 악조건에서도 ○○○가 지역화폐 예산을 챙겼다는 점에서 의미가 남다르다.

Ⅲ 기획보도 작성 Tip

① 제대로 된 〈스토리〉와 〈순화된 표현들〉이 기획기사를 이끈다

⇒ 〈지역경제 활성화〉. 〈취약계층 배려〉. 〈교통복지〉. 내년 ○○○ 예산안 3대 키워드다

⇒ 코로나 경기 한파로 서민들의 지갑이 얇아진 현실을 반영했다. 고물가와 금리 인상까지 겹치면서 팍팍해진 경기 상황을 배려한 '경제방역'으로 평가받는다

⇒ 국비 예산이 줄어든 만큼 ○○○ 곳간을 풀어 노인과 장애인 등 취약계층을 우선적으로 살피고, 전통시장을 비롯해 지역경제를 살뜰히 챙긴다는 목적이다

⇒ ○○○를 동서남북 거미줄로 이어 사람과 물류가 활발히 교류되는 '교통복지'도 추가로 포함됐다

예산 기획기사의 주제는 〈역대 최고 규모〉였다. 1조 9천 543억 원으로 본예산 기준으로 지금까지 가장 많았고 2022년도 본예산보다 1천 689억 원 증가했다. 9.5% 올랐다는 2문장의 내용을 2,500자로 풀어서 썼는데, 스토리의 힘을 제대로 보여준 기획기사였다. 예산은 내용의 특징처럼 숫자들이 즐비한데, 수치를 최대한 적게 쓰면서 의미를 부여하는 작업이 중요하다. 시의성에 맞는 키워드를 3개로 추려내고, 시정 철학을 녹여낸 스토리 라인을 짰다. 이해도를 높이기 위해 코로나 상황을 가정한 경제방역, 예산이라는 공무원 용어를 ○○○ 곳간으로 순화, ○○○ 동서남북을 거미줄로 잇는 교통복지라는 친숙한 표현으로 풀어서 설명했다.

"미국의 신참기자들이 에디터와 기사를 논의할 때 종종 언급되는 이슈가 '스토리 vs 주제'다. 무언가에 대해 쓰려고 할 때 주제가 선명해도 이야깃거리가 부실할 때 그것은 스토리가 아니라 주제라며 반려당하는 것이다. 〈프로퍼블리카〉 기자 파멜라 콜로프는 기자생활 초기에 에디터에게 기사를 제안할 때면 '그건 주제이지, 스토리가 아니다'라는 이야기를 듣곤 했으며, 두 가지의 차이를 구분하는 데 수년이 걸렸다고 말했다."
– 〈탁월한 스토리텔러들〉 이샘물, 박재영 지음 이담북스

여기에 ▲친환경·로컬푸드 조달체계 구축 ▲농업전문인력육성기금 ▲마장호수 관광인프라 등 '시민 중심 자족도시'에 대한 예산안도 담겼다.

지역경제 활성화에 이어 ○○○ 시장의 시정철학은 취약계층 배려로 이어졌다. 노인 빈곤을 막는 기초연금에 1천 763억 원, 기초생활수급자들의 보금자리 생계급여에 506억 원, 영유아보육료 지원에 503억 원을 편성하며 사회복지 분야에만 6천 900억 원을 편성했다. 올해보다 684억 원이 상향된 금액이다. 저출산 고령화로 노인인구가 증가하는 현실과 취약계층들의 살림살이가 팍팍해지는 상황이 고려됐다. 이 밖에도 ▲교통약자 특별교통수단 운영 ▲노인복지관 편의시설 확충 ▲다함께 돌봄센터 운영 ▲민간보육시설 국공립수준으로 서비스 향상 등의 예산들도 담겼다.

■ 편리한 교통복지 실현...농촌에도 수요응답버스 달린다

○○○는 안전하고 편리한 교통복지에도 힘쓰고 있다. 동서남북 교통망을 구석구석 연결해 시민들의 불편함을 최소로 줄이겠다는 목적이다. 대표적인 사례가 ○○○ 부르미버스인 DRT(수요응답버스)다. 수요응답버스는 지난해 8월 경기도가 처음으로 공모한 시범사업에 선정됐으며, 대중교통 환승할인이 적용되는 전국 최초사례다. 국내 최초로 인공지능(AI)을 이용한 수요응답버스를 농촌지역까지 확대 운영하기 위해 ○○○는 25억 원의 예산을 신규로 담았다. 여기에 ▲수도권 광역급행철도 건설부담금 ▲고질적인 민원 발생지역인 서울-문산 고속도로 금촌IC 정체 개선 ▲마을버스 준공영제 재정지원 사업 등 교통복지 증진을 위한 사업비로 1천 947억 원을 편성했다. 2022년 예산보다 304억 원이 증가했다. ○○○ 시장은 "○○○가 특례시로 도약하기 위해 운정신도시와 농촌 주민 모두가 만족하는 교통복지를 위해 앞으로 노력하겠다"고 강조했다. 교통복지를 밑거름으로 사람과 물류가 자유롭게 오가는 '활력경제 미래도약'을 실현시키겠다는 뜻으로 풀이된다.

'시민 중심 더 큰 ○○'
민선 8기 ○○○ 시장의 ○○○ 청사진이다. 시민 중심 열린 행정을 위해 ○○○는 앞서 시민들을 대상으로 예산편성 설문조사도 실시했다. 시청 문턱을 낮추고 시민들의 목소리에 귀 기울이겠다는 의미다. 시민의, 시민에 의한, 시민을 위한 예산안을 바탕으로 ○○○가 '활력경제 미래도약', '포용사회 문화도시', '시민 중심 자족도시'로 우뚝 서길 기대해 본다.

Ⅲ 기획보도 작성 Tip

② 〈스토리보드〉는 영화감독과 시나리오 작가의 전유물이 아니다

⇒ '시민 중심 더 큰 ○○'
　　민선 8기 ○○○ 시장의 ○○○ 청사진이다

⇒ 시민의, 시민에 의한, 시민을 위한 예산안을 바탕으로 ○○○가 '활력경제 미래도약', '포용사회 문화도시', '시민 중심 자족도시'로 우뚝 서길 기대해 본다

〈스토리보드〉는 시나리오나 대본의 스토리를 시각적으로 보여주는 그림들로 디즈니 만화에서부터 실사 영화까지 전체 구성에서 중요한 부분을 차지한다. 이런 〈스토리보드〉는 영화감독과 시나리오 작가들의 전유물이 아니다. 기획기사에서도 특히 중요한데, 기획기사에서 예산안 3대 키워드에 맞는 사진들을 추려내고, 예산의 의미를 부여한 인포그래픽으로 시선을 사로잡을 수 있다. 어떻게 사진들을 배치할지, 수치가 많은 예산에서 어떤 인포그래픽을 그려 넣을지 〈스토리보드〉로 기본적인 구상을 한 이후 기획기사를 작성했다. 기획기사는 대체로 신문 1면을 할애하기 때문에 구도와 구상을 위한 치열한 고민이 필요하다.

"스토리보드는 이야기뿐 아니라 다양한 아이디어를 정리하는 데 도움이 된다. 에세이 아이디어를 짜거나 웹사이트를 제작하고, 게임을 만드는 때에도 쓰이는 이유다. 언론계에서는 저널리즘 동영상이나 일러스트를 제작하는데 빈번히 활용된다. 〈워싱턴포스트〉 그래픽 팀은 인터랙티브 프로젝트 제작에 대해 이렇게 말했다. 동영상을 촬영하기 전에 모든 장면을 그리는 것은 영화 제작자들이 활용하는 테크닉이다. 처음부터 끝까지 스토리보딩을 하는 것은 비주얼 기자들에게 기사에 대한 조감도를 준다. 이를 통해 기사를 제작할 때, 당신은 무슨 일이 벌어질지를 정확히 알게 된다."

－ 〈탁월한 스토리텔러들〉 이샘물, 박재영 지음 이담북스

지역경제·취약계층·교통… ■■■시, 내년 예산안 3대 키워드

2023년 파주시 예산편성 설문조사
2022. 8. 8 ~ 8. 28

■ 첫째도 둘째도 셋째도 민생…'지역경제와 취약계층 챙긴다'

■ 편리한 교통복지 실현…농촌에도 수요응답버스 달린다

'시 경제를 위해 페이 이용해주세요'

전통시장 상인을 만나는 김경일 시장 / 추석 앞두고 전통시장 찾은 김경일 시장

파주시 내년 예산안 키워드
지역경제·취약계층·교통… '더 큰 ■■■'

> ■■■ 시장 청사진
> 3대 키워드로 '위기 타파'

파주페이 홍보하는 김경일 시장 / 취약계층 지원하는 파주시

Ⅰ. 부서참고용 기획안 (12월)

[기획] '100만 대도시' 마중물...○○○, 메디컬클러스터 '급물살'
- 축구장 64개 크기에 1조 5천억 원 투입하며 성장동력

■ 개발이익 재투자하며 성장...세계적인 바이오클러스터
■ 미국 마이애미 의과대학과 맞손 협력...혁신생태계 앞장

- 새해 신년인사로 마부정제(馬不停蹄)를 전한 ○○○ 시장은 메디컬클러스터 사업 굳히기에 나섰다. '시민 중심 더 큰 ○○'를 향한 대표사업으로 '메디컬클러스터'를 조성해 ○○○ 상생발전과 성과, 지속가능한 발전을 선순환 구조로 만들겠다고 강조했다.
- ○○○는 오랜 숙원사업이던 대학병원 건립과 의료·바이오 기업들을 유치해 4차산업 신성장동력을 마련하고 있다. ○○메디컬클러스터는 ○○○ 서패동 일대에 축구장 64개 규모의 부지(45만㎡)에 사업비만 1조 5천억 원이 투입된다.
- 토지의 개발이익(부지조성 사업)만 재투자했던 '대장동 사업'과 달리 ○○메디컬클러스터는 토지 개발이익(부지조성 사업)과 공동주택 사업에서 발생하는 개발이익이 모두 재투자하는 특징을 갖고 있다.
- 메디컬클러스터에 바이오 신약산업과 우수한 병원들이 상생발전하며, ○○○의 성장동력을 이끌어 갈 것으로 전문가들은 기대하고 있다. 세계적인 수준의 바이오클러스터를 목표로 핵심축인 아주대학교 병원과 국립암센터 유치도 진행 중이다.
- 구체적으로 ▲마이애미대 의과대학 R&D센터 설립 ▲공동연구 협력체계 구축 ▲바이오헬스 산업 육성 지원 ▲연구인력 양성 및 교류 등 지속적으로 논의하고 있다. 이 같은 협업을 기반으로 혁신생태계 조성도 한창이다.

■ 기획안 작성 Tip

⇒ 판교와 일산 테크노밸리 등 지자체들은 자족도시를 향한 노력에 진심이다.
　○○○ 역시 미래 먹거리 사업으로 메디컬클러스터 사업이 한창인데,
　면적 + 사업비 + 다른 지자체 사업과 비교·대조를 하면 입체적으로 그려진다.

「○○메디컬클러스터 조성사업」 현장설명회

□ 개　　요

○ 일　　시: 2023. 4. 26.(수) 11:00 ~ 11:30 (30분간)

○ 장　　소: 동패동 1427번지 일원 (운정3지구 심학산로 교량 상부)

○ 참 석 자: 30명 내외

　- (주민) 운정연, 운정맘카페, 주민대책위원회 등 20명

○ 주요내용: 사업 현안 및 추진계획 등

□ 현수막(안)

□ 시간계획(안)

시　간		소요(분)	세 부 내 용	비　고
11:00	11:05	5	· 환담 인사	
11:05	11:10	5	· 참석자 소개	
11:10	11:20	10	· ○○메디컬클러스터 조성사업 브리핑	
11:20	11:25	5	· 질의 및 답변	
11:25	11:30	5	· 기념 촬영	참석자 전원

Ⅱ. 기획 보도자료

보도일시	2023.12.(수) 배포 즉시				
사진	○	자료 ×	매수 2	전문위원	○○○(031-940-0000)
담당부서	소통홍보관(언론팀)			담당자	김태욱(031-940-4077)

[기획] '100만 대도시' 마중물…○○○, 메디컬클러스터 '급물살'
- 축구장 64개 크기에 1조 5천억 원 투입하며 성장동력

상생발전과 성과, 지속가능한 발전

인구 50만 명을 돌파한 ○○○가 새롭게 제시한 비전이다. 특례시로 도약하기 위한 ○○○는 꾸준한 성과를 기반으로 상생발전을 이루는 동시에, 지속가능한 ○○○ 성장동력을 구축하겠다고 강조했다. 새해 신년인사로 마부정제(馬不停蹄)를 전한 ○○○ 시장은 앞으로도 멈추지 않겠다고 다짐하며, 메디컬클러스터 사업 굳히기에 나섰다. '시민 중심 더 큰 ○○'를 향한 대표사업으로 '메디컬클러스터'를 조성해 ○○○ 상생발전과 성과, 지속가능한 발전을 선순환 구조로 만들겠다고 강조했다. ○○ 메디컬클러스터 사업은 대학병원과 국립암센터 미래혁신센터 건립 추진을 밑거름으로 ○○○가 바이오헬스 거점도시로 우뚝 서기 위한 핵심으로 중요하다. 계획에 맞게 절차도 속도를 내고 있는데, 보상에 필요한 사전 절차를 끝마친 ○○○는 행정절차를 3년 이상 줄이며, 1년 11개월 만에 절차들을 매듭지었을 뿐만 아니라 지난해 12월, 메디컬클러스터 조성사업 실시계획인가를 위한 모든 행정절차를 마무리 지으며 사업이 '급물살'을 타고 있다.

■ 개발이익 재투자하며 성장동력...세계적인 수준의 바이오클러스터

운정 신도시를 중심으로 ○○○에 변화의 바람이 불고 있다. ○○○는 오랜 숙원사업이던 대학병원 건립과 의료·바이오 기업들을 유치해 4차산업 신성장동력을 마련하고 있다. 메디컬클러스터는 ○○○ 서패동 일대에 축구장 64개 규모의 부지(45만㎡)에 사업비만 1조 5천억 원이 투입되는 대규모 사업이다. 토지의 개발이익(부지조성 사업)만 재투자했던 '대장동 사업'과 달리 ○○메디컬클러스터는 토지 개발이익(부지조성 사업)과 공동주택 사업에서 발생하는 개발이익이 모두 재투자하는 특징을 갖고 있다. 3천억 원 상당의 개발이익을 의료와 바이오 융복합단지 조성에 다시 재투자한다.

Ⅲ 기획보도 작성 Tip

① 〈풀뿌리 행정자치〉 시민의, 시민을 위한, 시민에 의한 글쓰기

⇒ 축구장 64개 크기에 1조 5천억 원 투입하며 성장동력

⇒ ○○ 메디컬클러스터 사업은 대학병원과 국립암센터 미래혁신센터 건립 추진을 밑거름으로 ○○○가 바이오헬스 거점도시로 우뚝 서기 위한 핵심으로 중요하다

⇒ 행정절차를 3년 이상 줄이며, 1년 11개월 만에 절차들을 매듭지었을 뿐만 아니라 지난해 12월, 메디컬클러스터 조성사업 실시계획인가를 위한 모든 행정절차를 마무리 지으며 사업이 '급물살'을 타고 있다

⇒ 토지의 개발이익(부지조성 사업)만 재투자했던 '대장동 사업'과 달리 ○○ 메디컬클러스터는 토지 개발이익(부지조성 사업)과 공동주택 사업에서 발생하는 개발이익이 모두 재투자하는 특징을 갖고 있다

메디컬클러스터는 ○○○ 대표 사업이다. 상생발전과 성과, 지속가능한 발전을 주제로 미래 먹거리를 챙기는 것이 주요 목적이다. 지자체 공무원뿐만 아니라 기자들도 관심이 많은데, 시민들이 알고 싶은 내용은 무엇일까. 우선 사업 규모와 투자금액이다. 여기에서 시청이 불필요한 행정절차를 매듭지으면서 개발이익을 재투자하는 계약조건을 설정한 점이 중요하다. 토지개발과 공동주택 사업에서 발생하는 이익을 모두 재투자하면서 대장동 사건과 다르다는 점을 분명히 강조했다.

"일반적으로 공무원이 보도자료를 작성하면서 가장 염두에 두는 부분은 정치인과 기관장의 참석 여부이다. 공무원은 기관장과 정치인 등이 다수 참석하고 그들 중 어느 한 명도 서운한 마음을 갖지 않도록 의전을 잘하면 성공한 행사라 판단하지만, 지역 주민들의 입장은 전혀 다르다. 행사 자체에 주목하지 않는다. 주민은 체육관이 개관한다면 언제부터 이용할 수 있는지, 휴관은 언제인지, 요금은 얼마이고 무슨 시설이 갖춰져 있는지 등보다 실질적인 내용에 관심이 많다. 정보의 공급자와 수용자가 전혀 다른 생각을 하는 것이다."
                              - 〈홍보야 울지 마라〉 김도운 지음 리더북스

성공적인 사업개발을 위한 노력은 이뿐만이 아니다. ○○도시관광공사의 출자지분을 50%로 대폭 늘리며 PF대출의 숨통을 틔웠고, 총사업비의 10% 개발이익 상한 제도 협약서에 명시했다. 부동산 투기 세력을 잠재우고 ○○○ 미래먹거리를 개척하기 위한 ○○○의 결단이다.

메디컬클러스터에 바이오 신약산업과 우수한 병원들이 상생발전하며, ○○○의 성장동력을 이끌어 갈 것으로 전문가들은 기대하고 있다. 세계적인 수준의 바이오클러스터를 목표로 핵심축인 아주대학교 병원과 국립암센터 유치도 계획대로 진행되고 있다. 지난 2020년 아주대학교 병원과 업무협약을 맺은 ○○○는 병원 이전을 위한 밑그림을 채워나가고 있다. 500병상 규모의 아주대학교 병원을 짓기 위해 병원에 부지를 제공하는 방안과 병원 건립비용을 지원하는 방안을 놓고 협의를 이어가고 있다. 국립암센터 유치도 뜻을 재차 확인했다. 지난달 ○○시청에서 국립암센터 관계자들과 만난 ○○○는 최고 수준의 바이오클러스터로 육성하는데 합의했다. 국립암센터 산학협력단을 중심으로 메디컬클러스터는 연구데이터를 비롯해 국내 최대·최고의 '오픈 이노베이션 바이오랩' 신약 개발을 위한 플랫폼을 구축할 계획이다.

■ 미국 마이애미 의과대학과 맞손 협력...혁신생태계 앞장선다

지난해 미국 마이애미 의과대학과 업무협약(MOU)을 맺은 ○○○는 혁신생태계 조성에 속도를 내고 있다. 마이애미 대학교는 미국 남부에서 2천 107개 병상 규모의 대학병원과 미국 내 상위권의 암센터를 보유하고 있다. ○○○는 마이애미 대학과 협업을 기반으로 선진기술이 메디컬센터 발전에 선순환 구조로 이어질 것으로 기대하고 있다. 구체적으로 ▲마이애미대 의과대학 R&D센터 설립 ▲공동연구 협력체계 구축 ▲바이오헬스 산업 육성 지원 ▲연구인력 양성 및 교류 등 지속적으로 논의하고 있다. 이 같은 협업을 기반으로 혁신생태계 조성도 한창이다. 클러스터 조성 1단계에서는 2024년까지 2천억 원을 들여 연구시설, 동물실험실, 글로벌R&D센터 등 연구 인프라를 구축하고 2단계에서는 2028년까지 약 1조 원을 투입해 바이오 혁신 생태계를 구축하고 입주기업의 사업화를 지원할 계획이다. ○○○ 시장은 "바이오클러스터 산업은 글로벌 협업이 무엇보다 중요하다"라며 "○○○ 미래먹거리를 위해 혁신에도 앞장서겠다"고 강조했다.

명품자족도시 만든다. 지난달 26일 '○○메디컬클러스터 조성사업' 현장설명회를 개최한 자리에서 ○○○ 시장이 강조한 내용이다. 메디컬클러스터의 성공을 위해 모든 행정력을 총동원하겠다는 ○○○만의 노력이 '100만 자족도시'로 이어지는 마중물이 되길 기대해 본다.

Ⅲ 기획보도 작성 Tip

② 언론사 전체 기사 중 보도자료 비중은 70~80%에 달한다

⇒ 지난 2020년 아주대학교 병원과 업무협약을 맺은 ○○○는 병원 이전을 위한 밑그림을 채워나가고 있다. 500병상 규모의 아주대학교 병원을 짓기 위해 병원에 부지를 제공하는 방안과 병원 건립비용을 지원하는 방안을 놓고 협의를 이어가고 있다

⇒ 지난해 미국 마이애미 의과대학과 업무협약(MOU)을 맺은 ○○○는 혁신생태계 조성에 속도를 내고 있다

⇒ 클러스터 조성 1단계에서는 2024년까지 2천억 원을 들여 연구시설, 동물실험실, 글로벌R&D센터 등 연구 인프라를 구축하고 2단계에서는 2028년까지 약 1조 원을 투입해 바이오 혁신 생태계를 구축하고 입주기업의 사업화를 지원할 계획이다

앞서 자치단체나 공공기관의 가장 효과적인 PR이 〈기획기사〉라고 강조했다. 이는 언론사의 뉴스 생산 시스템을 보면 잘 알 수 있다. 언론사 전체 기사 가운데 보도자료 비중은 70~80%에 달한다. 사실상 기관에서 배포하는 보도자료가 뉴스의 시발점이라고 봐도 무방하다. 보도자료를 추가 취재해서 쓰는 기사나 보도자료를 비판하는 기사 혹은 보도자료를 여러 개 묶어서 쓰는 경우다. 위에서 언급한 내용들도 이전에 ○○○에서 배포한 보도자료 내용인데, 보도자료를 잘 써야하는 이유다.

"참여정부 시절, 정부는 홍보기능을 높이기 위해 각 부처 및 외청별로 기자 출신의 홍보전문가를 선발해 홍보부서에 공무원 신분으로 배치한 일이 있다. 이후 지자체를 비롯해 각 관공서의 기자 출신 홍보인력 채용이 눈에 띄게 늘었는데, 장단점이 있었다. 보도자료의 질이 좋아진 것은 확실했지만, 보도자료 의존 비율이 높아진 점도 사실이다. 1인 또는 소수 인원이 언론사를 만들고 100% 보도자료만 뉴스로 올리는 어처구니없는 사례도 있었다. 엄밀히 따지면 이들은 언론이 아니다."

– 〈홍보야 울지 마라〉 김도운 지음 리더북스

○○시, 축구장 64개 크기에 1조 5천억원 투입… 성장동력 이끈다

[기획] '100만 대도시' 마중물… ○○, 메디컬 클러스터 '급물살'

파주메디컬클러스터 조성사업 현장설명회

상생발전과 성과, 지속가능한 발전, 인구 50만 명을 돌파한 파주시가 새롭게 제시한 비전이다. 특herbal시로 도약하기 위한 파주시는 꾸준한 성과를 기반으로 상생발전을 이루는 동시에, 자족가능한 자족도시로 성장동력을 구축할 것이고 강조했다. 성과를 강조한 김경일 파주시장은 첫 단추로 메디컬 클러스터 사업 공fleet기에 나섰다. 파주메디컬클러스터는 파주시민들의 오랜 숙원이었던 대학병원 건립과 의료 바이오 기업을 위해 추진한다. 인구 50만 명을 넘은 대도시배 종합병원이 없는 현실도 파주메디컬클러스터 조성에 불을 지폈다. 대학병원과 국립암센터 미래혁신센터 건립이 추진되면, 파주시가 바이오벨트 거점도시로 우뚝 설 것으로 기대된다. 계획에 맞춰 절차도 속도를 내고 있는데, 보상에 필요한 사전 절차를 끝내 파주시는 행정절차를 3년 이상 줄이며, 1년 11개월 안에 절차를 매듭지을 뿐 아니라 지난해 12월, 메디컬클러스터 조성사업 실시계획인가를 위한 모든 행정절차를 마무리 지으며 사업이 '급물살'을 타고 있다.

■ 출자지분 50% 늘리며 PF대출 숨통… 아주대 병원 이전 협의

파주메디컬클러스터는 파주시 서패동 일대에 축구장 64개 규모의 부지(46만㎡)에 사업비만 1조 5천억원 들어 투입되는 대규모 사업이다. 파주메디컬클러스터는 토지 개발사업(바이오조성 사업)과 공동주택 사업에서 발생하는 개발이익이 모두 재투자되는 특징을 갖고 있다. 3천여㎡의 상당의 개발이익을 의료&바이오 용복합단지 조성에 다시 재투자한다.

■ 미국 마이애미 의과대학과 맞손… 명품자족도시 도약

지난해 미국 마이애미 의과대학과 업무협약(MOU)을 맺은 파주시는 혁신생태계 조성에 추...

Special News

경기도 ○○

상생발전과 성과·지속가능 발전… 경기 ○○시 '성장동력' 이끈다

100만 자족도시로 이어지는 마중물
메디컬 클러스터 '급물살' 시작

축구장 64개 크기에 1조 5천억원
투입하며 '성장동력' 이끌어내
바이오벨트 거점도시로 '우뚝'

협업 기반 혁신생태계 조성 한창
메디컬클러스터 성공 위해
모든 행정력 총동원하는 등 노력

조병현 기자 bycho98@todtoday.co.kr

상생발전과 성과, 지속가능한 발전, 인구 50만 명을 돌파한 파주시가 새롭게 제시한 비전이다.

특별시로 도약하기 위한 파주시는 꾸준한 성과를 기반으로 상생발전을 이루는 동시에, 지속가능한 자족도시로 성장동력을 구축한다고 강조했다.

성과를 강조한 김경일 파주시장은 첫 단추로 메디컬 클러스터 사업 공략기에 나섰다. 파주메디컬클러스터는 파주시민들의 오랜 숙원이었던 대학병원 건립과 의료 바이오 기업을 위해 추진한다.

■ 미국 마이애미 의과대학과 맞손… 명품자족도시 도약

[사진 위부터]
김경일 파주시장이 파주메디컬클러스터 조성사업 현장설명회에서 설명하고 있다.
대학병원과 의료연구원센터를 갖춘 파주메디컬 클러스터 조감도.
파주시와 국립암센터 관계자들이 메디컬클러스터 육성방안을 논의하고 있다.

Ⅰ. 기획 보도자료

보도일시	2023.12. 배포 즉시				
사진	○	자료	×	매수	2	전문위원	○○○(031-940-0000)
담당부서	소통홍보관(언론팀)			담당자	김태욱(031-940-4077)

[기획] 인구 50만 돌파…○○시민이 손꼽은 최대 성과로 기록
- 2022년 ○○○ 10대 뉴스, 캐릭터 '파랑'과 ○○페이 관심

아듀 2022년…

○○○는 임인년 한해를 마무리하며, ○○○를 빛낸 10대 뉴스를 선정했다. 그중에서 ○○시민이 손꼽은 최대 성과는 인구 50만 명 돌파였다. 이에 더해서 ○○○ 대표 캐릭터 '파랑' 탄생과 ○○페이 확대 발행 및 10% 할인 뉴스가 시민들의 높은 관심을 받았다. 시민과 정책, 소통을 한곳에 담으며 시민들의 관심과 참여를 반영했다는 평가다.

■ 1위, 인구 50만 명 돌파

'시민 중심 더 큰 ○○' 시민들의 바람이 담겼다. ○○○가 묻고 1,934명의 시민들이 응답했다. 민선 8기를 맞아 ○○○는 인구 50만 명을 넘어서며 전국 지방자치단체 대도시 반열에 이름을 올렸다. 지난 5월말 기준으로 ○○○는 전국에서 19번째로 인구 50만 명을 넘는 도시가 됐다. ○○○가 내년까지 50만 인구를 유지할 경우, 2024부터 대도시 특례가 공식적으로 인정된다. 자치 권한이 늘어나며, 시민들을 위한 행정서비스 개선에 이바지할 것으로 보인다.

■ 2위, ○○○ 캐릭터 '파랑' 탄생

○○○ 대표 캐릭터에 관심이 집중되고 있다. '파랑'의 공식적인 활동에 응답자 1,605명이 지지와 성원을 보냈다. '파랑이'는 ○○의 자랑을 줄여서 사용했고 평화의 상징인 비둘기를 모티브로 활용했다. 한반도 평화통일을 기원하는 의미가 있다. 새롭게 탄생한 캐릭터 '파랑이'는 시정 홍보에도 적극적으로 나섰다. ○○○ 홈페이지와 공식 SNS 채널 등에서 영상과 이미지 등 콘텐츠 제작에 활용하고, 캐릭터 탈인형을 만들어 ○○ 개성인삼축제와 장단콩 축제 등 지역 축제와 행사에도 제 역할을 톡톡히 했다.

■ 3위, 지역화폐 확대 발행 및 상시 10% 할인

세 번째 뉴스는 지역화폐 확대 발행과 10% 할인이다. 1,480명이 지역화폐 뉴스에 관심을 보였다. 코로나 경기 한파로 서민들 지갑이 얼어붙은 현실 속에서 지역화폐가 눈길을 끌었다. 지역화폐는 대형마트와 백화점이 아닌 골목상권을 찾는 소비자들에게 10% 할인 인센티브를 제공하며 소상공인과 지역경제, 소비자에게 이익이 돌아가는 제도다. ○○페이는 올해 연말까지 1,440억 원 이상 발행해 관내 골목상권과 소상공인 등에서 소비가 이뤄졌다. 내년에도 ○○○는 10% 할인을 이어가겠다고 밝혔다.

■ 4위, DMZ 평화 관광 재개

네 번째 뉴스는 1,284명이 응답한 DMZ 평화관광 재개다. 남과 북을 가르는 휴전선 사이로 펼쳐진 비무장 지대 DMZ. 시간이 멈춘 듯, 이곳에는 가슴 아픈 역사가 살아 숨 쉬고 천연기념물들이 둥지를 틀고 있다. 천의 얼굴, 자연 박물관인 DMZ는 지난 5월 사회적 거리두기가 해제되면서 그동안 멈췄던 평화관광을 다시 시작한다. 6월에는 단체관광에 이어 8월에는 개인 관광까지 정상화했다. 임진각 관광단지 내에 한반도 생태평화 종합관광센터가 문을 열면서 가족 단위의 새로운 관광명소로 거듭났다.

■ 5위, 도로교통 환경개선

다섯 번째는 도로교통 환경개선이 차지했다. 1,263명이 선정한 뉴스다. 상습적인 정체구간을 개선하고 원활한 교통환경을 만드는 것이 주요 내용이다. 구체적으로 ▲심학산 교차로 ▲벧엘교회 교차로 ▲아동사거리 등 고질적인 교통혼잡 지역을 개선했다. 추가로 여름철 침수피해 방지를 위한 배수시설을 개선하고 겨울철 한파와 폭설에 대비해 도로 정비와 주요시설을 점검하며 시민 안전에 힘썼다. 이러한 노력에 힘입어 ○○○는 2022년 경기도 도로정비 평가에서 우수기관으로 선정됐다.

■ 6위, 청년의 삶과 동행하는 맞춤형 정책 강화

여섯 번째는 ○○○ 청년정책이다. ○○○는 올해 1월부터 청년정책담당관을 신설하고 청년정책협의체를 출범시켰다. 청년들만의 문화·정책 소통 공간으로 'GP1934 (Global Pioneer. 19~34세)'를 ○○○에서 마련했다. 코로나 고용한파에 청년들이 직격탄을 맞으면서 청년을 위한 일자리 정책들도 지원사격에 나섰다. ▲창업자들의 온라인 매출을 늘리는 '청년 온라인 스토어 창업 지원' ▲청년과 소통생태계를 조성하는 '○○ 청년마켓' ▲청년 구직자 자격증 응시료 지원 사업 등을 새롭게 준비하고 있다.

■ 7위, ○○○ 지방자치단체 혁신평가 4년 연속 '우수'

○○○가 지자체 혁신평가에서 우수상을 받은 뉴스다. ○○○는 행정안전부에서 주관한 지자체 혁신평가에서 4년 연속으로 우수기관으로 선정됐다. 앞서 ○○○는 ○○형 마을 살리기 시스템을 구축하고 전국에서 처음으로 찾아가는 이동형 선별 검사소를 운영하는 등 주민 생활과 밀접한 분야를 중심으로 혁신 정책을 추진해 왔다. 이밖에도 ○○○는 매년 적극행정 우수공무원에게 상을 주며 행정혁신에 앞장서왔다. 시청문턱을 낮추고 시민들의 목소리를 가까이에서 듣기 위한 노력으로 평가된다.

■ 8위, 감악산 국립 자연휴양림 조성

여덟 번째로 감악산이 산림청이 주관한 국립자연휴양림 공모사업에 선정됐다. ○○○는 앞으로 2025년까지 87억 원을 투자해 '국립 ○○ 감악산 자연휴양림'을 만들겠다고 밝혔다. 이로써 숲속의 집과 산림휴양관, 야영장과 산책로 등을 갖춘 경기 북부의 대표적인 산림휴양지가 꾸려질 계획이다. 자연휴양림이 마련되면 시민들을 위한 여가공간이 생기고 지역경제가 활성화될 것으로 기대된다.

■ 9위, ○○○ 민선 8기 출범

아홉 번째는 ○○○ 민선 8기 출범이다. ○○○ 시장이 지난 7월 1일 ○○시장에 당선되며 '시민 중심 더 큰 ○○'의 시작을 알렸다. '활력경제 미래도약', '포용사회 문화도시', '시민 중심 자족도시'라는 3대 핵심전략을 중심으로 시정을 운영하고 있다. 시청문턱을 낮추고 시민들의 목소리를 더 가까이에서 듣기 위한 목적으로 풀이된다.

■ 10위, 한수위 ○○쌀 호주와 미국 수출 쾌거

마지막으로 호주와 미국으로 수출길에 오른 '한수위 ○○쌀'이다. 지난 10월 호주에 이어 미국까지 수출길에 올랐는데, 품종은 경기미 대표품종 '참드림'이다. 한수위 ○○쌀은 단백질 함량이 적고 찰기가 많아 밥맛이 좋다는 평가를 받는다. 현재 호주와 미국 현지 마트에서 판매되고 있는데, 앞으로 판로를 다변화하고 수출물량을 늘려 농민 소득에 기여할 것으로 보인다.

이번 조사는 12월 1일부터 일주일 동안 페이스북을 비롯해 ○○○ SNS 구독자와 방문자들에게 설문조사를 실시했다. 모두 5천 336명의 시민들이 답했으며, 응답자의 성별은 여자가 54.5%로 남자보다 10% 포인트 높았다. 한해를 갈무리하는 의미가 있었다.

50만 인구 돌파… 2022년 ▨▨는 대도시 반열에 올랐다

파주시 인구 50만 명 돌파

'시민중심 더 큰 파주' 시민들의 바람이 담겼다.
파주시가 묻고 1184명의 시민들이 응답했다. 민선 8기를 맞아 파주시는 인구 50만 명을 넘어서며 전국 지방자치단체 대도시 반열에 이름을 올렸다.

지난 5월을 기준으로 파주시는 전국에서 19번째로 인구 50만 명을 넘는 도시가 됐다. 이번 뉴스가 1호선부터 50만 인구를 무게로 올려, 2024년부터 대도시 특례가 공식적으로 인정됐다.

자치 권한이 늘어나며, 시민들을 위한 행정서비스 개선에도 이바지할 것으로 보인다.

캐릭터 '파랑' 탄생

파주시 대표 캐릭터에 관심이 집중되고 있다. '파랑'의 공식적인 활동에 응답한 1600명이 지지를 보냈다.

지역화폐 확대 발행·상시 10% 할인

세 번째 뉴스는 지역화폐 확대 발행과 상시 10% 할인이다.

DMZ 평화 관광 재개

네 번째 뉴스는 1184명이 응답한 DMZ 평화관광 재개다.

도로교통 환경개선

다섯 번째는 도로교통 환경개선이 차지했다.

청년의 삶과 동행하는 맞춤형 정책 강화

여섯 번째는 파주시 청년정책이다.

지방자치단체 혁신평가 4년 연속 '우수'

파주시가 지역에 혁신평가에서 우수상을 받은 뉴스다.

감악산 국립 자연휴양림 조성

일곱 번째는 감악산에 산림청이 주관한 국립자연휴양림 공모사업에 선정됐다.

민선 8기 출범

아홉 번째는 파주시 민선8기 출범이다.

한수위 파주쌀 호주·미국 수출 쾌거

마지막으로 호주와 미국으로 수출길에 오른 '한수위 파주쌀'이다.

▨▨시 빛낸 올해 뉴스 1위 '인구 50만명 돌파'

파주 시민이 뽑은 올해의 10대 뉴스

파주시는 임인년 한해를 마무리하며, 파주시를 빛낸 10대 뉴스를 선정했다. 그중에서 파주시민이 손꼽은 최대 성과는 인구 50만 명 돌파였다. 이에 더불어 파주시 대표 캐릭터 '파랑' 탄생과 파주페이 확대 발행 및 10% 할인 뉴스가 시민들의 높은 관심을 받았다. 이번 조사는 12월 1일부터 임주일 동안 페이스북을 비롯한 파주시 SNS 구독자와 방문자들에게 설문조사를 실시했다. 모두 5천 306명의 시민들이 답했으며, 응답자의 성별은 여자가 54.9%로 남자보다 10% 포인트 높았다.

■ 1위, 파주시 인구 50만 명 돌파

'시민중심 더 큰 파주' 시민들의 바람이 담겼다. 파주시가 묻고 1,184명의 시민들이 응답했다.

■ 2위, 파주시 캐릭터 '파랑' 탄생

파주시 대표 캐릭터에 관심이 집중되고 있다.

■ 3위, 지역화폐 확대 발행 및 상시 10% 할인

세 번째 뉴스는 지역화폐 확대 발행과 10% 할인이다.

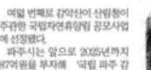

■ 4위, DMZ 평화 관광 재개

네 번째 뉴스는 1,284명이 응답한 DMZ 평화관광 재개다.

■ 5위, 도로교통 환경개선

다섯 번째는 도로교통 환경개선이 차지했다.

■ 6위, 청년의 삶과 동행하는 맞춤형 정책 강화

여섯 번째는 파주시 청년정책이다.

■ 7위, 파주시 지방자치단체 혁신평가 4년 연속 '우수'

파주시가 지방자치단체 혁신평가에서 우수상을 받은 뉴스다.

■ 8위, 감악산 국립 자연휴양림 조성

여덟 번째는 감악산에 산림청이 주관한 국립자연휴양림 공모사업에 선정됐다.

■ 9위, 파주시 민선 8기 출범

아홉 번째는 파주시 민선8기 출범이다.

■ 10위, 한수위 파주쌀 호주와 미국 수출 쾌거

마지막으로 호주와 미국으로 수출길에 오른 '한수위 파주쌀'이다.

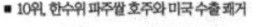

3장
___

언론사 인터뷰(feat. 기획기사 활용)

인터뷰 자료

✓ 일　　시 : 2022. 7. 20.(수) 10:30

✓ 장　　소 : 접견실

✓ 프로그램명 : 종편 전국네트워크 뉴스

질문 1) 안녕하세요? 늦었지만, 당선 축하합니다. 한 달 정도 되셨죠? ○○시장으로서 한 달 어떻게 보내셨나요?

질문 2) 취임 전 민선 8기 시정 비전 발표를 통해 시민 중심의 더 큰 ○○를 만들겠다고 말씀하셨는데요. 100만 도시를 향한 청사진 좀 들려주시죠.

질문 3) 운정신도시가 들어서면서 인구도 많이 늘었는데, 시민들이 가장 바라는 것은 '교통인프라'가 아닐까 생각합니다. 구체적인 해결방안이 있을까요?

질문 4) ○○○는 북한과 가장 가까운 곳 중 하나인데요. 남북통일보다 ○○○의 남북통일이 먼저다는 우스갯소리도 있습니다. 아무래도 균형적인 발전이 시급하다는 얘기 같은데요.

질문 5) 신도시 대부분이 사실 베드타운에 가깝다는 평가를 받고 있습니다. 자급자족하는 복합도시를 꾸리겠다고 강조하셨는데요. 산업기반도 있어야 하고 교육적인 환경도 좋아야 하는데, 앞으로의 계획을 듣고 싶습니다.

질문 6) 취임 후에 시민 중심으로 행정제도를 새롭게 고치겠다고 하셨어요. 구체적인 방안을 사례로 제시했다고 하던데요?

질문 7) 이제 마지막 질문입니다. 민선 8기 ○○○, 어떻게 변화시키겠다. 시민들에게 어떤 약속을 해주실 수 있나요?

답 변)

7월 1일 집중호우로 인해 취임식을 취소하고 피해우려 지역 점검과 재난상황을 보고 받으면서 임기를 시작했고, 곧바로 민선 8기 첫 정기인사를 시행했습니다.

5일에는 첫 확대간부회의를 통해 간부공무원들과 자유롭게 의견을 교환하고 민선 8기 시정목표 달성을 위한 당부사항을 전달했습니다.

지난주에는 17개 읍면동을 모두 방문해서 현황을 파악하고 시민들의 의견을 듣는 시간을 가졌고 이번 주에는 ○○○ 전 부서에 대한 업무보고를 받고 있습니다.

민선 8기의 성공적인 출발을 위해 하루하루 바쁜 시간을 보내고 있습니다.

질문 2) 취임 전 민선 8기 시정 비전 발표를 통해 시민 중심의 더 큰 ○○를 만들겠다고 말씀하셨는데요. 100만 도시를 향한 청사진 좀 들려주시죠.

답 변)

활력경제 미래도약, 포용사회 문화도시, 시민 중심 자족도시, 민선 8기 목표인 '시민 중심의 더 큰 ○○'를 만들기 위해 3대 시정전략을 추진하고 있습니다.

먼저 ○○시민들이 가장 바라는 '교통복지'부터 챙기겠습니다. ○○○의 동서남북 교통망을 거미줄처럼 이으며 곳곳의 역세권을 살리겠습니다. 지역상권, 일자리, 원도심 재정비라는 세 마리 토끼를 잡겠습니다.

다음으로 함께 잘사는 ○○○를 만들겠습니다. 여성과 청년을 위한 정책자문단을 꾸리고 노인들을 위한 복지관을 늘리겠습니다. 청년과 노인, 여성을 아우르며 ○○○를 덧셈과 상생의 공동체로 이끌겠습니다.

마지막으로 시민 중심의 자족도시로 발전하겠습니다. 도시개발 청사진을 제시하고 규제를 해소하겠습니다. 여기에 ○○시청 이전도 준비하고 있습니다.

질문 3) 운정신도시가 들어서면서 인구도 많이 늘었는데, 시민들이 가장 바라는 것은 '교통인프라'가 아닐까 생각합니다. 구체적인 해결방안이 있을까요?

답 변)

'교통인프라' 구축에 ○○○도 박차를 가하고 있습니다. 민선 8기 ○○○ 비전 선포식에 교통 관련 공약만 20개 넘게 담았습니다.

이제 2024년이면 GTX-A 노선이 개통됩니다. ○○에서 서울 도심까지 20분대에 접근할 수 있는 겁니다. ○○에서 서울 삼성역, 수원 동탄역까지 연결됩니다.

뿐만 아니라 지하철 3호선의 ○○ 연장을 하루빨리 매듭짓고 KTX와 SRT 문산 연결을 추진하며 ○○○ 교통망을 사통팔달로 잇겠습니다.

다른 시와 차별화된 대중교통도 선보이고 있습니다. 수요응답형버스(DRT) '부르미'와 마을버스 준공영제를 실시하며 교통의 공공성도 챙기고 있습니다.

질문 4) ○○○는 북한과 가장 가까운 곳 중 하나인데요. 남북통일보다 ○○○ 의 남북통일이 먼저다는 우스갯소리도 있습니다. 아무래도 균형적인 발전이 시급하다는 얘기 같은데요.

답 변)

○○○는 대한민국 국토의 축소판입니다. 농촌과 도시가 공존하고 있습니다. 신도시인 운정과 교하지구를 중심으로 사람이 몰리지만, 신도시 이외의 지역들은 풀어야 할 숙제들이 있습니다.

해법은 간단합니다. 북부를 중심으로 평화특별경제구를 조성하겠습니다. ○○ 북부에 국제·평화벨트, 4차산업혁명벨트, 평화 관광벨트를 만드는 겁니다.

우선 장단면에 평화경제특구를 조성하고 첨단기술기업들이 들어올 수 있는 환경을 만들겠습니다. 운천역을 중심으로 한 운천테크노밸리와 한방의료 관광과 관련산 업을 포함한 '허준 한빛의료관광 자원화' 지역을 4차산업혁명벨트로 묶겠습니다. 임진각과 판문점에는 평화관광벨트도 준비하고 있습니다.

도시발전에 발목 잡는 규제를 해소하고, 농촌활성화 정책을 통해 지역 간의 격차 해소에 앞장서겠습니다.

질문 5) 신도시 대부분이 사실 베드타운에 가깝다는 평가를 받고 있습니다. 자급자족하는 복합도시를 꾸리겠다고 강조하셨는데요. 산업기반도 있어야 하고 교육적인 환경도 좋아야 하는데, 앞으로의 계획을 듣고 싶습니다.

답 변)

○○○는 '운정테크노밸리' 산업단지 조성에 속도를 높이고 있습니다. 47만 제곱미터 규모에 산업생태계를 만들고 있는 겁니다. 일터와 삶터를 한곳에 담으며 자족형 도시로 탈바꿈할 채비를 마쳤습니다.

여기에 '메디컬클러스터 사업'도 야심차게 준비하고 있습니다. '메디컬클러스터 사업'은 단순히 대형병원을 짓는 것이 아닙니다. 대학병원과 의료바이오기업들이 들어서면서 R&D센터가 조성되는 사업입니다.

전문가들은 메디컬클러스터가 조성되면 1만여 개의 일자리가 만들어질 것으로 예상하고 있습니다. 생산유발효과도 4조 원이 넘을 것으로 보입니다.

율곡이이와 신사임당의 혼이 서려 있는 ○○○는 교육에도 앞장서고 있습니다. 교육지원센터를 설립해 교육의 사각지대를 줄이고 폴리텍 캠퍼스 정상 개교에도 힘쓰겠습니다.

질문 6) 취임 후에 시민 중심으로 행정제도를 새롭게 고치겠다고 하셨어요. 구체적인 방안을 사례로 제시했다고 하던데요?

답 변)

우선 시장실 직속으로 시민사회소통관을 신설하겠습니다. 청년과 여성의 명예부시장 제도를 만들어 시민들과 눈높이를 맞추겠습니다.

공정한 인사를 위해서도 힘쓰겠습니다. 능력위주의 인사제도를 운영하면서 다면 평가를 도입하겠습니다. 인사가 곧 만사라고 생각합니다.

시민들의 알권리와 책임행정을 위해 저를 비롯한 시청의 모든 공무원들이 시청에서 명찰을 달겠습니다. 시민들의 행정 접근성은 높이고 시청의 문턱은 더욱 낮추겠습니다.

질문 7) 이제 마지막 질문입니다. 민선 8기 ○○○, 어떻게 변화시키겠다. 시민들에게 어떤 약속을 해주실 수 있나요?

답 변)

시민 중심의 '100만 도시 ○○'로 우뚝 서겠습니다.

한때 ○○○는 소외된 군사도시였습니다. 한반도의 분단과 전쟁을 기억하며, 안보도시의 역할에만 힘쓴 겁니다.

하지만 ○○○가 달라지고 있습니다. ○○○는 전국 기초자치단체 가운데 19번째로 인구 50만 명을 돌파했습니다. 재정규모도 2조 원대에 들어섰습니다.

이제는 100만 도시 ○○를 향해 시민들과 함께 준비하고 나아가겠습니다. 시민과의 약속을 태산처럼 여기고 협력하고 소통하는 시장이 되겠습니다.

활력경제 미래도약 | 포용사회 문화도시 | 시민중심 자족도시

인터뷰 자료

질문 1) 민선 8기 시장 취임 100일이 지났다. 소감을 듣고 싶다.

질문 2) 민선 8기 시정 비전이 '시민 중심, 더 큰 ○○'다. 시정 비전을 설명해주시고 추가로 ○○○의 풀어야 할 과제는 무엇인가.

질문 3) 취임 이후 바쁜 일정을 소화하고 있는데, 지난달 20일부터는 이동시장실을 열고 시민과의 접촉, 다시 말해 소통을 강화하고 있다. 이동시장실을 운영하게 된 배경은?

질문 4) ○○발전의 핵심 축은 교통문제로 생각한다. 특히 지하철 3호선 ○○연장 문제인데, 최근 시에서 민자 적격성심사 플랜 B를 밝혔다. 현재까지 진행 상황과 시의 향후 계획은?

질문 5) '더 큰 ○○'의 최종 목표는 현재 50만 인구를 뛰어넘어 인구 100만 대도시라고 생각한다. 그러기 위해서는 자족도시 기능을 갖춰야 한다고 본다. 앞으로의 계획을 듣고 싶다.

질문 6) 시정 1년 차에 꼭 이루고 싶은 것이 있다면?

질문 7) 마지막으로 50만 시민에게 하고 싶은 말은?

✓ 제공일자 : 2022. 10. 21.(금) 예정

✓ 언론사 : 경 ○ 신 문 (2,235자)

질문 1) 민선 8기 시장 취임 100일이 지났다. 소감을 듣고 싶다.

답 변)

취임 후 100일이 하루 같이 지났다. 취임식을 앞두고 집중호우가 내려서 예정된 취임식을 취소하고 피해 예상 지역을 점검했다.

17개 읍면동을 모두 방문하면서 시민들과 대화를 시작했고 토지개발 민원 현장에 직접 나가서 시민들의 애로사항도 살펴봤다. 지금은 이동시장실을 운영하며 시민들과 벽이 없는 소통을 하고 있다.

임기를 시작한 이후 매일매일을 쉼 없이 가슴 벅차게 달려왔다. 시민들이 바라던 성과들이 있었고, 시청 안팎에서 변화의 움직임도 보인다. '시민 중심, 더 큰 ○○'로 도약하기 위한 토대를 충실히 쌓았다고 생각한다. 100만 대도시로 나아가기 위해 앞으로도 노력하겠다.

질문 2) 민선 8기 시정 비전이 '시민 중심, 더 큰 ○○'다. 시정 비전을 설명해주시고 추가로 ○○○의 풀어야 할 과제는 무엇인가.

답 변)

말 그대로 시정의 중심을 시민에게 두고, 더 크게 성장하는 도시로 만들겠다는 의미다. 이를 위해 ▲활력 넘치는 경제를 바탕으로 미래로 도약하는 도시 ▲사람 중심의 포용사회, 문화도시 ▲시민 중심의 자족도시 등 세 가지 시정전략을 만들었고 실천해가고자 한다.

민선 8기 시장으로서 생각하는 가장 큰 과제는 분절된 ○○를 유기적으로 연계하고 교육과 문화가 있는 자족도시를 만드는 것이라 생각한다.

중장기적으로 도시계획을 정비해 동서축과 경의선축, 남북축을 이어 ○○ 어디에 살든지 높은 삶을 누릴 수 있도록 하겠다.

질문 3) 취임 이후 바쁜 일정을 소화하고 있는데, 지난달 20일부터는 이동시장실을 열고 시민과의 접촉, 다시 말해 소통을 강화하고 있다. 이동시장실을 운영하게 된 배경은?

답 변)

지난 7월 읍면동 시민들과 만남 때에 주기적으로 시민들과 만나 불편사항을 듣고 어려움을 해결하겠다는 약속을 드린 바 있다. 특히 저녁에 퇴근하는 직장인 등 다양한 분야의 시민들을 고려해 야간에 이동시장실을 운영하게 됐다.

평소 시정에 대한 의견이나 불편한 사항이 있어도 건의할 기회가 없었던 시민들께서 많이 참여해 주셨고 의미 있는 말씀도 들었다. 시청 문턱이 낮아질수록 시민들의 목소리가 시정에 잘 반영된다고 본다.

서울보다 넓은 ○○○에서 시장이 시장실에 앉아 할 일이 많지 않다고 생각한다. 앞으로도 시민들과 직접 만나 소통하겠다.

질문 4) ○○발전의 핵심 축은 교통문제로 생각한다. 특히 지하철 3호선 ○○연장 문제인데, 최근 시에서 민자 적격성심사 플랜 B를 밝혔다. 현재까지 진행 상황과 시의 향후 계획은?

답 변)

지하철 3호선 ○○연장 사업은 추가적인 경제성 확보 방안을 강구하고 있다. 민간사업제안자와 국토교통부는 민자적격성 통과를 위한 플랜 B 마련에 착수했고, 빠른 시일 내에 한국개발연구원(KDI)에 민간사업제안서를 다시 제출할 예정이다.

○○○는 민간사업제안자가 최적의 사업제안서를 작성할 수 있도록 지원과 협력을 아끼지 않을 계획이며, 조속히 민간투자 적격성 조사가 통과돼 사업이 본격적으로 추진될 수 있도록 관계 기관들과 지속적으로 협의해 나가겠다.

질문 5) '더 큰 ○○'의 최종 목표는 현재 50만 인구를 뛰어넘어 인구 100만 대도시라고 생각한다. 그러기 위해서는 자족도시 기능을 갖춰야 한다고 본다. 앞으로의 계획을 듣고 싶다.

답 변)
100만 대도시로 가기 위한 지름길은 일자리다. 이를 위해 ○○○는 '운정테크노밸리' 산업단지 조성에 속도를 높이고 있다. 47만 제곱미터 규모에 산업생태계를 꾸리고 있다. 일터와 삶터를 한곳에 담을 계획이다.

여기에 '메디컬클러스터 사업'도 야심차게 준비하고 있다. 이는 단순히 대학병원을 짓는 것이 아니다. 대학병원과 의료바이오 기업들이 들어서면서 R&D센터가 조성되는 사업이다.

전문가들은 메디컬클러스터가 조성되면 1만여 개의 일자리가 만들어지고 생산유발효과도 4조 원이 넘을 것으로 예상한다.

질문 6) 시정 1년 차에 꼭 이루고 싶은 것이 있다면?

답 변)
○○○가 100만 도시로 성장하기 위한 청사진을 마련하고 싶다. 일자리와 문화·교육 여건을 갖춘 첨단산업 위주의 자족도시, 각 지역이 유기적으로 연결돼 상생발전하는 도시로 발전하기 위한 큰 그림을 조속히 마련하고자 한다. 이를 전담할 조직으로 지난 8월 미래전략추진단을 출범시켰고, 향후 시의 행정력을 집중 투입할 계획이다.

질문 7) 마지막으로 50만 시민에게 하고 싶은 말은?

답 변)
더 크게 성장하는 ○○를 위해 오롯이 시민 여러분만 바라보며 나아가겠다. 시민 여러분과 함께 100만 도시 ○○를 힘차게 준비하겠다. '시민 중심, 더 큰 ○○'를 향한 길에 함께해 주시기를 부탁드린다.

시크릿 브리핑

부록

1. 2023년 문화체육관광부 주최 공모전 글쓰기 (우수상)

제 2023-5689 호

상 장

글쓰기 분야
우 수 상   김 태 욱

위 사람은 「2023년 DMZ 연계 관광 활성화 콘텐츠 공모전」에 참여하여 참신한 아이디어로 위와 같이 입상하였기에 이 상장을 수여합니다.

2023년 11월 3일

한국관광공사 사장 김 장 실

〈당신만 몰랐던 장승배기 고개의 ○○수목원〉

무심한 듯 피어난 들국화들 뒤로 ○○수목원 한편에서 애절한 아리랑 노랫가락이 들려왔다. "아리랑 아리랑 아라리요. 아리랑 고개로 넘어간다." 음악을 따라 올라간 전망대에는 유유히 흐르는 임진강을 뒤로 뉘엿뉘엿 해가 지고 있었다. 오솔길을 따라 올라가자 노랫소리가 점점 더 커지는 곳에 이르렀고 하나둘씩 올망졸망 건물들이 자리 잡고 있었다. 가고 싶지만 갈 수 없는 땅덩어리, 북녘땅이었다. 그리고 그 옆으로 큰 글씨가 눈길을 사로잡았다. '정전 70주년 유해발굴 사업' 플래카드. 오늘 우리가 당연한 듯 누리고 있는 자유는 순국선열들이 희생한 피와 땀과 눈물의 집결체인 듯, 그곳에는 국가의 부름을 받아 전쟁터에서 싸우다 희생된 호국영령들이 숨 쉬고 있었다. 조각조각 정돈된 뼛조각부터 군번줄, 총알 자국이 선명한 수통까지 전쟁의 참혹한 상황을 여실히 보여주었다. 상추쌈이 먹고 싶다던 어느 병사의 이야기부터 파란 눈의 아리랑까지 그들만의 사연을 간직한 ○○수목원. 오늘도 장승배기 고개를 넘는다.

"내가 죽거든 한국 땅에 유해를 뿌려다오."

영국의 어느 한국전쟁 참전 용사의 한마디다. 중공군 63사단과 치열한 혈전 끝에 극적으로 살아남은 노병은 힘주어 말했다. 찌그러진 수통과 녹슨 군번줄을 움켜쥐며, 할아버지는 한 명 한 명 전우의 이름을 가슴속에 새겼다. 가족과 생이별에도 고귀한 신념을 위해 기꺼이 지원한 병사부터 뼈대 있는 가문의 노블레스 오블리주를 실천한 장교까지 노병의 머릿속에는 주마등처럼 이름들이 스쳤다. 지금까지 살아 있는 이유는 팔 할이 연민이라는 노병은 이름도 모르는 낯선 한국땅에 어떤 연민이 남아있었을까. 국가의 부름 앞에, 자유와 민주주의 이름 앞에, 먼저 세상을 떠난 전우의 추억 앞에 노병은 녹슨 군번줄을 하염없이 응시하고 있었다. 스캇 베인브리지. 녹슬고 찌그러진 군번줄 사이로 희끗희끗 이름이 보였다. 노병은 한국전 당시 영국 보병 웰링턴 공작 연대 소속의 이등병으로 '설마리 전투'에 참전했다. 파란 눈의 노병이 지긋이 눈을 감자 〈아리랑〉 노랫가락이 아지랑이처럼 피어올랐다.

1951년 4월 20일. 어여쁜 봄을 알리는 꽃들이 산등성이에서 자태를 뽐내고 있었다. 전쟁의 화마(火魔)를 모르는 듯 갈기갈기 피어있는 들국화가 곳곳을 수놓으며 군인들의 마음을 어지럽혔다. 임진강 물줄기를 사이에 두고 장승배기 고개를 넘으려는 중공군과 이를 저지하려는 UN연합군이 대치 중이었다. 가파른 능선을 따라 오르니 임진강 너머로 울긋불긋 중공군 깃발이 보였다. 중공군 주공부대인 19병단은 문산-파평산의 국군 제1사단과 적성면-감악산-금굴산의 영국군 제29보병여단이 방어하고 있었다. 중공군에게 '임진강 벨트'를 내준다면 유엔군 주력부대는 물론 서울까지 위험한 상황. 지난 1.4 후퇴를 기억하는 스캇과 병사들은 그때를 생각하며 개머리판을 움켜쥐었다. 긴장한 탓인지 무거운 군장 탓인지 이른 댓바람에 땀이 비 오듯 쏟아졌다.

한반도 젖줄을 차지하는 세력이 6.25 전쟁의 흐름을 가져갔다. 물줄기는 전쟁의 판세를 가늠하는 나침판이었다. 북한군의 남침으로 남한군은 낙동강 벨트까지 밀려나며 배수진을 쳤다. 유엔군의 도움으로 남한군은 한강을 수복한 뒤 압록강 근처까지 진격하며 전쟁의 흐름은 180도 기울어졌다. 이후 중공군이 개입하며 남한은 1.4 후퇴했지만, 엎치락뒤치락하던 판세도 점차 균형점을 찾아갔다. 이를 판가름하는 기준이 바로 임진강이었다. 북한군과 남한군의 전략적 요충지. 임진강은 한강의 제1지류로 경기도 연천에서 파주, 강원도 철원을 연결한다는 점에서 남한에 중요했다. 서울을 지키는 주요한 지점이기도 했다. 특히 임진강을 품고 있는 파평산 부근의 장승배기 고개로 중공군과 UN연합군이 집결했다. 중공군의 입장에서 이곳은 넓게 흐르는 임진강 폭이 얕아지고 험준한 파평산을 피해 서울로 나가기에 안성맞춤이었다. 그래서였을까. 결전의 시간은 점점 다가오고 있었다.

"인해전술로 서울을 탈취해 마오쩌둥에게 노동절(5월 1일) 선물로 바치겠다." 펑더화이 조중연합군 사령관의 결심이 떨어지기가 무섭게 하늘에서는 붉은 비가 쏟아졌다. 1951년 4월 22일 밤, 서울 수도점령을 목적으로 중공군의 '춘계공세'가 시작됐다. 중공군은 장승배기 392번지를 비롯해 임진강을 넘었다. 머리 위로 빗발치는 붉은 빗줄기에 하늘이 노랗게 보였다. 곳곳에서 폭발하는 굉음에도 중공군은 불개미처럼 쉴 새 없이 밀어붙였다. 임진강을 건너다 숨진 북한군의 시체들이 임진강을 핏빛으로 물들였지만, 이들은 거침없이 밀고 들어왔다. 스캇도 이곳을 지키고 있었다. 한국 1사단과 영국 글로스터 대대 병사들의 연합작전이었다. 임진강을 넘은 중공군을 UN연합군이 능선 위에서 공격했다. 이들이 진정한 6.25 전쟁의 게임체인저였다. 전방에서 시간을 벌어준 덕분에 후방은 전투태세를 재정비할 수 있었다.

"장승배기 고개를 사수하라." 병사들의 뜨거운 함성이 터져 나왔지만, 상황이 녹록하지 않았다. 인해전술로 밀려오는 중공군의 파죽지세와 한계에 다다른 UN연합군. 피의 임진강은 곧 산등성이를 붉게 물들였다. 적군과 아군할 것 없이 시체들이 산기슭을 점령했고 하얀 들국화들도 슬픈 듯 붉게 울었다. 찌그러진 수통과 찢긴 군복 사이로 스캇은 자신의 상처들을 보았다. 살아서 돌아갈 수 있을까. 기약 없는 전쟁의 소용돌이 속에서 미래에 대한 근심과 걱정에 문득 가족이 생각났던 스캇. 총성이 빗발치는 전투현장에서 가슴속에 묻어둔 사진 한 장을 꺼내 들었다. 임신한 아내와 군복을 입고 찍었던 마지막 사진을 보며 울컥했다. 입영 열차에 몸을 실었던 때, 스캇은 아내와 눈이 마주쳤다. 눈시울이 붉어진 아내를 차마 보지 못한 스캇은 울고 있던 동료의 얼굴만 뚫어져라 쳐다봤다. "아리랑 고개로 넘어간다. 나를 버리고 가시는 임은 십리도 못 가서 발병이 난다."던 노래가 맴돌았다. 살아서 돌아간다면 열심히 살겠다고 간절히 기도를 하던 찰나에 빗방울이 귓가를 적셨다. 끝까지 사수한다. 고개를 넘으려는 중공군과 이를 저지하는 UN연합군 사이에서 파열음이 터져 나왔다. 피비린내가 진동하고 핏물과 땀과 눈물의 짠맛이 뒤범벅된 빗물이 스캇의 목구멍을 스쳐갔다.

"본인은 부상자와 함께 잔류할 것이므로 대대의 안전한 철수를 당부한다." 글로스터 대대의 제임스 칸 중령의 굳은 심지였다. 장승배기 고개가 중공군의 육탄 공격에 끝내 뚫리자 칸 중령은 이곳에서 10㎞ 남짓 떨어진 설마리로 둥지를 옮겼다. 장승배기 고개를 끝까지 지키던 한국군 1사단 역시 파평산 일대로 자리를 이동하며 최후의 성전을 준비했다. 우리와 함께한 전우들이 이곳에 묻혔지만, 역사는 그대들의 오늘을 자랑스럽게 생각할 것이다. 독려하는 간부와 위로하는 병사들은 손을 맞잡으며 뜨거운 포옹을 했다. 훗날 이들의 고립방어는 역사책의 한 페이지를 장식한다.

그대들은 다 어디로 갔을까. 70년이 지난 지금 임진강을 품던 산기슭에는 꽃들이 활짝 피었다. 누구의 사랑하는 아들이자 자랑스러운 아버지들이 묻힌 곳. 그대들이 그토록 바라던 미래는 바로 우리가 살아가고 있는 현재가 됐다. 자유와 평화라는 이름 앞에 자신의 목숨을 바쳤던 이름 없는 병사들. 그대들의 육신이 이곳에 평화의 씨앗으로 뿌려지고 피비린내가 진동하던 장승배기 고개는 그렇게 ○○수목원으로 다시 태어났다. 면적만 34.15ha에 달한다. 경기도 파주시 파평면 장승배기로 392번지는 역사의 아픔을 감내하듯, 아니 승화시키며 누군가의 꽃으로 사람들의 가슴속에 살아 숨 쉬고 있다. 그때의 아픔을 기억이라도 하듯, 사계정원에는 소나무부터 구절초까지 꼿꼿한 절개와 곧은 품성으로 ○○수목원을 지키고 있다. 민관군 합동으로 조성된 ○○시 ○○수목원은 식물유전자원을 지키기 위해 만들어진 곳으로 생태학적, 문학적, 역사적으로도 가치가 뛰어나다.

.

.

.

.

아버지의 마지막 소원대로 영국 참전용사 스캇의 딸 사라 씨는 지난 2005년 한국을 찾았다. 참전용사 50여 명과 함께 아버지 유골함을 들고 방한한 사라 씨는 "아버지는 죽을 때까지 한국을 그리워했다."라고 전하며 아버지의 유해를 한국 땅에 뿌렸다.

문화체육관광부 주최 공모전 문의 사항

[출품 응모작 관련]

- 응모작이 타 공모전 수상작 또는 표절작일 경우 심사대상에서 제외되며, 당선 후에도 취소됩니다.
- 응모작품은 2023년 7월 1일 이후 신규로 만든 작품이어야 합니다. (다시 말해, 2023년 7월 1일 이전에 온오프라인에 게시되었던 작품은 수상할 수 없습니다)
- 여러 개의 작품을 출품할 수 있으나, 1인당 최상위 작품으로 1개만 수상이 가능합니다. 가능한 많은 분들에게 기회를 주기 위함입니다.
- 대리 공모를 할 경우, 응모 자격을 박탈합니다.
- 응모작품 관련 민·형사상 법적책임은 응모자에게 있으며 시상이 끝난 뒤에라도 부정 위법 사유가 있을 경우 수상은 취소되며, 상금도 환수됩니다.
- 타인의 저작물 명의 도용 등은 심사에서 제외됩니다.

[심사 관련]

- 심사는 외부 관련 전문가 7인의 객관적 심사에 의거하여 진행합니다.
- 1차로 전문가 심사에 의거, 수상작의 2배수(20개) 작품을 선출하여 공지합니다. 2배수 입상작품후보 공지일은 현재 9월 14일(목) 예정입니다.
- 2배수에 포함된 최종 심사 응모작품은 온라인 호응도(30점)와 전문가 심사(70점)로 최종 입상을 결정합니다. (심사일정 등 세부내용은 추후 공지 예정)
- 공정한 온라인 호응도 심사를 위해, 최종 수상후보작품(20개)는 주최자가 심사를 위해 준비한 온라인 채널에 일정기간 게시하여 온라인 호응도를 조사합니다.
- 온라인 응모 시점에, 응모자는 최종 우승 후보 20개 작품에 선정될 경우, 온라인 호응도 심사를 위해, 작품을 온라인에 임시적으로 게시하는 것에 동의하는 것으로 간주합니다.

- 심사가 끝난 후, 입상작외의 모든 작품은 30일 이내에 주최자 측에서 폐기할 예정이며, 해당 작품의 모든 저작권은 응모자에게 있음을 다시 한번 밝힙니다.
- 심사 후 최종 수상자들은 시상식을 통해 상금을 수령합니다. (상금은 시상식 직후 2주 이내에 소득세법에 따라, 정해진 요율의 소득세를 원천징수하고, 수상자의 계좌로 상금을 이체하여 드립니다)

[저작권 관련]

- 공모전에 출품한 응모작의 저작권(저작재산권과 저작인격권)은 저작자인 응모자에게 원시적으로 귀속됩니다.
- 단, 입상한 작품에 대해서, 주최자는 비영리·공익적 목적으로 발표일로부터 5년간 복제·편집·전송·배포할 수 있습니다.
- 주최자는 입상작을 사전에 고지한 목적 범위 내에서 주최자가 관리하는 누리집, SNS 채널, 홈페이지에 게재할 수 있습니다.
- 공모전에서 저작권 관련 분쟁이 발생한 경우, 응모자 및 주최자는 한국저작권위원회에 조정을 신청할 수 있습니다.
- 응모자는 응모작이 제3자의 저작권 등을 침해하지 않도록 주의 의무를 다하여야 합니다.
- 주최자는 응모작 유출방지 등 주의의무를 다해야 합니다.

[궁금한 사항 답변]

〈2개 이상, 복수의 작품을 중복 제출할 수 있나요?〉

네, 가능합니다. 단지, 유의사항에서 밝혔듯이, 1인당 한 번의 최상위 수상만 가능합니다. 따라서, 내 작품이 대상과 우수상에 뽑혔을 경우, 대상만 수상하게 되며, 우수상은 다른 분께 양보해야 합니다. 물론 이런 즐거운 상황은 최상의 시나리오일 뿐이겠지요. 아무래도, 여러 작품을 응모할 경우, 수상확률이 더욱 올라가겠지요.

〈스토리텔링 작품의 형식이 정해져있나요?〉

수필, 명소탐방, 위인전, 소설 등 어떤 형식이든 상관없습니다. 자유롭게 하시되, 본 공모전의 취지가 DMZ 평화관광 콘텐츠 발굴인 만큼, 그 취지에 부합하는 이야기로 엮어주시면 됩니다. 수상하신 여러분의 작품이 마중물이 되어, 추후 한국을 대표할 만한 DMZ평화 관광 프로그램이 생길 수도 있답니다.

〈수상작은 어떻게 활용되나요?〉

본 공모전의 수상작품은 10개는 1차로 스토리맵북 형태로 제작되어 온오프라인에 보급될 것입니다. 스토리맵북으로 만들어지면서, 디자인과, 공적인 발간물로써 일부 표현은 수정될 수 있으나, 여러분의 작품의 아이덴티티는 그대로 드러날 것입니다. 그리고 무엇보다, 본 스토리의 주인인 여러분의 이름도 함께 표시하여, 본인의 커리어에 도움이 될 것입니다.

〈제출 순서가 의미가 있나요?〉

약간의 의미가 있다고 할 수 있습니다. 1단계 심사에서 최대한 제출하신 순서대로 심사위원에게 응모작품이 제시될 겁니다. 심사의원분들도 인간인지라, 심사하시다 후반으로 갈수록 집중도가 저하될 수 있으며, 그만큼 작품의 신선도도 떨어지게 느껴 질 수 있습니다. 작품이 완성되었다면, 이왕이면 일찍 제출하시는 것을 추천드립니다.

〈나의 작품 배경이 하나의 도시가 아닌 복수의 도시가 될 경우, 응모 배경 도시는 어디를 선정하면 될까요?〉

DMZ 지역에 해당하는 10개의 시군에 골고루 작품이 나올 수 있도록 통계를 위해, 배경 도시를 입력받도록 하고 있습니다. 2개의 도시가 해당된다면, 가장 큰 비중이 있는 도시를 선택하시면 됩니다.

〈이미 응모 제출한 작품을 수정하고 싶을 경우, 어떻게 하면 될까요?〉

어렵지 않습니다. 새로 제출하시고, 앞서 응모한 작품은 저희 운영국으로 메일 (mydmz.korea@gmail.com) 주셔서 취소해달라고 요청하시면 됩니다. 취소

요청 시, 본인의 성함과 연락처를 기재하시는 것 잊지 말아주세요. (복수의 작품을 제출했을 경우, 취소 또는 수정하려는 작품을 알 수 있도록 명기해주셔야 제대로 취소가 되어 불이익을 받지 않으실 수 있습니다)

〈나의 스토리에 사진 자료들이 포함되어야 이야기 전달이 가능할 것 같은데, 어떻게 하면 좋을까요?〉

공정성을 위해, 총 4,000자 이내라는 제약을 지키기 위해, 온라인 응모에는 텍스트로만 접수를 받고 있습니다. 하지만, 이미지의 삽입이 있어야 스토리가 이해될 경우, 이미지를 포함하여 pdf 파일로 전환하여 이메일 (mydmz.korea@gmail.com)로 추가 제출해주시면 됩니다. 단, 텍스트는 pdf본과 동일하여야 하며, 텍스트가 다를 경우, pdf본은 무효로 간주됩니다. 이메일 제출 시, pdf 파일의 제목은 [응모자이름-제목].pdf로 해주시면 감사하겠습니다.

〈100명에게 나눠주는 문화상품권 선물은 응모만 하면 받을 수 있는 건가요?〉

참여 인원수 기준으로 100명 이하가 참여한다면, 네, 맞습니다. 참여만 하셔도 문화상품권을 받으실 수 있답니다. 단, 공모전 포스터에 나와 있듯 취지에 맞게 응모해주셔야 합니다. 큰 의미가 없는 내용이거나, 주제에 맞지 않다거나, 누가 보더라도 너무 성의 없이, 단순 지역 경관만 한 컷으로 찍어서 올린, 단지 문화상품권만을 받기 위해 형식적으로 응모하신 영상일 경우는 취지에 맞지 않겠지요. 15초라 할지라도, 정말로 DMZ의 숨은 관광자원 발굴에 부합하는 정성이 들어간 영상을 제출해주신 분이라면, 문화상품권(제출시 기재하신 전화번호로 온라인으로 제공)을 받으실 수 있답니다.

하지만, 참여하신 분이 100명이 넘는다면, 그때는 무작위로 100분을 선별해서 드리도록 할 겁니다. 참고로 100분은 말 그대로 서로 다른 100분을 의미합니다. 일부 응모자들께서 복수개 작품을 응모하신 경우도 있으므로, 응모 숫자로는 100개가 넘을 수도 있으니, 주저 없이 응모해주시기 바랍니다.

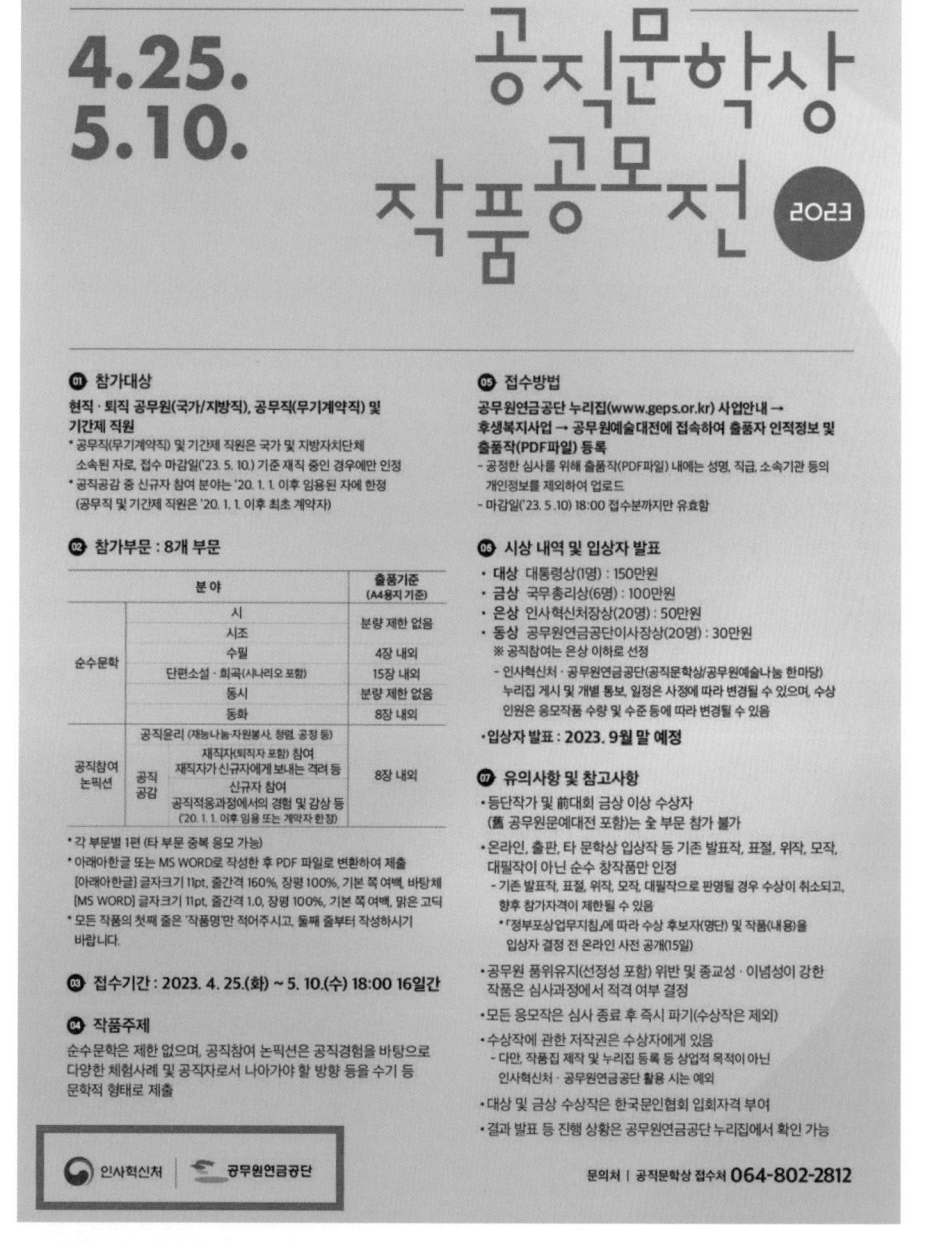

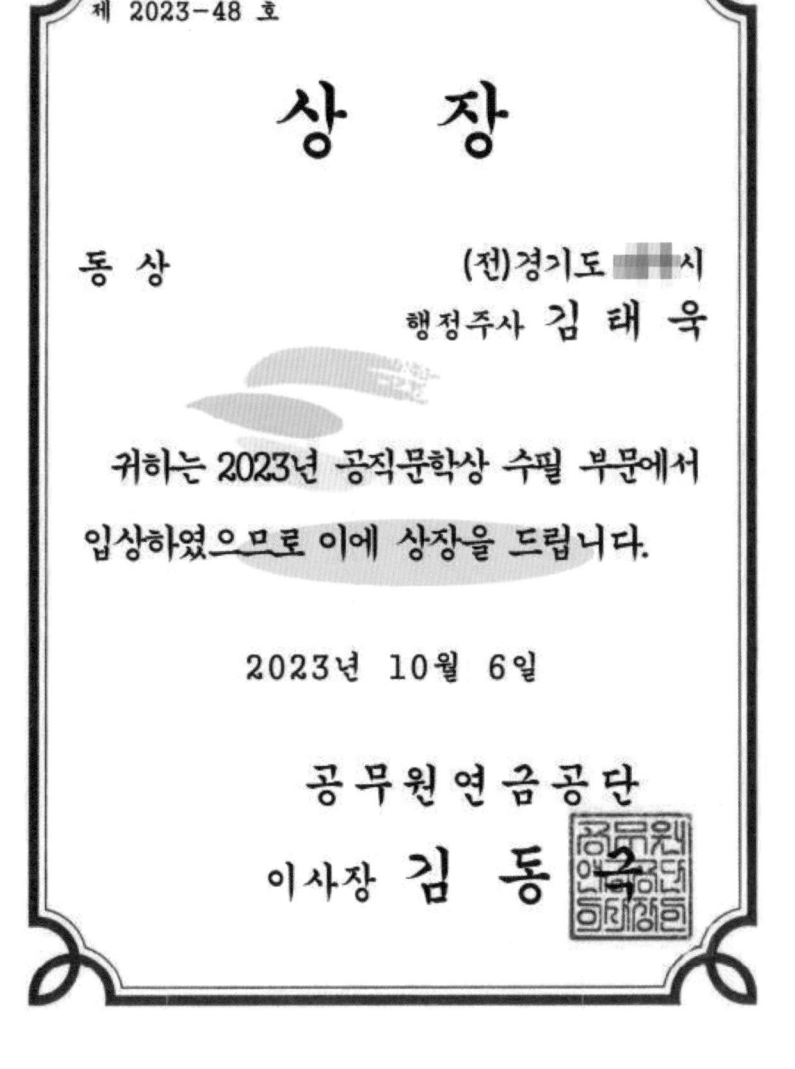

〈버섯꽃〉

식물이 아닌 버섯은 곰팡이와 함께 균류에 속한다. 광합성으로 스스로 영양분을 만들어 내는 식물과 달리 버섯은 영양분을 만들어 내지 못한다. 그래서일까. 버섯은 나무 밑이나 습지 등 축축하고 어두운 곳이면 어디든지 돋아난다. 일생의 대부분을 땅속에서 지내다가 자손을 번식하기 위해서 땅 밖으로 모습을 드러낼 뿐이다. 버섯은 식물로 치면 꽃에 해당하지만 그 꽃이 독버섯부터 영지버섯까지 효능은 천차만별이다. 우리가 알고 있는 버섯의 모습이다.

"아니 답답하게 왜 사람 말을 안 듣는데?"

사소한 일이었다. 쌩이질로 역정을 냈다. 살림살이며 행색이 마음에 안 들었던 거다. 하나부터 열까지 꼬투리를 잡고 늘어졌다. 잔소리는 끝날 줄 몰랐다. 밥을 먹을 때도 누워서 쉬고 있을 때도, 눈에서 안 보였을 때도 험담 아닌 험담을 늘어놓았다. 왜 그렇게 사는지 모르겠다며. 그때는 그 마음을 이해하지 못했다. 먼 시간이 지나 그게 애증이란 것을 알게 됐다. 표현이 서툴렀는지, 안쓰러움이 배가 됐는지 몰랐지만 그건 그녀만의 응어리였다. 가슴속 응어리, 한이었다. 그렇게 살지 말아야겠다는 다짐. 감정의 줄기들이 매듭이 되어 하나의 흐름을 이루듯, 작은 망울들이 겹겹이 모여 하나의 봉우리를 이루었다.

'따르릉 따르릉'

아닌 밤중에 전화가 왔다. 느닷없이 찾아온 할머니의 부고 소식에 엄마는 버선발로 뛰어갔다. 12평 남짓의 작은 임대아파트 문을 열자마자 쿰쿰한 냄새가 코끝을 찔렀다. 눅눅한 냄새를 넘어 말로 형용할 수 없는 기분이었다. 이상하고 역하고 구역질부터 났다. 급하게 챙겨 먹은 아침이 위를 지나 식도를 압박하는, 잊을 수 없는, 잊히지 않는 그녀의 체취였다. 정신이 혼미했고, 냄새만으로도 정신을 잃을 수 있다는 생각을 처음으로 했다. 대학도 들어가기 전, 어느 학생이 받아들이기 힘든 상황이었을지 모른다. 우연의 일치였는지는 알 수 없지만, 할머니는 생의 마지막 순간까지 손자를 생각하며

수능이 끝난 바로 다음 날 눈을 감았다.

방구석은 휑하니 허전했고, 휴지며 종이며 방안 곳곳에 널브러진 쓰레기들이 그간의 상황들을 설명해 주었다. 버섯꽃이 만발한 나목을 부여잡고 엄마는 누구보다 서럽게 울었다. 다리부터 팔까지 몸 구석구석을 손으로 확인하고서는 그래도 현실을 받아 들지 못한 듯했다. 닭똥 같은 눈물이 뺨을 타고 흐르고 있었다. 나는 애써 태연 한척하며 눈을 지끈 감고 있었지만, 가슴속에서 뜨거운 감정이 복받쳐 터져 나왔다. 아직도 생생하다. 시간이 멈춘 듯 그때의 잔상은 지금까지 남아있다. 칠순이 넘은 노모는 쓸쓸하게 마지막을 맞이했을 거다. 향년 71세. 한평생을 한으로 안고 살아온 어느 여자의 마지막 자리는 어두침침하고 음습했다.

어린 손주가 초등학교에 처음으로 입학할 때쯤, 할머니의 버섯꽃을 처음으로 보게 됐다. 검버섯이다. 어느덧 나이를 먹어 세포들이 죽으면서 검은 점으로 몰리는 피부병이다. 할머니는 온몸에 버섯꽃들이 활짝 피면 그때 저승사자가 찾아온다는 이야기를 손주에게 했다. 죽음이 머지않았다고 웃으면서 전했다. 버섯꽃이 하나씩 늘어날수록 할머니의 등은 굽었고 체취도 강해졌다. 독버섯 같은 독특한 향을 엄마는 노친네 냄새라 했다. 특히 여름만 되면 쉰 냄새가 코끝을 찔렀는데, 어린 손주는 그런 할머니가 부담스럽기만 했다. 버섯꽃이니 저승사자니 하는 이야기도 도통 이해가 안 됐다. 버섯꽃이 싫어 자리를 피했다. 슬슬이 시르렁 슬슬이 시르렁. 할머니는 그때마다 어린 손주가 알아듣지 못하는 민요를 한 서린 목소리로 불렀다.

축축하고 누추한 곳이면 어디든지 돋아나는 버섯처럼 그녀의 인생도 파란만장했다. 한때 할머니도 어린 손주의 나이일 때 부모 손을 잡고 피난길을 떠났겠지. 바리바리 싸든 짐들을 이고 지고 업고 고개를 넘었을 거다. 말 못할 사연도 많았을 터. 춥고 배고프고 가슴 시린 이야기들 말이다. 술이 들어가면 할머니는 알아듣지도 못할 옛날이야기들을 주섬주섬 꺼내놓았다. 살을 에는 듯한 추위에 보릿고개를 넘었다는 등, 며칠을 쫄쫄 굶었다는 등 할머니가 살아온 삶이 이를 보여줬다. 그때만 해도 손자는 할머니의 애잔한 이야기를 한 귀로 듣고 한 귀로 흘렸다.

한때 어린 손주는 할머니를 따라서 구리선을 주우러 다녔다. 몇 그램에 얼마에 얼마가 된다는 등. 꼬마 시절 얼마 되지도 않는 구리선에 할머니는 입가에 웃음꽃이 피었다. 손주를 볼 때마다 안주머니에서 꾸깃꾸깃한 천 원짜리 한두 장을 쥐여 주며 까까 사 먹으라고 챙겨주셨다. 그때 그 시절이 그랬을 거다. 전쟁의 폐허에서 일거리도 없고, 춥고 배고프던 시대였다. 전쟁의 화마(火魔)가 할퀴고 간 폐허에는 먹고사는 또 다른 삶의 흉터들이 자리 잡고 있었다.

검버섯과 할머니의 체취는 그녀의 한 서린 삶이었다. 누구보다 빨리 꽃이 피었을 거다. 엄마는 그런 할머니를 보며 눈살부터 찌푸렸다. 속이 타들어 갔을게다. 높아지는 목소리만큼 근심도 컸겠지. 엄마는 할머니의 버섯꽃을 보며 어떤 생각을 했을까. 한번 자리 잡은 독버섯은 뽑히지 않는 말뚝처럼 뿌리내렸다. 그때도 그랬겠지. 할머니의 주검을 보면서, 온몸이 버섯꽃으로 활짝 핀 싸늘한 나목을 보면서 눈물이 났고, 그날의 체취는 평생 잊지 못할 한이 됐다. 파르르 엄마는 손을 떨고 있었다. 아득바득 살아왔을 삶. 각자의 인생이 지고 있는 무게는 함부로 가늠할 수가 없듯, 엄마도 할머니도 힘겹게 살아왔다. 문득 엄마의 얼굴에서 버섯꽃이 피기 시작했다. 작아지는 엄마의 키만큼 세월의 깊이도 더해졌다는 현실을 깨달았다. 먼 훗날 내 자녀에게 엄마도 버섯꽃 이야기를 할까 궁금해졌다.

공무원 시험이 끝나고 할머니 산소를 찾았다. 천주교 평화공원. 운이 좋은 건지 어떤 건지는 모르겠지만, 연고도 뿌리도 없는 곳에 할머니가 묻혔고, 그곳에 어린 손주가 공무원으로 추가 합격했다. 죽은 생물로부터 영양분을 얻어 점점 흙을 기름지게 만드는 버섯처럼 할머니가 터 잡은 곳에 손주가 뿌리내리게 됐다. 할머니가 손주의 앞날에 꽃이 필 수 있도록 도와준 것이다. 할머니의 산소에서 절을 하고 막걸리 한 잔을 따라주며 그동안 있었던 일들이 숱하게 머릿속을 스쳐 지나갔다.

'할매요, 할매요, 그 강 건너지 마이소. 저도 따라 가겠습니더.' 애타게 불러도 대답이 없었다. 할머니 덕분에 저도 이곳에 왔네요. 할머니도 잘 지내는지요. 불현듯, 하늘나라에 계신 할머니 생각에 눈시울이 붉어졌다.

2023년 공직문학상 작품 공모 안내

「2023년 공직문학상 작품 공모전」을 아래와 같이 실시하오니 문학을 사랑하는 현직·퇴직 공무원 및 소속직원 여러분의 많은 참여 바랍니다.

1. 참가대상 : 현직·퇴직 공무원(국가/지방직), 공무직(무기계약직) 및 기간제 직원

* 공무직(무기계약직) 및 기간제 직원은 국가 및 지방자치단체 소속된 자로, 접수 마감일('23.5.10.) 기준 재직 중인 경우에만 인정

* 공직공감 중 신규자 참여 분야는 '20.1.1. 이후 임용된 자에 한정 (공무직 및 기간제 직원은 '20.1.1. 이후 최초계약자)

2. 참가부문 : 8개 부문

분야			출품기준 (A4용지기준)
순수문학	시		분량 제한 없음
	시조		
	수필		4장 내외
	단편소설·희곡(시나리오 포함)		15장 내외
	동시		분량 제한 없음
	동화		8장 내외
공직참여 논픽션	공직윤리 (재능나눔·자원봉사, 청렴, 공정 등)		8장 내외
	공직공감	재직자(퇴직자 포함) 참여 : 재직자가 신규자에게 보내는 격려 등	
		신규자 참여 : 공직적응과정에서의 경험 및 감상 등 ('20. 1. 1. 이후 임용 또는 계약자 한정)	

* 각 부문별 1편 (타 부문 중복 응모 가능)

* 아래아한글 또는 MS WORD로 작성한 후 PDF 파일로 변환하여 제출
  [아래아한글] 글자크기 11pt, 줄간격 160%, 장평 100%, 기본 쪽 여백, 바탕체
  [MS WORD] 글자크기 11pt, 줄간격 1.0, 장평 100%, 기본 쪽 여백, 맑은 고딕

* 모든 작품의 첫째 줄은 '작품명'만 적어주시고, 둘째 줄부터 작성하시기 바랍니다.

3. 접수기간 : 2023. 4. 25.(화) ~ 5. 10.(수) 16일간

4. 작품주제

○ 순수문학은 제한 없으며, 공직참여 논픽션은 공직경험을 바탕으로 다양한 체험사례 및 공직자로서 나아가야 할 방향 등을 수기 등 문학적 형태로 제출

5. 접수방법

○ 공무원연금공단 누리집(www.geps.or.kr) 사업안내-후생복지사업-공무원 예술대전에 접속하여 출품자 인적정보 및 출품작(PDF파일) 등록

- 공정한 심사를 위해 출품작(PDF파일) 내에는 성명, 직급, 소속기관 등의 개인정보를 제외하여 업로드

- 마감일('23. 5 .10) 18:00 접수분까지만 유효함

6. 시상 내역 및 입상자 발표

○ 시상내역

구분	훈격	시상인원	시상금	비고
대상	대통령상	1명	150만원	공직참여는 은상 이하로 선정
금상	국무총리상	6명	100만원	
은상	인사혁신처장상	20명	50만원	
동상	공무원연금공단이사장상	20명	30만원	

- 인사혁신처·공무원연금공단(공직문학상/공무원예술나눔 한마당) 누리집 게시 및 개별 통보, 일정은 사정에 따라 변경될 수 있으며, 수상 인원은 응모작품 수량 및 수준 등에 따라 변경될 수 있음

○ 입상자 발표 : 2023. 9월 말 예정

7. 유의사항 및 참고사항

○ 등단작가 및 前대회 금상 이상 수상자(舊 공무원문예대전 포함)는 전 부문 참가 불가

○ 온라인, 출판, 타 문학상 입상작 등 기존 발표작, 표절, 위작, 모작, 대필작이 아닌 순수 창작품만 인정

  - 기존 발표작, 표절, 위작, 모작, 대필작으로 판명될 경우, 수상이 취소되고 향후 참가자격이 제한될 수 있음

    * 「정부포상업무지침」에 따라 수상 후보자(명단) 및 작품(내용)을 입상자 결정 전 온라인 사전 공개(15일)

○ 공무원 품위유지(선정성 포함) 위반 및 종교성·이념성이 강한 작품은 심사과정에서 적격 여부 결정

○ 모든 응모작은 심사 종료 후 즉시 파기(수상작은 제외)

○ 수상작에 관한 저작권은 수상자에게 있음

  - 다만, 작품집 제작 및 누리집 등록 등 상업적 목적이 아닌 인사혁신처·공무원연금공단 활용 시는 예외

○ 대상 및 금상 수상작은 한국문인협회 입회자격 부여

○ 결과 발표 등 진행 상황은 공무원연금공단 누리집에서 확인 가능

문의처 : 공직문학상 접수처 064-802-2812

스토리텔링 보도자료 글쓰기